jenaplan school waar je leert samenleven

イエナプラン
共に生きることを学ぶ学校

フレーク・フェルトハウズ
Freek Velthausz

ヒュバート・ウィンタース
Hubert Winters

リヒテルズ 直子 訳

ほんの木

はじめに

　本書はイエナプランについてもっと深く知りたいと考えているすべての方のために書かれたものです。本書は学術的な書物ではなく、イエナプランの実践をやさしく記述しています。

　現在すでに、イエナプランという新しい刷新的な教育理念の元で仕事をしている方たち、または、これからそこで働こうとしている方たちが、自分が受けもつ学級をもっとイエナプランらしくし、また、自分の学校を今以上に、生と学びの共同体にするための様々なアイデアやヒントを本書から得ることができるでしょう。

　また、保護者の方々も、イエナプラン・スクールは何を目指し、それをどう実践しようとしているかについて、より良く理解できるようになると思います。

　そしてもちろん、本書はイエナプランに関心をもつ、さらにもっと多くの読者に対して、オランダのイエナプラン・スクールが理想として志しているものを、具体的に示しています。

　本書は以下の3章から構成されています。

第1章　イエナプランってなに？

　イエナプランはどんな風に生まれオランダのイエナプラン・スクールはどうやって実現されてきたのでしょうか？

第2章　イエナプランをやってみよう！

　オランダ・イエナプラン協会が作成したイエナプランのコア・クオリティについての説明・例示・チェックリスト。

第3章　イエナプランと共に歩む

　よりイエナプランらしくなるための3つのステップ：グッド・ベター・ベスト。あなたのファミリー・グループや学校でイエナプランをもっと発展させるために。

4

目次

第1章　イエナプランってなに?

第2章　イエナプランをやってみよう！

第3章　イエナプランと共に歩む

第 1 章

イエナプランって
なに？

イエナプランはどんな風に生まれ
オランダのイエナプラン・スクールはどうやって
実現されてきたのでしょうか？

1. イエナプランの起こり

第1章は、イエナプランの成り立ちについて書かれています。まず、このコンセプトを創始したペーター・ペーターセンについて振り返り、それから、イエナプランをオランダで大きく成長させたスース・フロイデンタールのことを学びます。

1.1　ペーター・ペーターセン
（1884–1952）

ペーター・ペーターセン

ペーター・ペーターセンは1884年6月26日に（ドイツの）デンマークとの国境に近いシュレスウィヒ=ホルシュタイン州のグロッセンヴィーへという村で、農家の9人兄弟の長子として生まれました。ペーターセンは、大家族の出身でしたが、多くの兄弟姉妹と共に育ったわけではありません。ペーターセンは、その村で、グリュントシューレ、すなわち、ドイツでは今でも多くの州にある、6歳から10歳の子どもたちが通う小学校に就学しました。この学校は小さかったので、1年生から4年生までの子どもたちが皆同じ教室で学んでいました。つまり、ペーターセンは、4学年の生徒たちから成る異年齢学級で学んでいたわけです。ペーターセンは、こうして、異年齢学級特有の素晴らしさをどうやら自ら経験していたらしいのです。

当時は、長男が農家を継ぐという習わしでしたが、ペーターセンはとても勉強ができたので、その習わしには従いませんでした。それどころか、ペーターセンは、その村の牧師であり校長

でもあった人の強い勧めで、1895年にフレンスブルクのギムナジウムに入学することとなりました。毎週、日曜日の午後になると、ペーターセンはフレンスブルクに歩いて行き、その町に住んでいた叔父ニコライの元で平日を過ごし、土曜日の午後に自宅に帰ってくるという生活が始まりました。そういうわけで、ペーターセンは、家族と共に日常生活を送っていたというわけではなかったようです。

ペーターセンは、その後、大学で哲学・史学・

神学を学び、1908年、24歳の時に、心理学の創設者ヴントについて論文を書いて博士号を取得。それからずっと後の1923年に大学教授となり、そこで、その大学の附属校の校長になりました。ペーターセンはこの附属校で自らのコンセプトを生み出し、その理論を現場での実践に繋ぎ合わせて行きました。

学位の取得後、ペーターセンは、ハンブルグにあった伝統的なギムナジウムの教員になりましたが、1920年には、教育改革に熱心だった他のギムナジウムの校長になるよう求められます。こうして、デ・リヒトワルクシューレという学校の校長になりました。ここでペーターセンは、自身の刷新的なアイデアの数々を、初めて実践に移す機会を得ることとなったのです。ペーターセンは、その学校では、わずか3年間しか校長職にありませんでしたが、多くの業績を残しました。芸術教育やビジネスに関する科目に関心を寄せ、保護者と協力して多くのことを行いました。そうした彼の仕事には、多くの注目が集まり、外国からも関心が寄せられました。セレスティン・フレネも、この時期の彼の仕事に関心を示しています。

1923年、ペーターセンは、教授としてイエナ大学に就任します。後にこの大学の附属校となった実験校のファミリー・グループの最初のグループリーダーにはハンス・ウォルフ（Hans Wolff）がなりました。ウォルフは自ら経験したことを日記に記録しています。この学校は、ペーターセンにとって自らのアイデアを試すことができる、いわば実験農園のようなものでした。そこで彼は理論と実践の間を振り子のように往来します。そして彼は、文字通り、大学の研究室とこの学校との間を毎日行き来したのです。

ペーターセンの教育思想はイエナで大きく花開くこととなりました。1927年8月、ペーターセンは（スイスの）ロカルノで開かれた新教育フェローシップの大会で国際的な名声を得ることとなります。その大会で、ペーターセンは、『人間の学校』（Menschenschule）について講演をしました。彼の発表は、ペーターセンの意思とは関係なく、イエナプラン（イエナで生まれたプラン）というタイトルの元で報告されました。イエナプランという名前はこの時に誕生し、以来、今日まで消えることなく続いてきたのです。

ペーターセンは、自らのコンセプトの中で、共に生きることを学ぶ、ということに多くの力を注ぎました。同時に、子どもたちに多くの責任をもたせることにも関心を払いました。子どもたちは、自分自身を大切にすることや、自らが属する集団を大切にすることをしっかり学ばなければなりません。ペーターセンの学校にいた子どもたちは、自分が何をどう学ぶかについて自分自身で決める自由を多く与えられていました。ペーターセンはまた、保護者を学校の活動に引き込んでいきました。彼は、『小さなイエナプラン』という本の中で、イエナにおける学校生活について、実践的に役立つ記述を残しました。

ペーターセンの2度目の妻であるエルゼ・ミュラー（Else Mueller）もイエナプランのコンセプトに貢献しています。彼女は積極的にペーターセンに協力して考え、たとえば、『子どもの発達の基礎力』（de grondkrachten van de kinderlijke ontwikkeling）という本を出版しています。ペーターセンは、ナチスが支配していた時代、また、東西ドイツが分離していた時代も、変わらずに仕事を続けました。しかし、次第にそれも難しくなり、ついに、この学校は、東ドイツの共産主義者らの妨害で閉校に追い込まれます。そして、ペーターセンのキャリアも、夜の灯火のように消滅してしまうのです。

ペーターセンは、1952年3月21日に享年67歳で亡くなっています。晩年の健康状態はすぐれず、最期は、（白内障のために）目もよく見えませんでした。彼は、イエナの病院で、廊下に置かれたフィールドストレッチャーの上に伏したまま、肺炎で亡くなりました。その後、イエナで火葬に付され、生まれ故郷のグロッセンヴィーへに移送され、埋葬されています。

1.2　スース・フロイデンタール
（1908–1986）

オランダにおけるイエナプランは、1950年代に始まっています。スース・フロイデンタール・ルッター（Suus Freidenthal Lutter）という人が、当時、国際組織である「新教育フェローシップ」のオランダ支部に当たる養育刷新研究グループ（Werkgemeenschap voor Vernieuwing van Opvoeding, WVO）の秘書をしていました。彼女が、ほぼ偶然のきっかけで、1952年にペーターセンの『小さなイエナプラン』と出会ったのです。フロイデンタールは、WVOの機関紙に、この本の書評を書き、それを読んだ、ヘリット・ハルテミンク（Gerrit Hartemink）という人が、イ

スース・フロイデンタール

エナプランのコンセプトにすっかり魅せられることとなるのです。

ハルテミンクは、当時、ユトレヒト市ニュー・ギネア通りにあったオランダ改革派キリスト教教会立の小学校の校長の地位にありました。彼は、それまでも、学校で行われる教育に、オヴィド・デクロリー（Ovide Decroly）やセレスタン・フレネ（Celestine Freinet）のアイデアをたくさん取り入れていました。ハルテミンクは、フロイデンタールの力を借りて、ペーターセンのアイデアを実践に取り入れてみることにしたのです。ですから、ハルテミンクの学校は、オランダにおける最初のイエナプラン・スクールと言えます。この学校は今もイエナプラン・スクールですが、今は、『デ・ブルッフ（「橋」という意味）』という名前になっています。

ハルテミンクとフロイデンタールは、1958年に「イエナプラン研究グループ」を設立しました。こうして、オランダ・イエナプランが創始されたのです。

さらに1968年には『イエナプラン財団』が設置され、これを以て、（オランダの）イエナプラン

が正式なスタートを切ることとなりました。

　フロイデンタールはオランダでイエナプランを大きく成長させました。彼女の尋常ならぬ尽力によって、オランダでは次々にイエナプラン・スクールが作られていきました。イエナプランの内容面については、フロイデンタールが、ペーターセンの思想を翻訳していきました。つまり、オランダの文化や当時の時代背景に合うように解釈して思想を受け継いでいったのです。彼女は、イエナプラン・スクールで働く人たちが自らを振り返るための枠組として、8つの基本原則を文章に表しました。

　フロイデンタールは、イエナプランの8つの基本原則（次頁参照）を提示することによって、後に、ケース・ボット（Kees Both）とケース・フルーフデンヒル（Kees Vreugdenhil）がまとめた20の原則の礎を築いたと言えます。

　子どもを育てるという観点こそが最も優先されるべきだということを、フロイデンタールは明確に示したのです。子どもを育てるという観点を抜きにして、人を教育することはできない

のです。ですから、イエナプラン・スクールのグループリーダーは、単に教育者というだけではなく、人間としての子どもを育てる養育者であるのです。

　フロイデンタールは、また、イエナプランのコンセプトは、ある固定的なモデルではないということをはっきりと強調しています。すなわち、イエナプランは、教員がしなければならないことを定めた指導要領でも、こうすべきであると手順を固めた教授方法でもなく、ビジョンであり、根本的姿勢であり、生きていく上での確信なのです。フロイデンタールは、イエナプランのコンセプトを、解釈可能な目標モデル、あるいは、容認的なグランドモデルと表現しています。それにより、このコンセプトは、そこからさらに新しい進展が起きることに対して開かれており、それによって、個々の学校には、独自に解釈して実践していくための自由裁量のゆとりが与えられています。

　オランダのイエナプラン運動の母、スース・フロイデンタールは、1986年9月25日に逝去しました。

ペーターセンがイエナプランを初めて実践した大学附属の実験校。

イエナプラン8つのミニマム

1. インクルーシブな考え方を育てる

自分の利害 対 集団の利害

私の幸福は、他の人たちの犠牲の上、または、存在なくして得ることはできないが、それは、私が他の人の幸福を願い、そのために働こうとする時にのみ得られるものである。

2. 学校のあり方を人間的で民主的なものとする

デモクラシーを通して、あるいはより良い言い方をすれば、ソシオクラシーを通して、皆で一緒に決定する(註1)

子どもも大人も同じ〈生と学びの共同体〉の一員として、発言していかなければならない。

3. 対話

自分のためにではなく、お互いに、共に

〈生と学びの共同体〉においては、お互いに対して話しかけられ、説明される。こうした対話は人と仕事と遊びと催しとをつなぐものである。

4. 教育の人類学化

生徒に対して人間として生きている子どもであることを認めることの大切さ

学校は子どもたちのためのものである。子どもの利益がすべてに勝る。子どもを養い育てることが、教育よりも優先される。人は養育をしないわけにはいかない。学校は、経済、宗教、その他、いかなるものの、何らかの利益に関わる政治の道具となってはならない。

5. ホンモノ性(オーセンティシティ)

あるがままに、そして、ホンモノの現実

大人も子どもも、可能な限り、あるがままのホンモノの自分自身でなければならない。それぞれが自分らしく、ありのままでいられるゆとりを、できる限り多く、お互いに与え合わなければならない。現実との出会いもまた、できる限りホンモノでなければならない。見せかけの現実であってはならない。

6. 自由

協働のために努力する

自由は、〈生と学びの共同体〉がもつ共同的で自律的な秩序を通して生まれる。人は、自分で決断を下し、物事の成り行きに対して影響を与えることができるからこそ、自由を得るのだ。ファミリー・グループ、学校、そして、〈生と学びの共同体〉のために、みんなで一緒に責任をもつのである。

7. 批判的思考を育てる

答えを問い直す

生産的に考える力、つまり、個々の子どもの世界観の中に、新しい情報を取りこみ、統合させていく力を伸ばす。何でもかんでも、甘いお菓子のように鵜呑みにするのではなく、物事がもっている意味や有用性を問い直す力を育てる。

8. 創造性

想像力

学校では創造性に対して十分な関心が払われなければならない。その際、何かを生み出すことが重要な役割を果たす。しかし、感情や美について表現することも、誰か他の人の立場に立ってものを考えられるということ(共感)も創造性にとって重要である。

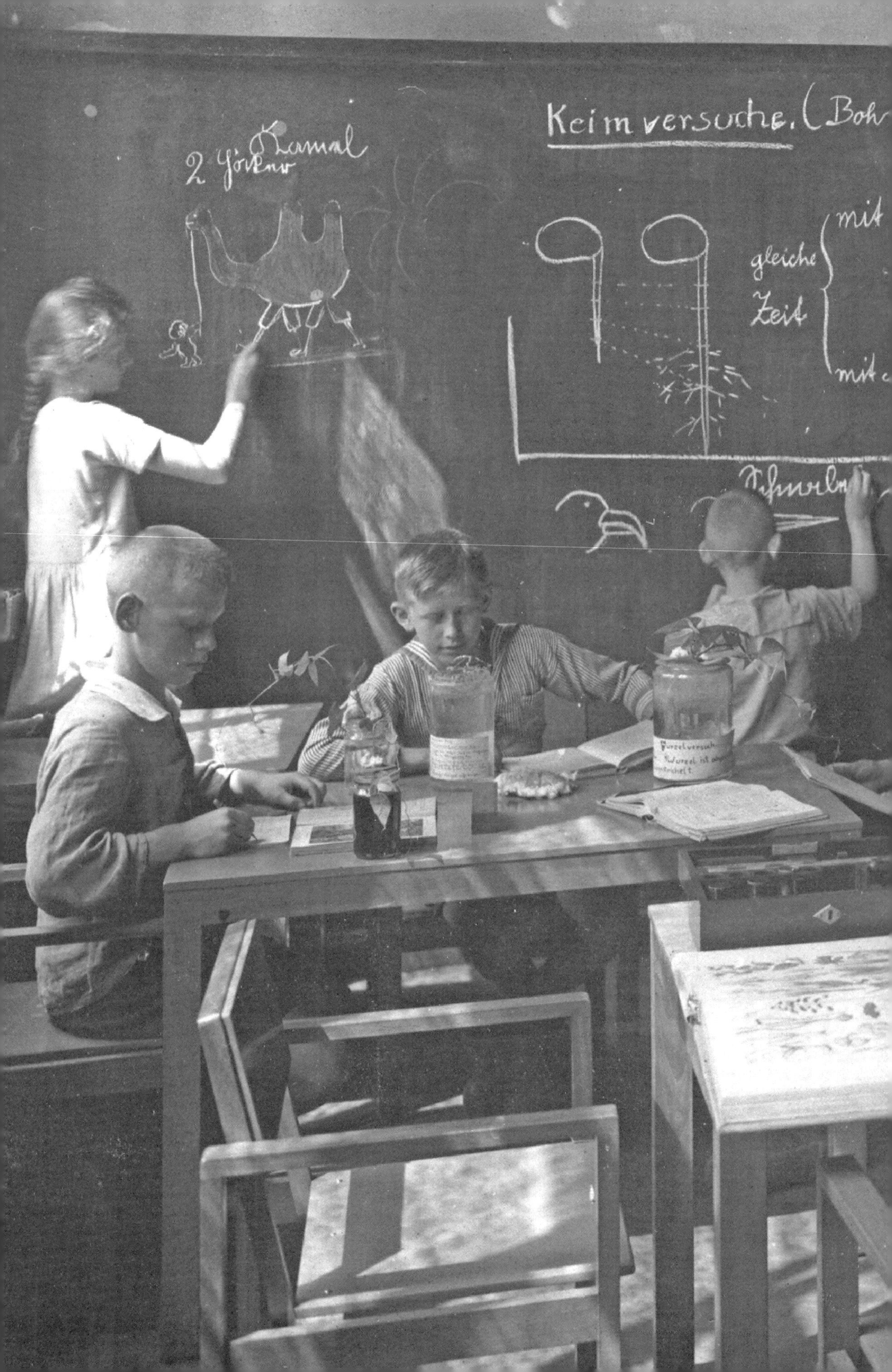
Keimversuche. (Boh
Kamel
mit
gleiche
Zeit
mit

2. イエナプランの理論

2.1　コンセプト

イエナプランは、非常に大きな価値をもった教育刷新コンセプトです。イエナで始まりましたが、この数十年間、オランダで時代の変化に合わせて解釈可能な目標モデルとして発達してきました。解釈可能とは、何か作り込まれた教育学的教授方法のモデルではなく、自分で学校を作る際に土台となる考え方です。それは、自らの〈生と学びの共同体〉の中で、具体的に形を作っていくためのコンセプトなのです。形を作っていくのは、その学校の関係者たち、すなわち、子どもたち、保護者たち、そしてグループリーダー（担任教員）たちです。

このコンセプトは自らの学校に具体的な形を与えることを可能にします。教員として、あなたは、自分の同僚と共に、また、自分が受けもっている子どもたちや保護者たちとともに、学校に何らかの形式や内容を与えていかなければなりません。でもそれは利点でもあるのです。それがこのコンセプトを強力なものにしています。誰でも、そのコンセプトが基盤に据えている考

え方を、自らが置かれている状況に合わせて翻訳して適用することができます。つまり、あなたは、何か厳密に書かれた規則や約束、仕事や組織の形式に縛られなくても良いのです。

しかし、そのようなオープンなコンセプトにも難しさはあります。なぜなら、いったい全体、何が良いイエナプランなのだろう、良いイエナプランとは外から見てどんなものなのだろう、という疑問がわかざるを得ないからです。たとえば、今ここで、あなたが誕生日か何かのパーティに出席していると想像してみてください。あなたがビールを片手につまみのチーズか何かを手にした瞬間、そばにいた人がこう聞いてきました。「あなたはイエナプラン・スクールで働いているそうですね。そのイエナプラン・スクールって、いったいなんなんですか？」こう誰かから聞かれた時、あなたならどう説明しますか。面倒な理論などを引用しないで、イエナプランについて、誰かにわかりやすく説明するとしたら、どんな風にすると思いますか？

コンセプトがオープンであることは、私たちにたくさんの自由があるということですが、同時に、それは、私たちに選択を迫ります。あなたは

今後、自分の学校をさらに、どのように発展させていきたいのでしょうか。どういうものがあなたやあなたの学校の教職員チームや子どもたち、そして保護者にふさわしいのでしょうか。こうした選択はみんなで一緒にやらなくてはなりません。

もしもあなたが学校を〈生と学びの共同体〉にしたいなら、つまり、みんなが共に生き共に働く協働の場としたいのであれば、あなた自身もまた他の人たちと一緒に物事の決定をしなければならないはずです。自ら関与（エンゲージメント）することがなければ、責任も生まれません。責任をもつことがなければ、関与もあり得ないのです。

良い選択をするには、自分が今どこに向かおうとしているのかを知らなければなりません。あなたの学校がもっている使命とは何なのかがはっきりとしていなければなりません。そして次に、旅の目的地までの行程を知るために、今どこにいるのか、出発点はどこなのかを知る必要があります。

2.2　共同社会の真ん中で

社会の変化は、言うまでもなく学校の変化にも影響を与えます。イエナプラン・スクールは社会の只中にあり、その一部を成し、社会に対して「ドアや窓を開き」、現実に社会で起きている変化に対して働きかけることを義務づけます。もちろん、それは、そこで教育されている内容に限らず、責任意識、学校の発展、文化、そして、構造に対して、つまり、学校生活のありとあらゆる面で起きます。

私たちは皆、政府が学校に責任を求める時代に生きています。教育監督局は、政府が支給している資金が、法の意図に即して使われているかどうかを監督します。保護者もまた、学校に高い質を要求し、教育を提供する側も、自分が働いている、あるいは、働こうと思っている学校のクオリティを特に意識して、注意深く見ています。

自分の学校組織の強い点と弱い点はどこかを明確に示すよう求められますし、よくない所については、変革し改善するためのプランを問われます。学校の発展と、職員それぞれの個人的な発展とが首尾よく一貫しているようにすることも必要です。

校長たちは、こうした発展をうまく進められるためには具体的に何をしたら良いか、訓練を受けて学びます。実施してみたことは分析され、どこがうまくいき、どこがうまくいかなかったか、その学校の文化はどのようなものかと診断されます。コンピテンシーやクオリティ、学習スタイルといったものも検討されます。国が制定している中核目標[注4]が教育内容に条件を設け、教育成果は体系的に可視化された形で示さなければなりません。子どもたちは、学校でモニターされ、時には、つけまわされていると思われるほどのものです。

イエナプラン・スクールが、色々なステークホルダーたち、すなわち、保護者や政府や監督局や他のイエナプラン・スクールや他の共同機関、上部組織との約束事や政策方針など、ありとあ

らゆるものの間で振り回されることがないようにするには、どうすれば良いのでしょうか。

2.3 子ども中心

イエナプラン・スクールは、どの子どもにとっても、可能な限り最善の発達の機会を提供されるように組織されていなければなりません。それは、イエナプラン・スクールに課された使命であり、したがって、この使命は、学校で行われるすべての活動を方向づけるものでなければなりません。私たちは、自分が努力していることが、最終的に子どもにどのような成果をもたらしているかについて、常に繰り返し、この使命に照らして、自らに問い直していなくてはならないのです。

つまり、私たちの活動のすべて、私たちが会議のために費やす時間のすべて、私たちが地域の学校同士で話し合うことのすべては、1人の子どもにとってどんな意味をもつのだろうか、という問い直しです。どんな変革に取り組むにせよ、こうした努力が、どのような形で子どもたちの発達に良い成果をもたらすかを説明できて初めて、成功だと言えるのです。そして、私たちは、こうした発達について、個々の子どもに関するイメージをもつことが必要です。それは、私たちが、子どもたちの発達をどう評価するかではなく、発達そのものに対して責任をもつということです。

子どもたちは、良い〈子ども学的環境〉があって、初めて最もよく発達します。私たちは、ファミリー・グループのグループリーダーとして、こうした環境を生み出すように努力しなければなりません。とはいえ、〈子ども学的環境〉という言葉は、抽象的な概念です。私たちは、良い〈子ども学的環境〉の特徴がどのようなものであるかを、感じとったり例としてあげることはできるかもしれません。しかし、どうすれば、そういうものを、グループリーダーとして自分のクラスの中に生み出すことができるのでしょうか。それについて、何ができ、何を知っておく必要があるのでしょうか。

2.4 子ども学に基づく環境

優れた〈子ども学的環境〉は、グループリーダーが、正しいやり方で指導し（リーダーシップ）、多くのことを知っており（内容）、うまく授業を行え（教授方法）、自分の仕事をうまく管理できている（組織）時に生まれます。これらが、グループリーダーが注意を払うべき4つの点です。グループリーダーは、これら4つのどの領域においてもよく熟達していなければなりません。たとえて言うなら、スケート競技の全種目チャンピオンのようなものです。チャンピオンになるためには、4種の距離でどれも非常に上手に滑ることができなくてはなりません。その際、4つの距離のうちのどれか1つの専門性を高めれば、表彰台に上がるチャンスは高まります。

〈リーダーシップ〉〈内容〉〈教授方法〉〈組織〉の4つを合わせたモデル（LIDO－Model）は、教員がもつべきコンピテンシーリストとしてさらに細分化されており、それを使って、グループ

リーダーは、特に自分で、自分の長所と短所とを見出すことができます。その際、360度フィードバックの形式を使うのが良いでしょう。つまり、自分が教員としてどれ程うまく機能できているかについて、他の人の意見も聞いてみるのです。このようにして、4つを合わせたモデルを基にしてお互いに話し合い、どうすれば苦手な点をもっと伸ばせるかと話し合えますし、また学校は、どうすれば、ある人がもっている長所をうまく活用できるか、と話し合えます。

2.5　文化と枠組み

グループリーダーたちは、何らかの特定の学校文化の中で、また、何らかの特定の枠組みの中で仕事をしています。こうした文化や枠組みは、学校の発展や質の向上に大きな影響を与えます。

ある学校をイエナプラン・スクールとしてうまく機能させるためには、しばしば、慣れ親しんできた家庭的な学校文化を、より専門的な文化へと変換させることが必要となります。

学校がもっている枠組みについては、私たちは、イエナプラン・スクールの中に明確な学校像をもっています。それは、まず機能ありき、それが形式を決める、というものです。しかし、実際には、私たちは、既に形式ができていると、そういう伝統的な形式を変えるのが困難である、という状況に少なからず出会うものです。「はい、でも、ここではいつもこうしていますから」という言い方を、働き始めてまだ間もないグループリーダーたちから、よく耳にするのです。

いったい私たちは、より良い別の方法を生み出すために、これまでの間にすっかり馴染みになってしまった構造を、本気で手放す覚悟があるのでしょうか。私たちは、新しい方法を少し実験的に試みてみようという心の準備があるのでしょうか。どの程度までならやってみるつもりがあるのでしょう。

イエナプランの基本原則には、イエナプラン・スクールがダイナミックな学校であり、常により良いものを求めて改善と発展を続けていく、と書かれています。枠組みは私たちが目標を達成する上で役立つものでなければなりませんが、現実には、枠組みのために目標がうまく達成できないでいるという例をよく目にします。そうした枠組みは、本当にそれが目指している存在意義のため、つまり、子どものために役立っているのでしょうか。

ファミリー・グループは、学校の枠組みの中で、自らの発達のために十分な可能性を与えられているでしょうか。あるいは、組織の中で決められた様々な約束事が、学校のさらなる発展を妨げていないでしょうか。

学校がもっている文化や枠組みは、その学校にいる人々が決めるものです。人が学校を作るのであり、そこでは誰もが、すなわち、教職員、校長ら管理職者たち、保護者会や経営参加評議会に参加している保護者など、皆が何らかの特定の役割を担って、学校づくりに参加しています。

それぞれ異なる立場にある人たちが皆、自分なりの立場から学校づくりのために努力しているという気持ちをもてることが大事なのです。お互いに対してオープンでかつ批判的な姿勢こそが、学校の質を向上させます。

表：学校がもっている文化と枠組み

官僚的で政治的な文化や態度		専門家集団的な文化や態度
記録を書き留めるだけ	>	話し合いの結果決めた行動計画のリストを作る
通りすがりに出会った時だけ声をかける	>	お互いの行動について褒めたりアドバイスをしたりする
他者の行動に対し、その人の地位や立場を基準に判断したり期待したりする	>	他者の行動に対して、地位や立場に関わらず、その人の行動そのものを見て反応する
何か話題にする時、他の人を引き合いに出してその人のせいにして話す	>	何か話題にする時、自分はどう思うかと話す
常に上から目線だったり、外部の人間として傍観者的な態度をとり発言する	>	物事に対し、当事者として責任を持って関わる
問題が起きると、誰のせいかと責任者探しをする	>	問題が起きると、次に同じ問題を起こさないためにリフレクション（振り返り）をする
会議は、議長が事前に決めていた議題について報告して、それへの質問を受けて終わり	>	なんでも会議にかけるのではなく、テーマごとに専門部会を作り、建設的に話し合う
原則論を唱え、問題に戻る	>	目的が何かを明確にし、問題解決に向かっていく
問題を起こさないために、監視しコントロールする	>	問題解決を通して、人は学び発達し変化すると考える
すぐに人から先を越された、軽視されていると感じる	>	すべての人が何もかもを知っている必要はないと考える（お互いの力を利用し合う）
失敗や間違いを隠し、誰かから指摘されないように注意する	>	失敗を恐れず、リスクを冒す
変革の時も皆が足並みを揃えなければならないと考える	>	変革には多様な形があると考え、人を信頼し、人にやらせて他の人が学べるようにする
努力や勤勉を人に求め、自分もそうしているフリをする	>	目的を明確にして、それにどれだけ近づけたかと成果を見る
試してみる	>	生み出す
話し合いをしても談合に終わり、建設的な結論がない	>	仕事が成果を生むことに目的を置き、話し合いも課題の遂行を目指す
問題は何かと考え、話し合う	>	問題を確認したら、それについての解決法を考え、話し合う
話し合いや問題解決は、過去の書類を見直すことから始め、現状分析がない	>	話し合いや問題解決は、何が課題かということから考え、現状分析をして、必要な資料・人材・アイデアを探す

（著者の意味をよりわかりやすくするために訳者が加筆）

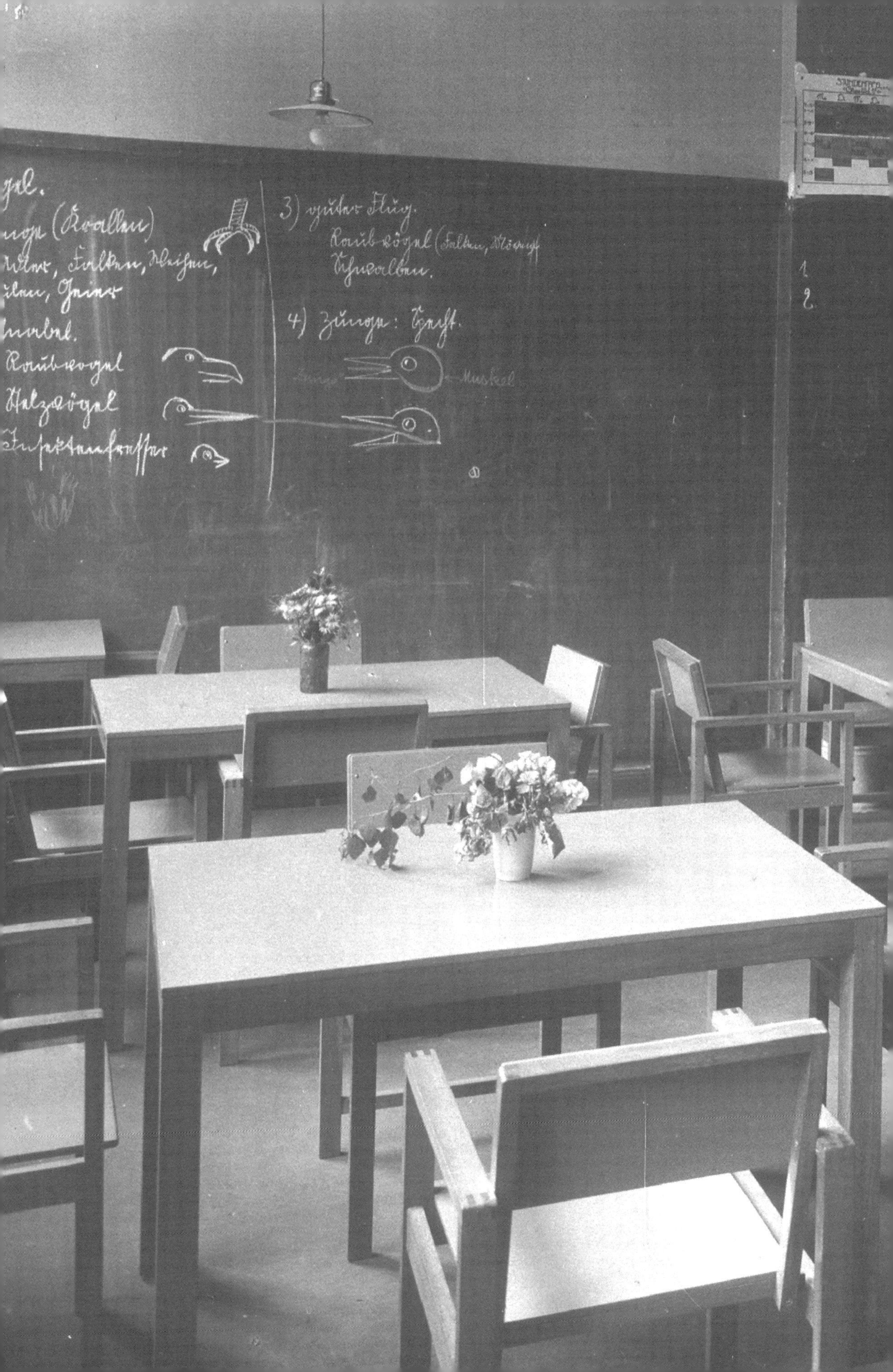
Muskel

2.6 保護者と学校

イエナプラン・スクールでは、保護者たちが重要なグループとしての役割を果たします。私たちは、保護者を子どもたちの養育の第一の責任者とみなしています。保護者は、子どもたちを安心して学校に通わせることができ、そこで専門的に待遇されることを期待しています。イエナプラン・スクールは、子ども学に根ざした学校ですから、保護者なしで機能することはあり得ません。保護者とは常に正しい関係を求め続けなければならないのです。この関係には色々なものが考えられ、「お互いに情報を交換する」「助け合う」「経営参加評議会に参加する」というように、幅広い内容のものです。教員は、ある場合には、保護者に対して耳を傾け、保護者がもっている職業的知識を活用することもできるでしょうし、また、ある時は、保護者と共に、家庭での困難な状況について話し合ったり、保護者に対して子育て講習を受けてはどうかと助言したり、ソーシャルワーカーの助けを求めるように助言することもあるでしょう。

社会における変化やワイドスクール（保育園や学校など、子どもの発達に関わる組織が複数集まって統合併設された施設）⁽註2⁾の設置などを通して、家庭環境と（ワイドスクールを含む）学校環境との間のボーダーラインに少しずつ変化が起きてきています。「共同社会の礎石としての家庭」であったのが、今では「共同社会の礎石としての（ワイドスクールを含む）学校」へと変化してきているとも言えます。その結果、ワイドスクールや統合的な子どもセンターで働く人々は、これまでの学校に期待されてきた子ども学的役割に加え、もっと幅広い内容のサービスを提供しなければならなくなってきています。

2.7 教職員チームとファミリー・グループ

学校の教職員チームと校長ら学校リーダーたちとの関係は、ファミリー・グループ（クラス）とグループリーダー（担任教員）の関係に似ています。ファミリー・グループのグループリーダーとして優れていた人が校長になることはよくあることです。それは、既にファミリー・グループでリーダーシップや教授方法や組織について多くの経験を積んでいるからです。しかし、こうした経験は、教職員チームに対するリーダーシップのためにはほとんど使われていません。習熟レベル毎の授業、サークル対話、ブロックアワー、個別指導、インストラクション、自立学習、催し、遊び、などといったイエナプランの特徴は、いったいどこに消えてしまうのでしょうか。なぜ学校の校長たちは、自分の部屋に引きこもり、会議室のテーブルだけで仕事をしようとするのでしょう？　ファミリー・グループのために書かれていることの多くは、そのまま、教職員チームに対しても応用できます。そう考えると、可能性は、まるで海のように広く広がって見えてきます。

もしも、あるファミリー・グループのグループリーダーが何かの問題に直面したら、サークルを作って、その問題をサークルの真ん中に引き出せば良いのではないでしょうか。そうして教職員が一緒に、自分たちにできることや、どうやってそれに取り組むかを考えます。役割を分

担し、その上で仕事に取り組み、しばらくしてまたサークルを作ってそれがどのように進展したかを振り返って評価し、次に何をするかを決めていけば良いのです。もし、何か学校の指導部に関する問題が起きたのであれば、ここに、（学校理事会などの）責任者や学校よりも上位の管理組織の人などを交えて話し合えば良いでしょう。しかし他方、こうした外部の人たちの関与は、確かに、学校で働いている人たちの相対的な自立性や共同性を謳ったイエナプラン20の基本原則11条（P27参照）に反します。

ですから、イエナプラン・スクールは、他団体との共同においては、学校の自立性が極端に傷つけられることのないように、常に気を配り注意しておかなければなりません。

2.8　イエナプラン20の 基本原則

イエナプラン20の基本原則（以下、基本原則）は、イエナプラン・スクールがもっと周囲から承認されるように、オランダのイエナプラン・スクールのために作られたものです。この原則は1990年代に、ケース・ボットとケース・フルーフデンヒルとが原案を作りました。

基本原則を見ると「私たちは、なぜこのようにしているのか」の理由がわかります。

基本原則は、オランダにあるイエナプラン・スクールの間に繋がりを作る意味でも重要なものです。すべてのイエナプラン・スクールは、この基本原則を学校の要覧の中に盛り込まなければなりません。

基本原則は3つの部分から成ります。すなわち「人について」「社会について」「学校について」の3つです。もしあなたが子育てに関わるのならば、あなたはどんな人を育てようとしているのかについて意識していなければならないでしょう。どんな人間像に向かって働きかけているのかが明確でなければなりません。基本原則の最初の5項目には、このことが記述されています。

人は皆、共に生きています。この共同社会に関しても私たちは願望をもっています。私たちは、そうした社会がどうあるべきか、どのような外観のものであるかについて、何らかのイメージをもっていなければなりません。学校は、人が共に学ぶ学校として、外の人々に示したいと考えているものを、明確に述べることができなくてはなりません。それを述べているのが原則の6−10です。

これら、私たちの人間像や共同社会についての素晴らしい原則のすべては、私たちが教育に対して具体的な形を与える時の方法に反映されます。それが、原則11−20です。

この基本原則を手にすることで、あなたは、自分の学校を見直してみることができます。私たちは、どれほどこのコンセプトや出発点に近いところに立って仕事をしているでしょうか。自分で実現できている教育の質はどこにあり、自分たちが今後さらに目指さなければならないことや、チャレンジしなければならないことは何でしょうか。これまでに、この基本原則には解説がつけられ、もっと使いやすいものにされてきています。文献リスト（P244−245）を参照。

イエナプラン20の基本原則

人について

原則1

どんな人も世界にたった1人しかいない人です。つまり、どの子どももどの大人も1人1人が他の人や物によっては取り替えることのできないかけがえのない価値をもっています。

原則2

どの人も自分らしく成長する権利をもっています。自分らしく成長する、というのは、次のようなことを前提にしています。つまり、誰からも影響を受けずに独立していること、自分自身で自分の頭を使って物事について判断する気持ちをもてること、創造的な態度、人と人との関係について正しいものを求めようとする姿勢です。自分らしく成長していく権利は、人種や国籍、性別、（同性愛であるとか異性愛であるなどの）その人がもっている性的な傾向、生まれついた社会的背景、宗教や信条、または、何らかの障害をもっているかどうかなどによって絶対に左右されるものであってはなりません。

原則3

どの人も自分らしく成長するためには、次のようなものと、その人だけにしかない特別の関係をもっています。つまり、他の人々との関係、自然や文化について実際に感じたり触れたりすることのできるものとの関係、また、感じたり触れたりすることはできないけれども現実であると認めるものとの関係です。

原則4

どの人も、いつも、その人だけに独特のひとまとまりの人格をもった人間として承認され、できる限りそれに応じて待遇され、話しかけられなければなりません。

原則5

どの人も、文化の担い手として、また、文化の改革者として受け入れられ、できる限りそれに応じて待遇され、話しかけられなければなりません。

社会について

原則6
私たちは皆、それぞれの人がもっている、かけがえのない価値を尊重し合う社会を作っていかなければなりません。

原則7
私たちは皆、それぞれの人の固有の性質（アイデンティティ）を伸ばすための場や、そのための刺激が与えられるような社会を作っていかなければなりません。

原則8
私たちは皆、公正と平和と建設性を高めるという立場から、人と人との間の違いや、それぞれの人が成長したり、変化したりしていくことを受け入れる社会を作っていかなくてはなりません。

原則9
私たちは皆、地球と世界とを大事にし、また、注意深く守っていく社会を作っていかなくてはなりません。

原則10
私たちは皆、自然の恵みと文化の恵みを、未来に生きる人たちのために、責任をもって使うような社会を作っていかなくてはなりません。

学校について

原則11
学校とは、そこに関わっている人たちすべてにとって、独立した、しかも協働して作る組織です。学校は、社会からの影響も受けますが、それと同時に、社会に対しても影響を与えるものです。

原則12
学校で働く大人たちは、1から10までの原則を子どもたちの学びの出発点として仕事をします。

原則13
学校で教えられる教育の内容は、子どもたちが実際に生きている暮らしの世界と、（知識や感情を通

じて得られる)経験世界とから、そしてまた、人々や社会の発展にとって大切な手段であると考えられる、私たちの社会がもっている大切な文化の恵みの中から引き出されます。

原則14

学校では、教育活動は、子ども学的によく考えられた道具を用いて、子ども学的によく考えられた環境を用意した上で行います。

原則15

学校では、教育活動は、対話・遊び・仕事(学習)・催しという4つの基本的な活動が、交互にリズミカルにあらわれるという形で行われます。

原則16

学校では、子どもたちがお互いに学び合ったり助け合ったりすることができるように、年齢や発達の程度の違いのある子どもたちを慎重に検討して組み合わせたグループを作ります。

原則17

学校では、子どもが1人でやれる遊びや学習と、グループリーダーが指示したり指導したりする学習とがお互いに補いあうように交互に行われます。グループリーダーが指示したり指導したりする学習は、特に、レベルの向上を目的としています。1人でやる学習でも、グループリーダーから指示や指導を受けて行う学習でも、何よりも、子ども自身の学びへの意欲が重要な役割を果たします。

原則18

学校では、学習の基本である、経験すること、発見すること、探究することなどと共に、ワールドオリエンテーションという活動が中心的な位置を占めます。

原則19

学校では、子どもの行動や成績について評価する時には、できるだけ、それぞれの子どもの成長の過程がどうであるかという観点から、また、それぞれの子ども自身と話し合いをするという形で行われます。

原則20

学校では、何かを変えたりより良いものにしたりする、というのは、常日頃からいつでも続けて行わなければならないことです。そのためには、実際にやってみるということと、それについてよく考えてみることとを、いつも交互に繰り返すという態度をもっていなくてはなりません。

2.9　6つのクオリティ特性

オランダにおけるイエナプラン・スクールの全国研究者代表の地位にあったケース・ボットは、基本原則をまとめた後、『21世紀に向かうイエナプラン』というタイトルで、オランダ語による理論書を書きました。この本は、のちに、ドイツ語に翻訳され、『イエナプラン21』という略称で呼ばれるようになりました。

この『イエナプラン21』の第4章で、著者ケース・ボットは、イエナプラン・スクールの特徴となるべき**6つのクオリティ特性**をあげています。この著はオランダのイエナプラン・スクールのための理論的基盤として非常に大きな価値をもっています。

これらのクオリティ特性はイエナプラン・スクールの出発点をなすもので、学校がより良いものへと発展していくための指針になるものです。これらのクオリティ特性を出発点とすることで、学校はさらに向上のための努力をするようになります。

これらのクオリティ特性に対して指標を設けることによって、日々の実践において実用的で応用可能なものとなっています。

2006年2月15日、オランダのイエナプランナーたちが、自主的に一堂に会し、イエナプラン・スクールは今後どうすれば周囲の人々にもっと明確に認知されるようになるかということと、イエナプラン・スクールの質を向上させるために何をすべきか、について話し合いました。

こうして集まった人々による、いわば「シンクタンク」のおかげで、最終的には、地域ごとに共同で活動しているイエナプラン・スクールが、質の向上のために能動的に取り組んでいけるよう話し合いました。

その結果、このシンクタンクは12項目にわたるイエナプランのコア・クオリティをまとめました。そして、参加校は、これらのクオリティ項目に沿って仕事を進めるにあたり、それぞれ、どのような方法を取るのかを明確にしなければならないこととなりました。

これらのクオリティ項目の条件を満たしている学校は、学校の入り口に掲げられる標示板によって正式に認められたイエナプラン・スクールであるとわかり、オランダ・イエナプラン協会（NJPV）のサイト〈www.jenaplan.nl〉にも登録されています。

実践において、これがどういう意味をもっているかというと、学校は、それぞれの地域にある他の参加校と共に、計画的に、話し合いや交流、研修や会議に参加し、クオリティの向上のために共同で仕事を進めます。

どの学校にイエナプラン・スクールの認定を与えるかは、地域の参加校がお互いに話し合った上で決定します。このイエナプランのコア・クオリティについては、第2章でさらに詳しく取り扱います。

6つのクオリティ特性

1. イエナプラン・スクールは経験を重視する

私たちは学校で、子どもたちに多くの異なる経験をさせる。つまり経験を通して学ぶのである。
それは経験を尊重すること、すなわち、子どもたちの経験を活用することを意味している。

指標
■ 子どもたちは自分の活動を自ら選んで良いし、選べる
■ 豊かな学びの環境がある
■ 子どもたちの基本的ニーズ、すなわち、ウェルビーイング、関わり、繋がり感情から出発する
■ 子ども同士の関係が明らかに見えている
■ グループリーダーは子どもたちと経験を重んじた対話をしている
■ グループリーダーは自分がグループの中で役立っているかどうかも議論の対象にする
■ 教室内に置かれる物の配置や装飾はそのグループの子どもたちが決めている
■ 学校周辺の空間は遊びや発見学習を誘うものである

2. イエナプラン・スクールは発達を重視する

子どもたちは、多面的な能力を発達させ、最大限の力をさらに乗り越えるようにとチャレンジしている。
どのように学ぶべきかを学び、発達を刺激し、熟考された教材を用いて、最近接領域(自分1人でできることのすぐ次の発達領域：ヴィゴツキーの用語)の発達を経験する。達成感をもつこと。

指標
■「学ぶことを学ぶ」ということ、また、戦略的に関わるということに注意が払われている
■ よく考え抜くことや実際にやってみることを学んでいる
■ 子どもたちは、自分の最大限の力まで取り組み、達成感を得るためにチャレンジしている
■ 他の人の最大限の力を尊重している
■ 達成を目指す文化だが、盲目的な達成主義ではない
■ 子どもたちに最近接領域(前出)での発達を経験させている
■ たくさんの個別のニーズに合わせて分化された状況や課題を使って仕事をしている
■ 4つの基本活動をうまく循環させている
■ 大切なことは経験したり感じたりすることによって学んでいる

- ■ ドアと窓を開放している
- ■ 子どもたちが次第に自分で自分のことを管理できるようになることを意識して仕事をしている
- ■ 子どもたちが自分自身をよく知り（リフレクション）、健全な自己イメージをもつように働きかけている
- ■ 通知表は主に、発達の様子が目に見えるように提示される（ポートフォリオ）

3. イエナプラン・スクールは協働的

共に働き、助け合い、お互いを思いやり、共に話し、共に遊び、共に決定し、共に祝う。これらすべてのことは、学校を〈生と学びの共同体〉にするものである。学ぶとは社会的に学ぶこと、つまり共に問題を解決し、共に評価するということだ。

指標
- ■ 自分たちがどのようにすれば、最もよく共に生き共に働くことができるかについてリフレクションをし、練習をしている
- ■ 助け合うということを学んでいる。テーブルグループで、ペアで、メンター（担当教員）と、チューター（個別指導者）と
- ■ 何かの仕組みについて共に探究するサークル対話をしている
- ■ 共に話し、共に遊び、共に働き、共に催している
- ■ 何を使ってどんな風に仕事するのかを話し合い、その結果を評価している
- ■ 作文や芸術作品について、お互いに話し合っている
- ■ 既に発見されているものと、自分で発見したものとを関係づけるようにしている
- ■ 自分の作品も〈誰もがアクセスできる〉文書センターに保管されている
- ■ 自分たちが学んだり経験したりしたことをたくさんの人に見せている
- ■ 子どもたちが、校舎内外の内装についてアイデアを提供し、また、その管理もしている
- ■ 生活のための規則を一緒に文章化している
- ■ 共に意思決定することを練習している
- ■ 嬉しい時も辛い時もお互いに注意を払い、思いやっている
- ■ 催しの際には、私たちがお互いに〈共同体として〉属し合っていることを実感している

4. イエナプラン・スクールは世界に目を向けている

ワールドオリエンテーションは、教育のハートである。大小の時事に多くの関心を向けることで経験し、発見し、探究することに特徴をもつ。

指標
- 教育は「生きた現実の近く」にあるべきものである
- 自立的な研究と発見のための時間と空間がある
- 事物との幅広い様々な出会いの形式がある
- 研究に必要な道具が十分にある
- 不思議だなあ、と思う瞬間がある
- 十分な文献がある
- 子どもたちの作品を正しく展示している
- 子どもたちが主体的によく関わっている
- 社会や文化における変化に対して批判的に思考している
- 何かを自分自身のためにやってみる可能性が十分にある
- 取り上げられるテーマに対し、子どもたちが、それぞれ個人的な意味づけをしている
- グループ活動に多くの関心が払われている
- 観察サークルと報告サークルがある
- ワールドオリエンテーションと教科学習との間には有機的な関係がある
- 多様な異文化による表現との接触がある
- 環境保全に関し、見方の枠組みをもって関心を払っている
- 対立、従属、差別といったことに対して、見方の枠組みをもって関心を払っている

5. イエナプラン・スクールは批判的に思考する

イエナプラン教育は、人間的かつ生態学的な持続可能な共同社会に向かって働くことを目指している。つまり、共同社会と文化における発達という観点から、批判的かつ建設的な態度を発達させるということである。こうしたことは、まず自分の家庭において、そして、学校で始まる。イエナプラン・スクールは、子どもたちが批判的に思考することを学ぶよう望んでいる

指標
- 善悪、美醜、真偽、社会関係、少数者といったことに対して敏感である
- 違いを受け入れることを学ぶ、意見の対立やコンフリクト（喧嘩などの衝突）の形や、それを乗り越えるための可能な方法を学んでいる

- 物事を大切に取り扱うことに注意が払われており、使い捨ての習慣をもたない
- 自然や環境を大切にしている
- 対立やコンフリクトの発生、また、子ども、黒人、女性、同性愛者などが歴史上で果たしてきた役割について注意が払われている
- 異なる様々な立場から物事を見直している
- 希望のある観点を生み出すために想像力を使っている
- 継続して、より良い社会のために働いている
- 「そういうものなのだ」という思い込みに対して疑問を投げかけている
- 明快に考え、論拠を示し、感情を言葉にして表している
- 多くのことを喜び祝うことを通して、生きることを楽しんでいる
- 教職員チームの中や、保護者との関係においても、批判的態度が尊重されている

6. イエナプラン・スクールは意味を求める

イエナプラン・スクールは哲学的・実存的な問いに関心を払い、物事の意味を考えるよう目指している。それは、受動的に「耳を傾ける」（ストーリー、シンボルや儀式、静寂、祈り、瞑想）形式になりがちかもしれない。しかし、「誰か他の人のために努力する」というように、能動的に「自ら取り組む」形もあり得る。また、何かについてその意味を問うことや、宗教的・非宗教的な意味をもつ経験について、共に深く考えることでもある。

指標
- ストーリーや対話の中で、意味や意義を経験する
- 哲学的対話の中で、子どもたちの実存的な問いに注意を払っている
- たくさんのストーリーを読み聞かせている
- お互いに対して関心を払い思い合っている
- 静寂や瞑想や祈りなどの時間がある
- 催しでは、シンボルや儀式が明らかに見て取れる
- 芸術表現やワールドオリエンテーションにおいて、何かについて不思議に思ったり、美しいものを鑑賞したりしている
- リズミックな週の時間割を立てる際、実際に、子どもが自分で選択することができる
- 子どもたちの物の見方について保護者と話し合っている
- はっきりとした哲学的発達、たとえば、宗教教育やヒューマニズム教育が行われている
- 宗教的及び非宗教的な意味づけの経験に注意が払われている
- 教職員チームの中でも、意味づけについて常に話し合われている。私たちは、今、あることをこのようにしているが、なぜそうするのだろう、というように

3. イエナプラン・スクールのエッセンス

イエナプランのコンセプトは、私たちが良い教育と考えているものの姿と合致しています。それどころか、私たちは、「個別適応教育」[註3]とはイエナプラン・スクールにおいてこそ、初めて実現可能になるとさえ考えています。ペーター・ペーターセンが「より良い共同社会のための練習の場としての学校」と言っていたように、イエナプラン・スクールはより良い未来社会に貢献できるもの、と私たちは信じているのです。

個人主義がますます進んでいる私たちの社会において、イエナプラン・スクールは、子どもたちが共に生きることを学ぶ機会を得る唯一の場であるかにすら見えます。そして、おそらく、今という時代だからこそ、共に生きることを学ぶということが、これまでのどの時代にも増して重要なのではないかと思われます。

しかし、果たして、私たちは、それを実現できているでしょうか。私たちはこのことを意識して日々の仕事に取り組んでいるでしょうか。実際のところ私たちは、子どもたちに何を教えなければならないのでしょうか。

3.1　7つのエッセンス

もちろん、国が法律で定めている中核目標[註4]はイエナプラン・スクールにも適用されます。しかし、私たちが求めているのは、中核目標に定められていることに留まらず、子どもたちがそれ以上にもっと多くのことを達成できるよう期待しています。イエナプラン・スクールは、中核目標などより、もっと大きな価値を追求しており、その価値は、誰が見ても納得のいくものでなければなりません。イエナプラン・スクールの強みとは何であるのかを、しっかりと掴んでいることが大事なのです。

私たちは、議論を重ね、分析し、かつてイエナプラン・スクールで学んだ昔の生徒たちとも話し合った結果、7項目のエッセンスを抽出しました。

私たちが望んでいる理想的な人間像とは、

（1）物事に自ら積極的に取り組み、

（2）計画を立てることができ、

（3）他者と協働でき、

（4）何かを生み出すことができ、

（5）それをプレゼンテーションでき、

（6）自分の努力について考えたり振り返ることができ、

（7）責任を負うことができ、また、負いたいと考えられる人間です。

つまり、子どもたちは、自分から進んで取り組み、計画を立て、協働し、何かを生み出し、プレゼンテーションし、リフレクションをして、責任をもつことを学ばなければならないのです。

しかし、ただ単にこれらのエッセンスを挙げ連ねるだけにとどまり、学校での日々の実践の中にしっかり目標をもって、こうしたエッセンスを組み込んでいこうとしなければ、十分であるとは言えません。

どのエッセンスも、グループリーダーがイエナプランを企画する際、助けとなるような具体的な展開の仕方を知ることが必要であると同時に、これらのエッセンスの1つ1つについて子どもたちが今どれほど発達しているかを見極めることができなくてはなりません。

3.2　7かける7

7はラッキーナンバー。そこで、次の節では7つのエッセンスのそれぞれについて、7つずつの指標を記述しています。子どもたちが身につけるべき能力については、これまでにもたくさん書かれてきましたが、そうしたものは、本当に何を意味しているのかを必ずしも具体的に表現してきたとは言えません。

私たちも、ここで挙げている指標を、学習プロセスの流れとして論理的に順序だてることはできませんでした。算数では、子どもはまず10まで数えることを学び、それから20までというように、ステップを踏みながら計算スキルを身につけていきます。しかし、ここに挙げるエッセンスに関しては、そのように順序立てるわけにはいかないのです。

しかし、この指標を使えば、あなたは、どの子の、どういう点での発達に気づいているかを示すことができます。それ以上に大切なのは、グループリーダーが、子どもたちにどんな学びの機会を提供しなければならないのか、子どもたちにこれらのエッセンスについて練習する機会を与えるには、授業をどう企画すれば良いかがわかるということです。

〈7かける7〉からはたくさんのことが得られます。ちょうど、「101匹わんちゃん」や「千夜一夜物語」のように。そしてこれだけの項目があれば、あなたは、これらのエッセンスのどこにどのように力を入れれば良いのかがわかるはずです。子どもたちを見れば、その子どもの姿から、今どの指標の部分の発達をしているのかを見出すことができるでしょう。

また、これらの項目を使えば、子どもたちが、年少・年中・年長の子どもたちから成るファミリー・グループの中で、どう発達しているかも見出せます。そうした状況は、エッセンスそれ自身にも影響しますし、エッセンスを再確認することにもつながります。

あるファミリー・グループにいる子どもの1人は、他のグループにいる時よりもずっと積極的に物事に取り組んでいることが分かるかもしれません。また、ある子どもが何かのアクティビティでは、他のアクティビティに比べてずっとク

リエイティブに関わっていることを見つけるかもしれません。「エッセンスのめがね」をかけて子どもたちを見るようにすると、色々と異なる状況や異なる時点での子どもたちの発達が理解しやすくなります。

　子どもたちについて言えることは、学校にいる大人たちについても当てはまります。大人たちのスキルは、これらのエッセンスに照らしてみてどういう状況か、どんな点で大人たちはさらに学び、発達しなければならないか、というように。

3.3　物事に進んで取り組む

　「物事に進んで取り組む」というエッセンスについては、次のような7つの指標があります。

1. ネットワーキング
2. イニシアチブを取る
3. 探究する
4. 才能を使う
5. 志を高くもつ
6. 目的意識をもって考える
7. 情報を探す

　ファミリー・グループの中で子どもたちの様子を観察していると、どの子どもにはどんな指標が到達できているか、ということをはっきり示すことができます。

　そのようにして観察される子どもたちの到達度を、表のようなものを作って、たとえば、赤・オレンジ・緑というように色分けしてマークをつけ

ることもできますし、「まだ」「時々」「しばしば」、というような言葉を入れておいて、チェックをつけるようにしても良いでしょう。または、項目ごとの欄を作っておいて、それを部分的に塗りつぶしたり、完全に塗りつぶすなどしても良いでしょう。

　それぞれの子どもが今どのような状態にあるのかを明確にした後は、次のような問いを使いながら、その状態を分析することが極めて重要です。

■ ここに引き出されたデータはこの子どもに関してどんなことを示しているか?
■ ここに引き出されたデータはこのグループリーダー(担任教員)に関してどんなことを示しているか?
■ これは、どのグループリーダーにも同じように当てはまることか?
■ 年少・年中・年長といった、ファミリー・グループの中での立場と何か関係があるか?
■ そのファミリー・グループの〈子ども学的雰囲気〉と何か関係があるか?
■ その面での発達を促すには何ができるか?

　場合によっては、その週の予定が、グループリーダーが決めたアクティビティだけで埋まっていたために、子どもたちが何か主体性を活かして活動するゆとりが全然残っていなかったことに気づくでしょう。子どもたちは、1つのインストラクションから他のインストラクションへと振り回されていたかもしれません。確かに、ブロックアワーで自立して学習してはいましたが、金曜日までに仕上げなければならない課題だけでいっぱいで、他に何もできない状態だっ

たかもしれません。

　ワールドオリエンテーションも、ほとんどが練習問題をしたり、ミニブックを書いたりと、何か課題を遂行することだけになってしまってはいなかったでしょうか。そのため、子どもたちがもっている主体性を発揮できなかったのではないでしょうか。あるいは、自分で何かを試して理解するというよりも、教科書とグループリーダーだけが情報源、という状態になっていなかったでしょうか。

　こういう状態の時、あなたは、「これは本当にイエナプラン・スクールらしい姿だろうか」と問い直してみると良いでしょう。

3.4　計画する

　計画を立てるのがうまい子どもたちは、次のような7つのスキルをもっているものです。

1. 1日や1週間など、ある一定の期間がどのように進んで行くかを言える
2. 自分が何をしなければならないかを言える
3. 何かあることをするためにどれぐらいの時間が必要かを推計できる
4. 物事を手際良い順序でやれる
5. 自分自身の学習目標を設定できる
6. 1日の計画や1週間の計画を立てることができる
7. 計画を手遅れにならないうちに修正できる

　計画を立てるというのは面倒なことです。私たちはそれを毎日、経験しています。毎日、色々

なことを短時間でやらなければならない場合、計画して進めるのは、しばしば面倒に感じられます。

　時に、やらなければならないことがあまりにも多いのに圧倒され、1日の終わりに「ああ、何とか今日も生き延びた」と感じることすらあります。物事に追い立てられるのではなく、自分で自分の生活をうまくコントロールするためには、計画立案スキルをもっていなければなりません。子どもたちがすることについては、子どもたちの手からすべて取り上げて私たちが勝手に決めてしまうのではなく、子どもたちを彼ら自身の学習プロセスに引き込んで自分自身で関われるようにしたほうが良いのではないでしょうか。

　イエナプラン・スクールでは、子どもたちが、ただ単に自立的に仕事ができるようになれば満足というのではなく、さらに多くのものを求めています。私たちは、子どもたちが自分で責任をもって学びに取り組んでいくようになって欲しいのです。そのための1つの条件が、子どもたちが自分で自分の学びを計画する、ということなのです。

3.5　協働する

　何かに主体的に取り組むこと、イニシアチブを取ることは、生きていく上でとても大切なことです。「子どもの頃の学力テストの成績がとても高かったから人生でも成功した」なんて話は誰も聞いたことがないでしょう。

　人生に成功している人について私たちがよく

聞くのは、その人たちが「自分から主体的に進んで物事に取り組み、他の人とうまく協働できる」ということです。

協働については、実は、この数年間たくさんの本が出されています。それにも関わらず、協働は、あまり重視されなくなっています。なぜなら、教育は、外からの圧力によって、ますます個別化されてきているからです。イエナプラン・スクールだからこそ、そういう傾向に対して、私たち教員も、また、保護者も、協働することの重要性を示していかなければならないのです。人は、他の人を通して、自分自身について学ぶものなのです！[註5]

他の人と協働できる人は、次のようなことができます。

1. 他の人たちと分け合う
2. 他の人に「考える時間」を与える
3. 他の人の立場に立ってみる（共感する）
4. 説明を聞いて従ったり、説明を与えたりする
5. 他の人を助ける
6. 人からの助けを受け取る
7. 約束を守る

3.6　生み出す

学校では、ただ単に社会性があるだけではなく、能力の進歩も見られなければなりません。イエナプラン・スクールでは、子どもたちは一所懸命に仕事に取り組み、たくさんのことをこなします。

私たちが特に強調したいのは、子どもたちと関わる上で、創造的な面を大切にすることです。それはどういうことかというと、グループリーダーが出す課題に従順に従うだけではなく、それ以上のことができるようになることを求めるということです。

私たちは、創造性という、子どもたちの天賦の才能を発達させたいのです。生み出す、ということに関する7つの指標は次のようなものです。

1. 何か新しいことや新しい論拠を思いつくことができる
2. 常に問いかけ続けている
3. 何か替わりのアイデアを思いつくことができる
4. 困難があっても諦めずに努力しやり遂げる
5. 自分自身のベストを尽くせる
6. 容易に他の発想に切り替えられる
7. 他の人のアイデアに柔軟に合わせられる

3.7　プレゼンテーションする

学校は、子どもたちに対して多くの学びの機会を提供しなければなりません。そのためには、効果的な方法でインストラクションを与える厳密に企画された教科学習も行われます。こうした教科学習と同時に、私たちがワールドオリエンテーションと呼んでいるものにも多くの関心が払われなければなりません。

私たちは、このワールドオリエンテーションを、イエナプラン・スクールのハートとさえ表現しています。ペーターセンは、これを「グループ

ワーク(Gruppenarbeit)」と呼んでいました。そこでは、特に社会的な学び、まさしく「人間の子どもを育てる」ということが行われるのです。

　ペーターセンは、それが、共に話し、共に遊び、共に働き、共に催すことを通して実現すると言っています。

　教科学習で学ぶ場合、何を学んだかについて確認するためにはテストを使うのが良いでしょう。ワールドオリエンテーションでは、プレゼンテーションをするのがいちばんです。私たちは、子どもたちが、常に前よりもよくプレゼンテーションができるようになるのを助ける必要があります。

　昔の教え子たちから私がよく聞いたのは、こうしたプレゼンテーションのスキルが、彼らの人生にとってとても大きな意味をもっていた、ということでした。プレゼンテーションをうまくやれるということは、次のようなことができるということです。

1. クラスメートの前に立つ
2. 自然で自分らしく行動する
3. 聴衆とのコンタクトを取る
4. ジェスチャーを使う
5. はっきりとした言葉と声を使う
6. 自分の考えをうまく言葉で表す
7. 自分の発表やプレゼンテーションをよく考えてうまく行える

3.8　リフレクションをする

　人は、主として、何かに成功したり、失敗して再び起き上がったり、振り返ってみたり、自分がしたことやそのために起きたことを分析してみたりすることによって、学ぶものです。子どもや大人など、他の人たちは、あなたにとっての鏡になることができます。

　人は、自分がしたこと、自分が達成したことに対して好奇心をもつことを学ばなければなりません。評価は、その後に会話が続くものでない限り意味はありません。リフレクションをするとは学ぶことだ、とさえ言えます。

　リフレクションがうまい人とは、次のようなことができる人です。

1. 何が起きたのかを言える
2. 自分が何を学んだかを言える
3. フィードバックを受け止める
4. フィードバックを与える
5. 自分の行動を評価する
6. 自分の仕事について自分で見直し評価する
7. 自分自身の発達を人にプレゼンテーションする

3.9　責任をもつ

　7項目の最後は責任をもつということ。私たちは子どもたちを、やがて自分自身に対しても、また、集団に対しても責任感をもてる人間とな

るように育てます。自分自身に責任をもたされ
ると人は変わる、ということを私たちは経験的
に知っています。

　私たちは、そのようにして、暴れん坊が素晴ら
しい警察官になったり、学校でいちばん手に負
えない生徒が素晴らしい教員になることを知っ
ています。私たちは、子どもたちに、なぜこうい
うことをするのか、またなぜ他のことをそうい
うやり方でしているのか、といったことについ
て、自分で説明させなければなりません。責任
をもつとは、次のようなことを意味します。

1. なぜ、自分がそれをしているのかを説明で
　 きる
2. 自分で教材を取り出し片付けることがで
　 きる
3. 自分のことを大切にし、集団のことも大切に
　 できる
4. 自分で誰かに説明を求めることができる
5. 自分が今夢中になっていることについてクラ
　 スの仲間に説明できる
6. なぜ、自分たちはこのようなルールをもって
　 いるのか、を説明できる
7. なぜ、あることをやらなかったのか、の理由
　 を説明できる

　次ページの［表：イエナプランの7つのエッセ
ンス（水平）と7つの指標（垂直）］は、子どもたち
の全人的な発達や養育に関わるもので、子ども
学に基づく学校としてのイエナプラン・スクール
にとってふさわしいものです。

　この表は、単にファミリー・グループの子ども
たちに対してだけではなく教職員チームにも適
用できます。これらのエッセンスが、どのぐらい

教職員チームのメンバーにも応用できるかを見
てみるのは、とても興味深いものであるはず
です。

　もし、ある学校が実際に、ここに挙げている
ようなことがイエナプランをよくするために重
要だと考えるならば、各グループリーダーは、自
分のクラスにいる子どもたちが、毎日、こういう
スキルを発達させるための機会を得るように、
と考えるようになります。そうするとグループ
リーダーは、1歩退いて、これらの重要なスキル
を発達させるための機会を子どもたちに与える
ようになるでしょう。その時に、ペーターセンが
彼のコンセプトを使って意図していたことが実
現されるのです。

表：イエナプランの7つのエッセンス（水平）と7つの指標（垂直）

物事に進んで取り組む	計画する	協働する	生み出す	プレゼンテーションする	リフレクションをする	責任をもつ
ネットワーキング	一定の期間がどのように進んでいくかを言える	他の人たちと分け合う	何か新しいことや新しい論拠を思いつく	クラスメートの前に立つ	何が起きたのかを言える	なぜ、自分がそれをしているのかを説明できる
イニシアチブを取る	自分が何をしなければならないかを言える	他の人に「考える時間」を与える	常に問いかけ続ける	自然で自分らしく行動する	自分が何を学んだかを言える	自分で教材を取り出し片付けることができる
探究する	何かあることをするためにどれぐらい時間が必要かを推計できる	他の人の立場に立ってみる	何か替わりのアイデアを思いつく	聴衆とのコンタクトを取る	フィードバックを受け止める	自分のことを大切にし、集団のことも大切にできる
才能を使う	物事を手際良い順序でやれる	説明に従ったり、説明を与えたりする	困難があっても諦めずに努力しやり遂げる	ジェスチャーを使う	フィードバックを与える	自分で誰かに説明を求めることができる
志を高くもつ	自分自身の学習目標を設定できる	他の人を助ける	自分自身のベストを尽くせる	はっきりとした言葉と声を使う	自分の行動を評価する	自分が今夢中になっていることについてクラスの仲間に説明できる
目標意識をもって考える	1日の計画や1週間の計画を立てることができる	人からの助けを受け取る	容易に他の発想に切り替えられる	自分の考えをうまく言葉で表す	自分の仕事について自分で見直し評価する	なぜ、自分たちはこのようなルールをもっているのかを説明できる
情報を探す	計画を手遅れにならないうちに修正できる	約束を守る	他の人のアイデアに柔軟に合わせられる	自分の発表やプレゼンテーションをよく考えてうまく行える	自分自身の発達を人にプレゼンテーションする	なぜ、あることをやらなかったのかの理由を説明できる

4. イエナプランの組織

本章では、オランダにおけるイエナプランの組織を中心に取り扱います。イエナプランがどのように組織されているかについて記述しています。

4.1 歴史的背景

イエナプラン研究グループは、1969年に、新教育フェローシップ（NEF）のオランダ支部である「養育刷新研究会（WVO）」の中に、設立されています。同時に、イエナプラン財団も設立されました。これはWVOからは独立した財団でした。この財団は、設立当初、議長（クリス・ヤンセンChris Jansen）と事務局長（スース・フロイデンタールSuus Freidenthal）と会計担当（ヘリット・ハルテミンクGerrit Hartemink)によって始められました。

イエナプラン財団の目的は「子ども、すなわち1人1人の若い人が、生まれつきもっているポジティブな可能性を最大限に引き出す機会を可能な限りで保障する学校共同体の設立と発展を刺激すること（SJP規約第2項）」であると書かれています。

1969年4月より、イエナプラン財団は機関誌「ペドモルフォーゼ（Pedomorfose)」を出すようになりました。スース・フロイデンタールはペドモルフォーゼに掲載される記事に大きな影響力をもっていました。1984年にペドモルフォー

ゼは廃刊となり、以来、「メンセンキンデレン（Mensenkinderen)」が年に6回ずつ発行されています。

1975年1月に、初めてイエナプランのための全国代表者が決まりました。その役を担ったのはエールケ・デヨング（Eelke de Jong）で1982年までその役職についています。

1982年に、ケース・ボット（Kees Both）が全国代表者の立場を継承し、のちに、研究代表者となりました。2005年から2007年にかけて、フレーク・フェルトハウズが最後の研究代表者を務め、その後、この役職は、種々の組織や研修を代表する「専門家センター」が取って代わることとなりました。

4.2 今日のイエナプラン

1977年にオランダ・イエナプラン協会（NJPV）が設立されています。この協会は、より大きな民主的組織で（理事は選挙で選ばれる）、メンバーシップによって誰もが参加できます。

オランダ・イエナプラン協会の組織図は、

図：オランダ・イエナプラン協会の組織図

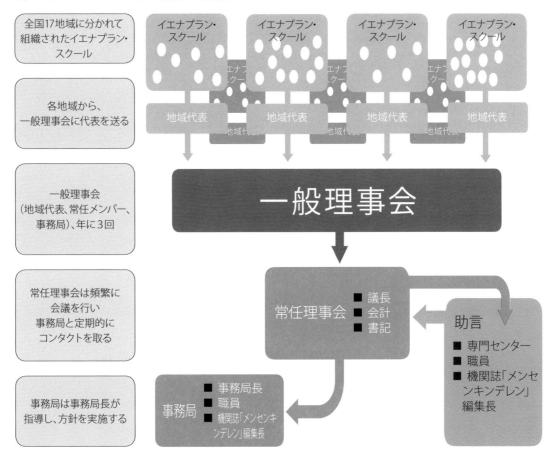

このページに示されている通りです。

イエナプラン・スクールは地域ごとに相互に連携しています、この地域は地理的位置を基盤にしたものです。合計17の地域に分けられ、それぞれに地域リーダーがいます。この地域リーダーまたはその地域の他のメンバー（地域代表）が年に3回行われる一般理事会の総会で、自分の地域を代表します。

常任理事会がオランダ・イエナプラン協会を指導し、協会のスタッフ事務所を直接管轄下に置いています。スタッフ事務所にはオランダ・イエナプラン協会の施策を実施する職員がいま

す。常任理事会は、当然ながら、（一般理事会の会議を通して）協会のメンバーの意向に沿って指導をしますが、一般理事会総会の外からも専門家を呼んで指導を受けます。

各地域では、その地域のイエナプラン・スクールが集まって主体的に活動しています。学校は、仕事の質を最大限に高めるために、コンセプトに沿ってお互いに仕事をしています。そのために、12のコア・クオリティを基準にしています。学校は、集団として、イエナプランのコア・クオリティの1つ1つが、自分たちの学校でより明確な

ものとなるように共に努力します。これは、オランダ・イエナプラン協会による認定を受けるための条件でもあります。地域の連携において共に働き、お互いから、また、お互いと共に学び、12のイエナプランのコア・クオリティの達成を目指しているのです。自らの地域の中で、積極的に活動している学校は、オランダ・イエナプラン協会から認定校として写真のようなボードが授与されます。

オランダ・イエナプラン協会（NJPV）のロゴ

5. イエナプランの教員養成

イエナプラン・スクールで働いている教員たちには、特別の条件が課されています。多くの教員養成大学（PABO）は、イエナプランも含み、伝統的にある多様なオルタナティブ教育のコンセプトに対しては、あまり深い関心を示さないのが普通です。ファミリー・グループのグループリーダー（担任教員）として子どもたちをよく指導するための十分な準備ができているとは言えません。幾つかの教員養成大学（PABO）は、将来ファミリー・グループのグループリーダーになる学生のためにイエナプランコースを設けているところもあります。こうした大学では、学生は、イエナプランの教員資格を取るために部分的に訓練を受けることができます。この養成課程も、学生が、教員免許を取ってイエナプラン・スクールで働いて初めて修了できます。

大半のファミリー・グループのグループリーダーたちは、イエナプラン・スクールに就職してから、イエナプラン・スクールの教員としての訓練を受けます。この現職訓練は、オランダ・イエナプラン協会が認定した組織によって、地域ごとに企画されます。学校によっては、その学校で働いている教職員チーム全員でこの現職訓練を受けることもあります。この場合の利点は、訓練と学校の向上とを同時に行えることです。イエナプラン・スクールになったばかりの学校には、これは優れた方法です。

この現職訓練は、2014年から、CPION（Centrum Post Initial Onderwijs. 学位取得後追加研修認定機関）によって、ポストHBO（高等専門学校＝教員養成）の課程として認定されています。

正式な資格をもった初等教育の教員で、イエナプラン・スクールで働いているか、これから働きたいと思っているのであれば、イエナプランのディプロマ（卒業証明書）を取るためのこの現職研修を受けることができます。

この現職研修は2～3年間にわたって実施され、実習の他に、研修指導者が直接指導する講習時間が100時間あります。この講習は、研修日に毎回最低3時間を使って行われますが、1泊2日の合宿研修として行われる場合もあります。

現職研修を提供している組織は、www.jenaplan.nlに登録されています。イエナプラン・スクールが1つ1つ特徴をもっているのと同じように、現職研修を提供している組織も、当然、それぞれ独自の特徴をもっています。[註6]

　イエナプラン・スクールは、すべてのファミリー・グループのグループリーダーがイエナプランのディプロマを所持し、学校が、会議や研修大会に参加したり現職研修を受けたりすることによって常に継続して向上のために努力を続けていれば、次第に良い学校になっていきます。

　今日の世界は、常に絶え間なく変わり続けています。学校でも新しいアイデアを獲得してそれを実施していく上でもこのことは重要です。たとえば、脳科学は、現在、〈学習〉に関して多くの新しい情報を提供しています。また、多くの研究からも、教育には、まだ非常に多くの改善の余地があることもわかっています。イエナプラン・スクールが世界の中心に立つためには、時代の変化と共に現状に即した教育を実現するように歩み続けていくことが必要です。

　このことは、20の原則の中にもはっきりと示されています。学校において変化と向上は、決して終わることのないプロセスとみなされている、と。このプロセスは、実践と思考との間の一貫性のある相互作用を通して進められるものです。

6. イエナプランの実践

イエナプランはコンセプトを基に行われるものです。それは誰かがイエナプランの様式で教える方法をマニュアルにした、いわゆる「指導要領」ではありませんし、何か仕事の手順をまとめたものでもありません。

イエナプランは、共同社会の真っ只中に立ち、そうすることで、自らも影響力をもてるようになる、というものです。基本原則の11にも「学校はそこに関わっているすべての人にとって、独立した、しかも共同して作る組織です。学校は、社会からの影響も受けますが、それと同時に、社会に対して影響を与えるものです」と書かれています。

学校は、そのために、自分たちが行うイエナプランについて、独自の方法で形式や内容を決める自由を比較的多くもっています。オランダ・イエナプラン協会に属している学校は、現代に即したイエナプランを実現するにあたって、基本原則とイエナプランのコア・クオリティに書かれた出発点とを守ると約束しています。

つまり、イエナプラン・スクールは、共通の出発点をもってはいますが、どの学校も皆、独自の「カラー」をもつこととなるのです。そこで、これらの学校に入ってみると、新しいものの考え方、近代的な教材や教授法が色々と見つかるはずです。

学びは、自分がなぜ学ぶのか、学んだことを通して何ができるようになるのかを知っていれば最善のものとなります。このことはスポーツを見ればよくわかるでしょう。

サッカークラブに入ると、サッカーの練習をしなければなりませんし、試合もあります。ただ単に練習をするだけのためにクラブに入る人はいません。次の試合でもっとよくプレイできるように練習をします。

問題は試合そのものなのです。多くの学校は、ただ単に練習だけをしています。何度もなんども繰り返して練習ばかりしています。子どもたち、そして時には教員たちまでもが、こうした練習がどれもいったい何のためにしているのかわからなくなってしまっています。そして「いつか将来役に立つから」というひと言で片づけてしまっているのです。

教育活動が意義のあるものであればあるほど、動機づけはいっそう大きくなり、たくさんのことが学べるようになります。ですから、イエナプラン・スクールでは、意義深い学びができるためのシチュエーション作りに力を入れます。

6.1　学習広場

　ますます多くの学校で、いわゆる「学習広場」作りが盛んになってきています。それは、子どもたちが自分で選んだ〈学びの問い〉のために仕事をすることのできる大きな空間です。こうした「学習広場」は、お互いに異なる多様なコーナーやアトリエから構成されています。

　一定の時間帯に、子どもたちはそれら「アトリエ」のうちの1つを選んで、一緒に仕事（学習）をします。学習広場は、（低学年グループ、中学年グループ、高学年グループのような）学年グループ毎に企画される場合もあります。

　このようにすると、幾つかの異なる中学年グループの子どもたちがお互いに一緒になって勉強できます。また、時には4歳から12歳までの子どもたちがみんなで一緒に学習することもあります。

　アトリエは、たいてい（ハワード・ガードナーの）マルチプルインテリジェンスの理論^(第2章註4)をもとに構成されています。このようにすると、学校は幅広い学習の可能性を提供することができます。

　しかし、すべての校舎がこうした学習広場を設置できるとは限りません。子どもたちに対して、自分なりの〈学びのための問い〉、あるいは、関心に沿って学習する可能性を提供するには、当然、他にも方法はあります。学校は、しばしば保護者の助けを借りて、選択コースを作っています。

6.2　意味・意義のある学び

　機能的で意味のある学びは、ありとあらゆる方法で企画することができます。子どもたちは、自分たちで店を作り、そこに買い物に行くなどして製品や買い物をするということについて多くを学べます。そうすることによって、多くの学習目標を実現することができます。（オランダ政府が示している^(註7)）中核目標や中間目標のリストを見てみると、学校に「ホンモノ」の店を作ることで、多くの目標を実現できることがわかります。

　子どもたちは、自分のクラスメートと共に、重要な仕事を自分たちで企画することもできます。クラスの子どもたちは、時には、世界のどこかにいる子どもたちを助けるために何かアクションを起こすかもしれません。子どもたちは、他の子どもたちの運命を知って、放ってはおけないと腕まくりをするように活動し始めるに違いありません。問題の解決法や何かの可能性についても創造的に考えるようになり、しばしば、何かをやらせるためにかけ声をかけるどころか、ちょっと待ってとブレーキをかけなければならないほど熱心になるものです。

　何週間かにわたって生徒たちが地方のラジオ放送局でラジオ放送をすることになったらどうでしょう。この子たちは、きっと、それによってとても動機づけられ、良いインタビューをしたり、興味深い報告をしたり、気持ちの良い音楽を選ぶためにありとあらゆることをやろうとするでしょう。

また、子どもたちが、学校恒例のキャンプの企画を自分たちも一緒になって考えなければならなくなったら、キャンプ場でどんなアクティビティをしようかと考えたり、ショッピングリストを作ったり、費用や移動時間を計算したりするのに何週間もかけるに違いありません。

ファミリー・グループでは、共に生きるということについて、ありとあらゆることを共に話し合います。グループリーダーは、そういう時に「クラスボックス^(第3章註16)」を使えば、そこに枠組みを提示できます。子どもたちは、毎週1回、自分たちでクラス会議を開きます。議長、書記、会計がいて、一緒に会議の準備をします。グループ(クラス)のすべての子どもたちは、〈誰かへのほめ言葉〉〈願い事〉〈聞きたいこと〉をクラスボックスのそれぞれの引き出しに入れ点数を稼いでいきます。こういう方法を使えば、このグループ(クラス)の子どもたちは、ますます共同で責任をもつ、しっかりとした繋がりのあるグループになっていきます。

スコットランドでは、スティーブ・ベル(Steve Bell)とサリー・ハークネス(Sally Harkness)が、世界的に有名になった、ストーリーライン・アプローチという方法を考案しています。オランダでは「ストーリーのあるテーマ学習」(verhalend ontwerpen)という名で知られています。ファミリー・グループの子どもたちと一緒に、何かあるストーリーを考案し、それを展開するという素晴らしい方法です。
グループリーダーは、そこでキー・クエスチョンをあげて全体の流れを作っていきます。ストーリーライン・アプローチは多くの教育活動に意味のある繋がりをもたせることのできる学習方法です。

6.3　学校建築

イエナプラン・スクールは、伝統的なタイプの学校とは異なる形で教育を企画するため、校舎についても特別の条件が加わります。重要なのは、教育学的見地に根ざしたプログラムとして、イエナプランの専門家が校舎の条件を示すということです。それは、様々に異なる目的をもったスペースについて、どんな条件を設定するかを示すもので、たとえば、どのスペースにはどのぐらいの広さが必要か、また、スペース同士はどのようにつないで配置にするのが良いか、といったことです。

教育の質は校舎だけによって決まるものではありませんが、校舎が機能的に作られていると、子どもや大人が仕事を進めやすくなります。

イエナプラン・スクールの校舎には、子どもが1人で誰にも邪魔されることなく学習できる場が用意されています。同時に、小グループの子どもたちが一緒に学ぶ場や、ファミリー・グループの子どもたちが全員一緒に集まる場もあります。さらに、(低学年グループ、中学年グループ、高学年グループというような)異なる学年グループ毎に一緒に利用する場、また、学校共同体の参加者全員が共に集まれる場もあります。スペースによっては多目的に利用することで、校舎を効率的に使うことができるようになります。

イエナプランのコンセプトは、ファミリー・グループを「ホームグループ」として大変重視します。子どもたちとグループリーダーとが、ホームとして帰属感をもち、喜びや悲しみを共有する場です。

ファミリー・グループの部屋には、たいていの場合、全員がサークルを作って座る場が、決まった場所に常時設定されています。そして、この場所が、ありとあらゆる活動の初めと終わりに使われます。ファミリー・グループに属す子どもたちは、この場で、お互いへの責任をもつようになるのです。

今日（オランダでは）、ますます多くの学校が、ワイドスクール(註2)や子どもセンターのように、他の組織と同じ建物を共有するようになってきています。こうした協働は、すべての参加団体にとって、これまでとは異なるより大きな価値をもち得ますが、そうしたより大きな価値を生み出すためには、そこに関わっている団体が、1つの共有されたビジョンをもって教育や子育てに関わろうとする姿勢が必要となります。

複数の団体が一緒に新しい建物を利用していくということは、その建物で働く人々がお互いに一緒に集まって話し合うことにも多くの関心が払われなければならないことを意味しています。

現実には、たくさんの建物がワイドスクールや子どもセンターとして建設されているにも関わらず、残念ながら、複数の団体が協働することによって生まれる、より大きな価値は、必ずしも実現されているとは言えません。幸い、うまくいっている学校もあります。

学校は人が作るものです。ですから、こうした建物を作るのならば、まずは、将来の利用者が誰であるか考えて、その人たちの関与が大きくなるよう留意するとよいでしょう。

6.4 外国では

オランダには約200校のイエナプラン・スクールがあります。そのほとんどは小学校です。中等教育を行っているイエナプラン・スクールも数校あります。イエナプランのコンセプトはドイツのイエナで開発されましたが、最も数多くのイエナプラン・スクールがあるのはオランダです。それは、主として、1960年代と70年代におけるスース・フロイデンタール・ルッターの努力によるもの、また、オランダにおいて教育の自由が比較的大きく認められていたこととによります。ベルギーのフラマン地方（オランダ語圏）にも、現在、幾つかイエナプラン・スクールがあり、オランダ・イエナプラン協会に参加しています。

ドイツには約50校のイエナプラン・スクールがあり、ドイツ・イエナプラン協会があります。ドイツの協会は、個人で会員になることができますが、オランダの協会は学校単位で会員になります。

数年前に、日本イエナプラン教育協会(註8)も設立されています。日本では、リヒテルズ直子の尽力によってイエナプランが徐々に知られてきています。オランダにも多くの日本人が私たちの教育を学びに来ています。法規制のために、現在、日本にイエナプラン・スクールを設置する

ことは難しいようですが、今後、時間の流れとともに状況は変わっていくことでしょう。(註9)日本は、市民運動も進み、将来は、教育も変わっていくものと思われます。

　他にも、たとえば元東欧諸国など、幾つかの国で、イエナプラン・スクールができています。

　イエナプラン・スクールは、数はあまり多くありませんが、イエナプランのコンセプトは、オランダの初等教育に確実に多くの影響を与えてきました。初等教育法（1981年）の中には、もともとイエナプランの思想から来た多くのアイデアに基づく項目が制定されています。また、今日、〈個別適応教育〉（Passend Onderwijs）の実現に、イエナプランのコンセプトが非常に大きな意味を与えていると言えるでしょう。

　オランダのイエナプラン・スクールには、外国からしばしば関心が向けられています。ファミリー・グループ（異学年グループや無学年グループ）によるクラス編制、特にワールドオリエンテーションで行われる、意味や意義を重視した教育シチュエーション、サークル対話、学校の民主的性格、また私たちの学校の幸福感の高い子どもたち、そうしたものが、世界中の教育者たちの関心を、（ドイツから）オランダに来てさらに発展していったイエナプランのコンセプトへと向けさせているのです。

いう意味で、ソシオクラシーとは、「ソシオ」（人と人との関係や集団的共同）による「クラシー」（統治）という意味。ここでは、デモクラシーは、人々による統治という意味はあるが、もう少しそれを深く追求し、単に「人々による」ではなく「人と人との関係と社会関係を基盤として」統治する体制のことを言っている。今日、デモクラシーが大衆政治になっている状況を考えた場合、ここでのソシオクラシーという表現の意義は大きい。

2　オランダでは、10数年前より「ワイドスクール」（オランダ語でBredeschool）が建設され始めた。これは、地域のニーズに応じて、複数の小学校、児童相談所、就学前保育・学童保育、障害児施設、体育館や運動場などを組み合わせた大型の施設で、子どもの保育・教育に関する複数の団体が施設を共同利用できるようにしたものである。施設は地方自治体（市）が提供するが、利用者は、教育文化科学省と厚生省の管轄下の団体で、費用の効率的な利用法であると同時に行政縦割りの問題を解決するための施策で、都市部・過疎地域の両方で広がっている。

3　「個別適応教育」（passend onderwijs）とは、オランダにおける特別支援教育の完成形のことで、2012年から実施されており、この制度では、すべての子ども、すなわち普通児も、なんらかの心身の障害をもつ子どもも、みな、自分が確実に全人的に発達できる環境を保証されることとなった。その結果、普通校も多くの障害をもつ子を受け入れ、その子にふさわ

訳者註 ─────────

1　デモクラシーとソシオクラシーの言葉の意味について。デモクラシーという語は「デモ」（人々）による「クラシー」（統治）と

しい状況やファシリテーションを行うことが義務付けられるようになった。

4 「中核目標」とは、初等教育終了段階及び中等基礎教育（3年）終了段階に、生徒が達成することが望ましいと考えられる目標を示したもので、日本の学習指導要領に似ている。しかしオランダでは、学年ごと・年齢段階ごとの目標ではなく、最終目標の目安を示すのみであるため、個々の子どもの発達のテンポや学習スタイルに合わせやすい。（第2章（註2）にも説明あり）

5 この箇所については、オランダの学校事情と日本の学校事情の違いに留意して読むことが重要。オランダでは、画一一斉型の授業が既に今から40年以上も前に批判され、以後、「個別教育」すなわち個別のニーズと個別のテンポに合わせた学校教育の普及が進んだ。しかし、同時に、一般的には、「協働」「共に学ぶ」といった側面は逆に軽視されてきたという側面もある。イエナプランは、その点で、個別を重視したモンテッソーリやダルトンなど他のオルタナティブ教育とは異なり、一貫して「共に学ぶ」「他者との協働」「他者からのリフレクション」などを強調してきた。常に、単なる「個別学習」では子どもたちを全人的に育てるという観点からは不十分であることを強く意識してきた教育観である。そのため、この箇所のような表現となっている。

6 本書の2人の著者が運営しているJAS（イエナプラン・アドバイス＆スクーリング）という組織も、ここにあるイエナプラン

の現職研修の提供を専門とした組織で、日本人向けには、現在、毎年、春季（3月）と夏季（8月）の2回、初心者向けのオリエンテーションのための短期研修を実施している他、オランダで行われている現職研修と同じ内容で、3ヶ月の合宿研修に集約して、集中的に研修と実習を行う専門家養成研修「日蘭・イエナプランアカデミー」（Post HBO、オランダ・イエナプラン協会・日本イエナプラン教育協会認定）をこれまで2017年と2019年の2度実施した。（2020年8月現在）

7 ①学習目標を学年毎に決めていた制度を廃止して、8年間の初等教育終了段階での達成目標を「中核目標」として定めるようになったこと、②2年間の幼児教育と6年間の小学校教育を接続して「初等教育」とすることによって、子どもの個別の発達のテンポに柔軟に応じられるようにしたこと、③社会科や理科といった科目を廃止し、「人類と世界へのオリエンテーション」という総合的な科目に置き換えたことなどは、新初等教育法に対するイエナプランの大きな貢献であると言われている。

8 2010年10月、日本イエナプラン教育協会が設立された。さらに、2016年には一般社団法人格を取得。

9 2019年4月に、日本で初めて「イエナプラン」を導入する小学校「大日向小学校」（長野県・佐久穂町）が開校した。

第 2 章

イエナプランを
やってみよう！

オランダ・イエナプラン協会が作成した
イエナプランのコア・クオリティについての
説明・例示・チェックリスト

※本文中の(註)は、それぞれの章末に記載

イエナプランのコンセプトでは、関係性ということが中心に置かれています。関係性の重要さを強調するために、オランダ・イエナプラン協会は、イエナプランのコア・クオリティというものを成文化しています。それは、以下の3つに分かれています。

1. 子どもの「自分自身との関係」
   1.1 子どもたちは、自分に能力があると感じられるように、クオリティ（得意なこと）や挑戦（不得意なこと）が何であるかを言葉にして表し、向上のために努力することを学ぶ
   1.2 子どもたちは、自分が何を学びたいか、何を学ばなければならないか、いつ説明を必要とするのか、どのように計画を立てなければならないかについて、自分で責任をもつことを学ぶ
   1.3 子どもたちは、自分自身の発達に応じて評価される（他者や標準との比較においてではなく）
   1.4 子どもたちは、自分の発達について振り返り（リフレクション）、それについて他の人と話し合うことを学ぶ

2. 子どもの「他の人との関係」
   2.1 子どもたちは異年齢の子どもたちから成るファミリー・グループの中で成長する
   2.2 子どもたちは協働すること、他の子どもたちに何かを与えたり、他の子どもから何かを受け止めたりすること、またそれについて振り返って考えてみることを学ぶ
   2.3 子どもたちはファミリー・グループや学校の中で、誰もが正当に認められ安心だと感じられるような調和のある共同生活に対して、責任をもち、物事の決定に共に関わることを学ぶ

3. 子どもの「世界との関係」
   3.1 子どもたちは、生きたホンモノの状況の中で、自分が何をするのが大事かを考えながら学ぶ
   3.2 子どもたちは、周囲の環境を大切にすることを学ぶ
   3.3 子どもたちは、世界について知るために、学校が提供する学習内容をワールドオリエンテーションの中で応用する
   3.4 子どもたちは、リズミックに組まれた日課に沿って、遊びながら、仕事をしながら、対話をしながら、また共に催しに参加しながら学ぶ
   3.5 子どもたちは、自らの関心や問いに基づいて自分から主体的に取り組むことを学ぶ

これは、子どもが出発点に置かれ、子どもの、自分自身や他の人、世界との関係が書かれたものです。カテゴリーごとに、すべてのイエナプラン・スクールがイエナプランの実現に向けて努力をしなければならない、幾つかのコア・クオリティが示されています。従って、オランダ・イエナプラン協会は、学校をイエナプラン・スクールとして認定する際に、このイエナプランのコア・クオリティを判定基準として採用しています。認定された学校は、NJPV（オランダ・イエナプラン協会）と書かれたボードを入り口にかけることで、認定校であることを示すことができます。認定されたイエナプラン・スクールは、その地域の他のイエナプラン・スクールと協力して、これらのコア・クオリティが誰が見てもはっきりと実践されていることがわかるものとなるように努力します。

私たちは、本書で、この12のイエナプランのコア・クオリティのすべてについて取り上げ、それを3つのステップ、説明・例・チェックリストに分けて説明します。

まず初めに、イエナプランのコア・クオリティの各項目を取り上げて説明します。次に、そのクオリティがどういう意味をもっているのかを例をあげて明らかにします。例は、低学年グループのもの、中学年グループのもの、高学年グループのものを交互に示していきます。各クオリティについて最後にチェックリストをあげます。このチェックリストを使って、皆さん自身が担任しているクラスについてスコアを入れてみましょう。そのスコアをもとに、他の人に意見を聞き、その人と対話してみましょう。特に、自分の意見と相手の意見とが異なる点についてよく話し合ってみましょう。そのようにすれば、自分が行っている実践をより良く把握することができるでしょう。

1. 子どもの「自分自身との関係」

イエナプランのコア・クオリティの最初の4項目は、子どもの、自分自身との関係に関わるものです。それは、子どもが自分自身をどれほどよく知っているかに関することとも言えるでしょう。「私」が、ここでは中心的な位置を占めることとなります。

1.1　クオリティとチャレンジ

最初のイエナプランのコア・クオリティは、1人1人の子どもが自分自身について知ることを学ぶ、ということに関するものです。自分を知るということは大切なことです。それは、自分に能力があると感じられるために必要なことですし、自分自身、どこに向かって発達していきたいのかを人に言えるようにするためにも必要です。

イエナプランのコア・クオリティにはこのように書かれています。

子どもたちは、自分に能力があると感じられるように、クオリティ（得意なこと）や挑戦（不得意なこと）が何であるかを言葉にして表し、向上のために努力することを学ぶ

説明

子どもたちは自分自身を知らなくてはなりません。自分は何が好きで、何が嫌いかを知るの

です。また、自分は将来何になりたいか、どんなことが得意で、何を学ぶべきかも知らなければなりません。人は、他の人を通して自分自身について学びます。自分が前進するためには他の人が必要なのです。自分の優れた才能は、集団の中にいてこそよくわかるものです。自分はどんなことが簡単にでき、他の人はどんなことが不得意かを知ることができます。また、その反対も当然あって、他の人には簡単なことが自分にはうまくできないこともあります。このように人は、集団を通して自分自身を知るようになるのです。どの子どもも自分自身について誇りをもてることが大事です。けれども他の人のことを誇りに思えるということも同じくらいにとても大切です。こうして人は、お互いを尊重し合うことを学び、最終的には自分が属しているファミリー・グループを誇りに思えるようになるのです。

子どもたちは、このようにして、他の人とお互いに一緒に何かに取り組む方が、1人1人別々に何かに取り組むよりも、もっと多くのことを達成できるということを学びます。自分の能力をクラスの仲間のために使うことができます。そうすれば、誰もが自分のクオリティから利益を得るのです。同時に、自分も他の人のクオリティ

から利益を得ます。一緒に取り組むことで、人はさらに先へと進んでいくことができるのです。

グループリーダー（担任教員）であるあなたは、子どもたちに、それぞれ自分は何が得意かを発見させる上で重要な役割を果たします。そのために、豊かなチャンスを提供できなくてはなりません。あなたはドアや窓を大きく開いて、子どもたちが垣根の向こうを見ることができるようにしてやらなければならないのです。子どもたちを刺激して新しいことに挑戦させる、新しい経験をさせるのです。グループリーダーであるあなたは、子どもたちにチャレンジを仕掛け、刺激し、発見したり、実験したり、探究したくなるように誘惑します。そのためには、子どもたちを尊重し、子どもたちを信じることがとても重要です。また、希望をもち、時には見方を変え、現実を受け入れることも重要です。もちろん、ありもしない希望をもつのではなく、希望に満ちた見方をもつようにするということです。

例

あなたが担任をしているファミリー・グループでは、教室のひと隅を使って、郵便局を作ることにしました。そこであなたは子どもたちと一緒に、まずどんな外見の郵便局を作ろうか、と計画を立てます。なぜ郵便局を教室に作るのか、その理由を、サークル対話の中で子どもたちに説明します。「この教室に皆さんで郵便局を作りましょう」そう言って、子どもたちと一緒に、このコーナーを使ってどんな風に郵便局を作るか話し合います。ここであなたは、子どもたちから出されるすべての希望やアイデアを集めます。あなたは、グループリーダーとして、すべての希望やアイデアをボードに書き出していきます。とてもたくさんの希望やアイデアが出てきました。そこであなたは、皆で一緒に10のアイデアにまとめることにします。子どもたちと一緒に10のアイデアを選び出すのです。

それから、グループ全体で、皆で作る郵便局は正確にはどういう外見のものかを決めます。もちろんそれは、そんなに簡単にはいかないでしょう。何しろ子どもはそれぞれ自分なりの考えをもっているものですから。でも、電子ボードの上でスケッチを描いていくうちに、だんだんとはっきりとしたものになっていくでしょう。「こんな感じの郵便局がいい！」クラスの子どもたちは皆、クラスメートのノールチェがスケッチが得意なことを知っています。そこで、ノールチェが皆のプランをスケッチにするようにと頼まれます。グループの子どもたちは皆、ノールチェがその役に選ばれたことを支持しており、誰も自分が無視されたとは感じていません。このようにして、ノールチェは自分に能力があると感じることができますし、自分は絵を描くのがうまいのだと確信することもできます。そして自分でも自慢そうにしています。でも、グループの他の子どもたちも、ノールチェの仕事を尊重しています。グループの子どもたちは、自分たちのグループの中にノールチェがいることを誇りに思っているのです。

ノールチェがスケッチをしている間、他の子どもたちは、また、教室に作る郵便局のために他のことに取り組んでいます。ニックは高学年のクラスに行き、切手に押すスタンプを借りてきます。エミーは郵便局のテーブルにかけるテーブルクロスをどこかから借りてきます。そしてフェムケは、手紙を何通か作り始めました。

表1.1：チェックリスト　クオリティとチャレンジ

次のスコアをつけてみましょう

■ たまに見られる…1　　■ 時々見られる…2　　■ しばしば見られる…3
■ 頻繁に見られる…4　　■ いつも見られる…5

■ あなた
のスコア

a	子どもたちは、自分が何をさらに学びたいかを言う	
b	子どもたちは、自分が何をさらに学ばなければならないかを言う	
c	子どもたちは、自分が得意なことをして良いし、それを人にして見せて良い	
d	子どもたちは、自分の仕事に誇りをもっている	
e	子どもたちは、豊かな選択肢から選べる	
f	子どもたちは、自分が得意なことができ、それを人に見せることができる	

このチェックリストを使うと、自分がやっている実践の全体像を見直すことができます。自分が担任しているファミリー・グループの様子についてスコアをつけてみましょう。他の人にも意見を聞き、お互いに話し合ってみましょう。特に、自分の意見とその人の意見が異なる点について話し合ってみましょう。

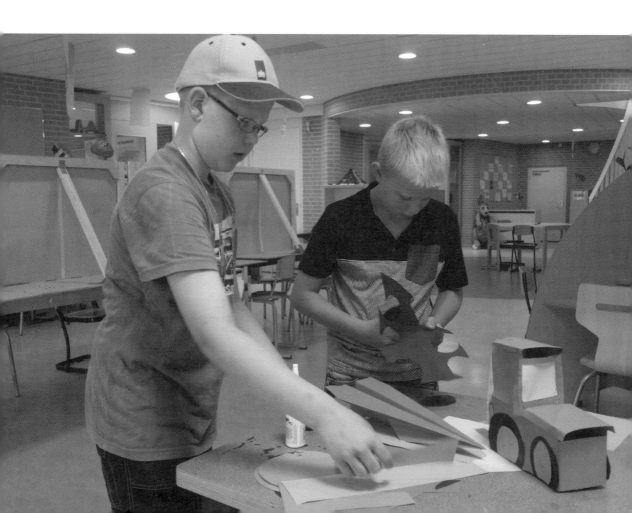

1.2　学習と計画づくりに自分で責任をもつ

イエナプランの第2のコア・クオリティのテーマは責任です。子どもたちは自分がすること、人にしてもらうことについて責任を負うということを学ばなければなりません。子どもたちは、自分はなぜそのことをしたのか、なぜそのようなやり方をしたのかについて説明できなければなりません。そのようにして子どもたちは、自分自身の発達のために責任をもって選択するということを学ぶのです。そのためには計画を立てることも学ぶ必要があります。そしてまた、良い計画を立てるためには、目標が必要です。自分には何をすることが期待されているのかを知るということです。また、自分自身がどんなことを達成したいかについても知らなければなりません。つまり、子どもたちは、目標をアクティビティに置き換えることを学ばなければならないのです。

イエナプランのコア・クオリティにはこのように書かれています

子どもたちは、自分が何を学びたいか、何を学ばなければならないか、いつ説明を必要とするのか、どのように計画を立てなければならないかについて、自分で責任をもつことを学ぶ

説明

ファミリー・グループのグループリーダーは誰でも、自分のグループの子どもたちに常に2つの問いを問いかけなければなりません。それは、「あなたは何を学びたいの？」「それを誰から学びたいの？」というものです。グループリーダーが問うこの2つの問いは、子どもたちに責任をもたせ、また、もつことを学ばせるものです。子どもたちは、こういうやり方によって、自分自身の発達にみずから主体的に関わることができるようになります。子どもたちが、自分で学びたいことをきちんと言える時、彼らは、自分自身の発達プロセスをうまく管理できているということなのです。

もちろん、子どもたちの学習は必ずしもいつも「学びたい」という気持ちだけに結びつけられるものではありません。子どもたちは、何かを「学ばなければならない」こともあります。ですから、グループリーダーは、学習プロセスの目標を子どもたちに対して明確にすることも必要になります。子どもたちは、何を学ばなければならないかを知っていなければなりません。そのためには子どもたちに学習目標が何なのかをはっきり知らせることが重要なのです。彼らがしっかり理解して自分のものにすべきことは何なのかをはっきりとさせていなければならないのです。「算数の13番の問題を解きなさい」といったグループリーダーの指示の出し方は、アクティビティの指示です。それよりも、子どもたちは、13番の問題を解くことによって何を学ばなければならないか、をはっきりさせた方が良いのです。そうすることで、あなたは目標を明らかにすることになります。そして、その時、子どもたちは、どうしたらその目標を達成できるだろうかと考え、責任をもつことができるようになるのです。もしかするとグループリーダーやその他の人か

らインストラクションを受ける必要はないかもしれないのです。

こうしたことはすべて、時間という観点から考えてみることも大切です。目標はいつまでに達成されなければならないのか、とか、いつまでに目標を達成したいのか、といったことについてお互いに話し合うと良いでしょう。それは、1日や1週間のこともあるでしょうが、時には、1ヶ月や1年、または、2～3年に渡る学年グループの段階全体に渡ることもあるでしょう。

イエナプラン・スクールの子どもたちはできる限り自分の週計画に沿って仕事を進めます。自分の週計画とは、自分で作った週計画のことです。どの子どもも、そのような自分の週計画をもっており、すべての週計画はお互いに違ったものになっても構いません。それは、グループリーダーが日曜の午後に家で作り、月曜の午前中に綺麗に印刷して子どもたちの机の上に配られる、というようなものではありません。そうではなく、子どもたちが、できる限り自分の力で自分の週計画を立てるのです。

それでこそ自分の週計画なのです。週という、学校の中で最もはっきりとした期間についての計画です。誰でも1週間の計画を立てるものです。低学年クラスの子どもたち（幼児）にとっては、1週間という期間を見通すことができるかどうかはわかりません。子どもによってはできる子もいるでしょうが、大半の子どもは、その日学校にいかなければいけないのかどうかを知ることすらまだ難しいでしょう。また、これは結局は自分が作る〈計画〉でなければならず、それは計画が書き込まれた文書でなければならないのです。1週間の計画、つまり私は何をいつするのかという計画です。その意味でこの自分で立てる週計画は、単なる「するべきことのリスト」のレベルを超えたものであるのです。つまりそれは、誰かが今週しなければならないことをグループリーダーが羅列しただけのショッピングリストのようなものではないのだ、ということです。そうではなく、これは計画書、すなわち、グループリーダーの指示によってしなければならないことと自分自身がする、あるいは、学ぶと選んで決めたことのリストなのです。子どもが自身で働きかけて作った計画書です。このようにして、グループリーダーであるあなたは、子どもたちにとって難しいことの1つである、〈計画を立てる〉ということを学べるように支援するのです。何らかのアクティビティをするのにどれくらいの時間を用意すればいいかと推測するのは、誰にとっても難しいことです。だからこそ私たちは、子どもたちがこうして週計画を立てることを通して毎週練習できるようにしたいのです。

ただし、ここで注意しなければならないのは、自分の週計画は、その週の目標ではないということです。自分の週計画をうまくやり遂げられればその週は成功だったというわけではありません。自分で作る週計画は1つのツールです。たくさんのことを学ぶための助けとなるものです。たくさんのことを学んだ時に、その週は成功だったと言えるのです。場合によっては、ある子どもは自分の週計画を完全にやり遂げることができなかったけれども、どうしてもわからなかった過去形の使い方がやっとのことで理解できた、ということがあるかもしれません。そ

れは、成功の週だったと言えるはずです！
もちろん、逆の場合もあります。勉強家のリー
シェは、グループリーダーが出したすべての課題
をやり遂げることができるかもしれませんが、
自分がいったい何を学んだのか全くわかってい
ないということもあるでしょう。つまり、自分の
週計画というのは、あくまでもツールであり、そ
れ自身が目標なのではありません。

　目的意識をもって物事を考えるというのは、
イエナプラン・スクールではとても重要です。し
かも、それは単にグループリーダーが作った目
標に沿って考えるというだけではなく、子どもた
ちが設定した目標に沿って考えていくことでも
あるのです。グループリーダーは、子どもたちが
何をしなければならないかではなく、子どもた
ちが何を学ばなければならないかを伝えてい
くようにしましょう。

例

　グループリーダーは朝のサークル対話の終わ
りに、次に何が起こるかをすぐに伝えます。彼女
は、これから彼女がどのインストラクションをす
るのかから伝え始めます。

　「年少のグループには、この後すぐに新しい文
字について教えます。今日は、1文字というよ
りも、「アウ」という発音になる2文字につい
て教えます。oとuの組み合わせです。この2文
字が組み合わせられるとアウという発音にな
ります」

　グループリーダーはこう言いながら、oとuの
文字を見せます。年少の子どものうちの1人が

それに対してこう言っています。

　「せんせい、ボク、もうひとつアウを知ってる
よ。でも、それは、aとuで、何か痛いことが
あった時に言うんだよ」

　ヒュゴという名前のその生徒に、グループ
リーダーはポジティブな言葉をかけます。

　「その通りね、ヒュゴ。とてもよく見ていたわ
ね。ヒュゴが言う通りで、ノウと発音するもの
には2通りあるのよ。ひとつはaとu、もうひと
つはoとuよ。私は、これからまず、oとuの使い
方について説明します」

　もちろん、グループリーダーはこの時、これか
らするインストラクションはヒュゴには必要な
いことを知っています。ヒュゴには教員からそ
れを教えてもらう必要がありません。ヒュゴは、
そこで行われるインストラクションの目標をも
う達成できているからです。

　「ヒュゴ、あなたはインストラクションを受け
なくてもいいわ。ミレイユとヘリー、あなたた
ちも受けなくていいわよ。あなたたちは、何か
別の仕事（学習）をしていて構いません。自分
で作った週計画を見て、他に何をするつもり
だったか見てごらんなさい」

　グループリーダーは目的を意識しながら考え
ており、インストラクションの始めにこの目的を
明確にしています。こうすると子どもたちは、自
分でそのインストラクションを受ける必要があ
るかどうか、容易に選ぶことができます。

「その他の人は、私のインストラクションを受けた方がいいかどうかちょっと自分で考えてみてご覧なさい。ノールチェとリック、あなたたちはインストラクションを受けるのよ。あなたたちは、oとuの使い方がまだちゃんと理解できていないようだから」

このようにしてグループリーダーは、まだよく理解できていない子どもたちが責任をもってインストラクションに参加することを明確にするのです。グループリーダーはノールチェとリックに対しては、自分から指示します。この2人は、インストラクションに参加しなければなりません。

もちろん、インストラクションに参加しないと決めた子どもたちにも、週末には、自分の仕事をきちんと済ませている責任があります。グループ・リーダーが、インストラクションを受けた方がいいのではないかと不安に感じているショルスやエミーは、週末に、それをきちんと理解しているかが問われます。それでもショルスやエミーには、インストラクションに参加すべきかどうかを自分で選択することが認められています。そうして初めて、この子たちもまた、自分の学びに自分で責任をもつということを学べるようになるからです。

表1.2：チェックリスト　学習と計画づくりに自分で責任をもつ

次のスコアをつけてみましょう

■たまに見られる…1　■時々見られる…2　■しばしば見られる…3
■頻繁に見られる…4　■いつも見られる…5

　　　　　　　　　　　　　　　　　　　　　　　　　　　　　　　　　　■あなたのスコア

a	子どもたちは、インストラクションを受けるかどうか自分で選べる	
b	子どもたちは、自分でやった学習を見直している（答え合わせをしている）	
c	子どもたちは、自分で必要な道具を取り出し、また片づけている	
d	子どもたちは、誰からインストラクションを受けるか自分で選べる。必ずしもグループリーダーから受ける必要はない	
e	子どもたちは、大半を自分で作り、自分で埋めた自分の計画（1日の計画や週の計画）を使って学習している	
f	子どもたちはなぜそれをしたのか、何をしたのかについて自分で言える	

このチェックリストを使うと、自分がやっている実践の全体像を見直すことができます。自分が担任しているファミリー・グループの様子についてスコアをつけてみましょう。他の人にも意見を聞き、お互いに話し合ってみましょう。特に、自分の意見とその人の意見が異なる点について話し合ってみましょう。

1.3　自分の進歩を評価する

イエナプランの第3番目のクオリティのテーマは、評価です。グループリーダーは子どもたちが達成することの質がどれほどの高さのものであるかを見極める必要があります。自分が担任をしているクラスの子どもたちの活動を誇りに感じることができるでしょうか。1人1人の子どもの発達についてあなたは満足できているでしょうか。それについて、あなたは専門家として言葉にして表現できなければなりません。イエナプラン・スクールにおいても、他のすべての学校と同様に、国からの要請は満たしていなければなりません。

さらに、クラスの子どもたちの成績、または、個々の子どもの成績は、1人1人の子どものそれまでの発達の経過や才能に照らして見ることがとても大切です。ルーベンにとっては、学校の周りを1分50秒で走ることが素晴らしい成績であっても、ニックにとっては、1分以内で走ることが素晴らしい成績だというようなことは当然ありえます。ファミリー・グループのグループリーダーは、ニックも以前に比べてずっと良くなったのは確かなのですが、ルーベンのことをとても誇りに思っています。

イエナプランのコア・クオリティにはこのように書かれています

子どもたちは、自分自身の発達に応じて評価される

イエナプラン・スクールでは、客観的な評価と主観的な評価の両方を与えます。客観的な評価は、子どもの発達を年齢に沿って測定するものです。それには、生徒モニターシステムが便利です。これを使うと、子どもの発達の程度を全国平均、つまり客観的な標準値と比べることができます。このようにして、その子どもの成績を、同じ年齢集団の中で位置づけ、どのくらいできなければならないかについて見直すことができます。これは、どの子どもも例外なくできなければならない目標に向かって学習して行くためには良いツールです。そして、これを使うことによって学校は、保護者や監督局などの第三者に対しての責任を果たすことができます。このように、子どもたちの成績を比較するためのものさし、つまり、比較の枠組みをもつことができるのです。

しかし同時に、評価に主観的なものを含めることは重要です。クラスの子どもたち全体が達成することや、個々の子どもが達成することは、クラスの子どもたちのそれまでの発達経過や個々の子どもの発達経過に照らして評価されなければなりません。どんな人も皆1人1人ユニークな存在であり、その人なりの独自の能力をもっています。ある人にとっては文句のつけどころがない素晴らしい成績でも、他の人にとってはごく当たり前のものにすぎないということがあります。ここでもその評価には、子ども学的要素を用います。1人の子どもの成績を評価するために、子どもそれぞれの能力や発達経過を使うのです。このようにして、グループリーダーであるあなたは、その成績がもっと向上すること

を目指して、そこでの進歩を強調することができます。「だんだん良くなっているよ、その調子だ！」と。

学校は、独自の発達をする権利をもつ子どもの擁護者のようなものです。グループリーダーであるあなたは、国の要請と個々の子どもの独自の発達との間の緊張関係を、その子どもにとってふさわしい発達計画へと移し直していく立場にいなければなりません。成績がなかなか上がらない子どもに対して「トップダウンで指示をしたりプレッシャーをかけたりすること」は、時には、逆効果になることすらあります。それは単に、指導要領に書かれた通りの計画やテスト日程を変更するというのではなく、ファミリー・グループ全体にとっても、また、個々の子どもにとっても良いと考えられる選択をしていくということなのです。「正しい」学習プランを選ぶということは、「最も程度の高い」学習プランを選ぶこととは必ずしも同じではないのです。

希望をもたせることは、評価する際の重要な要素です。希望がもてなければ、すぐにやる気は萎えてしまいます。ただし、希望は正しい方法で与えることが大切です。嘘の希望ではなく、本当の希望です。評価するというのは、裁定することとは決して同じであってはならないのです。良い評価はなんらかのパースペクティブ（観点）を与えるものです。それは、言うならば、一旦立ち止まり、さらにもっと良いのは、後ろを振り返って見て、この先どう進んで行けばいいかを知ることなのです。

子どもたちは他の子どもたちや自分自身について評価することも学ばなければなりません。グループリーダーは子どもたちを評価に関わらせるようにしなければなりません。クラスの子どもたちと共に、または個々の子どもと共に、いま達成できていることがどの程度優れたものであるかを一緒に考えるのです。このプロセスを子どもたちが辿れるように支えるには、目標を定めて物事を考えることが不可欠です。評価を下すためには、前もって目標を知らなければならないのは当然です。また、プロセス（過程）を評価することも重要です。単に成果や生産物だけではなく、その成果に至る道筋、すなわちプロセスを評価するのです。その際に、ベストを尽くす（努力）、協働する、効率などと言ったことに注目することが大切です。

イエナプラン・スクールでは、間違いの分析が不可欠です。グループリーダーは、そうすることによって、そうした間違いがなぜ起きたのかの理由を見つけなければなりません。間違いの分析は、単にグループリーダーだけがするものではなく、子どもたちもやらなければなりません。間違いを分析することによって、目的を達成するためには、どんなインストラクションや、どんな練習をする必要があるかを明らかにすることができます。だからこそ、イエナプラン・スクールでは、子どもたちは、自分がやった学習を自分で見直し、評価するのです。そうすることによって、子どもたちは、自分の学習プロセスの振り返りに能動的に関われるようになります。

ポートフォリオを作るのはそのために便利なやり方です。子どもたちは自分が誇りに思う仕事（学習成果）をそこに集めていきます。うまくで

きたものを集めるのです。このコレクションは子どもの全人的な発達を目に見えるものにするような枠組みを作って記録・保管していきます。そして、当然のことですがポートフォリオに対しては、はっきりとした具体的な約束事を基本原則として決めておかなければなりません。ポートフォリオは、バランスが取れたものでなければなりませんが、同時に、成長、進歩に注目し、ただ単に発達を示すというだけでなく、パースペクティブ（観点）を提供するものでもなければなりません。ポートフォリオは、何か仕事（学習）したすぐ後に行う報告と具体的な仕事（学習）を収録することによって力強いものになります。単に、フェムケがどれほど綺麗に作文を書いたかということを書くのではなく、彼女の作文ノートのコピーをそこに収録して見えるようにしておくのです。

● 例

フェムケはもう1年以上高学年クラスにいますが、今でもまだ本を読むのが苦手です。何度も試みてはいるのですが、1冊の本をなかなか読み通すことができません。読書があまり好きではないのです。あまり好きでないために、ほんのわずかしか読書しませんし、練習もほとんどしません。彼女は読書が得意ではなく、また、得意にもならないのです。その結果、読書が嫌になり、結局は悪循環が起きています。

グループリーダーはフェムケが抜けられないでいる悪循環をどうやって断ち切ろうかと随分考えをめぐらせました。高学年グループを担任しているグループリーダーたちとの会合の際に

も、このグループリーダーはフェムケが読書を好きになるようにするためにはどうしたらいいのだろうと同僚に相談してみました。すると1人の同僚が、ラヘル・ルネ・リュッセルの「ある帽子の日記」シリーズを使ってみてはどうかというアイデアをくれました。これは、言うならばグラフィック小説の類で、文章と漫画とを組み合わせた読み物です。そこで、グループリーダーはこのシリーズの第1巻目をフェムケに渡してみました。効果は抜群。フェムケは突如として読むことが楽しくなり嬉しくなりました。そしてあっという間にこのシリーズの大半を読み終えてしまったのです。

クラスの子どもたちも、フェムケが本を読んでいる姿を見るようになりました。フェムケは自分で作る週計画にも毎日読書の時間を余計に計画するようになりました。グループリーダーにもそれはわかっていて、フェムケが作る計画をもちろん良いものだと認めます。ようやくフェムケも読書がうまくできるようになったのです！

フェムケは、ほとんど毎日、その本の中から一部を皆の前で朗読するように言われます。もちろん、まだ人の前で朗読するのはスムーズにいっているとは言えません。でも、クラスの仲間は皆彼女のことを誇りに思っています。とても誇りに思っていたので、皆は、クラス会議の時に、フェムケがクラスでやった読書プレゼンテーションを少し短く要約して週末に全校で行う発表会の時にもするようにと決定しました。皆がそれに賛成し、フェムケもそれに従うことにしました。

ファミリー・グループでは、フェムケが、週末の発表会の時に読書プレゼンテーションをする準備をエミーが手伝うということで皆同意しました。エミーとフェムケとはお互いに自分の週計画をうまく調整して、プレゼンテーションの準備をしています。

こうしてフェムケは、週末の発表会で自分の読書プレゼンテーションの一部を全校の子どもたちの前で披露しました。フェムケの読みのレベルはまだ改善の余地がありますが、彼女が発表会でやったプレゼンテーションには、とても大きな拍手喝采が送られました。終わってからファミリー・グループでやった発表会についてのリフレクション（振り返り）でも、フェムケはクラスメートたちから賞賛されました。皆がフェムケのことを誇りに思っていました。そして多分、グループリーダーが誰よりもフェムケのことを誇りに思っていたと思います。

図：「今月の生徒」の発表例

私の数学の力が素晴らしく伸びたので、私は、「今月の生徒」に選ばれました。そして、私の写真が地方の新聞にも載りました。

ニッキ・マックスウェル

アンドレア・スナルコウスキが少し私を手伝ってくれて、数学で9点を取りました。

今月の生徒

パパとママは私のことをとっても誇りに思ってくれました！

2人は新聞記事のコピーを127枚も作って、全国の親戚に送りました。

表1.3：チェックリスト　自分の進歩を評価する

次のスコアをつけてみましょう

■ たまに見られる…1　　■ 時々見られる…2　　■ しばしば見られる…3
■ 頻繁に見られる…4　　■ いつも見られる…5

		■あなたのスコア
a	子どもたちは、今日、今週、今学期、今年、この学年レベルで自分が何を学んだかを言える	
b	子どもたちは、自分自身を大切に思っている	
c	学校は、1人1人の子どもがそれぞれ自分なりに発達する権利を認めている	
d	子どもたちは、自分がしていることや人にしてもらっていることについて、色々な方法で見直している	
e	それぞれの子どもの成績は、その子の独自の可能性という観点から話し合われている	
f	子どもたちは、グループリーダーと共にポートフォリオを作成している	

このチェックリストを使うと、自分がやっている実践の全体像を見直すことができます。自分が担任しているファミリー・グループの様子についてスコアをつけてみましょう。他の人にも意見を聞き、お互いに話し合ってみましょう。特に、自分の意見とその人の意見が異なる点について話し合ってみましょう。

1.4 自分の発達についてリフレクションし、それについて話し合う

イエナプランのクオリティの第4のテーマはリフレクション（振り返り）です。自分自身を振り返ること、自分がしていることや人にやらせていることについて見直すことです。それは決して無意味なことではありません。どんなところでもっと良くすることができるか、今の自分よりも、もっと良い自分になるにはどうすれば良いか、と見直すのです。こうした見直しは例外なく誰にとっても役立つものですが、ファミリー・グループ全体にとっても役立ちます。私たちはグループとして、どんな点でうまくやれているか、どういう点でもっと改善できるか。グループメンバー1人1人の優れた点や才能がはっきりと現れるのはどういう時で、グループ全体はこうした1人1人の独自性をうまく生かしているか。グループメンバーは皆、必ず他のメンバーから学ぶことができます。だから、そのためにお互いが自分たちの発達について話し合うことが必要なのです。

イエナプランのコア・クオリティにはこのように書かれています。

子どもたちは、自分の発達について振り返り、それについて他の人と話し合うことを学ぶ

説明

誰でも、自分がしていることや物事のやり方を常に虫眼鏡の下において見直してみなけれ

ばなりません。自分はそれをうまくやっているか、それとも、もっとうまくすることができるのではないか、と考え直してみるのです。誰でも自分自身について、批判的に見つめることができなくてはなりません。イエナプラン・スクールでは、私たちはこのことを子どもたちに学ばせます。こうすることで子どもたちは自分自身を、すなわち、自分のパーソナリティをより深く理解するようになるのです。でも、自分が抱いている夢や願望についてももっと深く知り、それを言葉にして表すことができるようにならなければなりません。

自分自身をよく知るためには、ただ単に（自分自身を見つめて）振り返るだけではなく、評価もしてみなければなりません。それは、自分が見ているものの価値を認めることを意味しています。そうするためには、何らかの尺度、すなわち規範が必要です。そして当然、何を目指していたかが重要です。つまり、「自分自身がこれを得ることや達成することを目指していたのか？ それとも、誰か（グループの）他の人が目指していたことだったのか？」と考えることです。

イエナプラン・スクールでは、グループリーダーは、これを1人1人の子どもとやります。また、子どもたち同士でもリフレクションをし合います。クラスでの会議は、クラスの子どもたち全員がお互いにリフレクションをする良い例です。こうすることで、自分たちはファミリー・グループとしてどんな点で優れていて、どんなことをもっと学ばなければならないかが少しずつ明らかになってくるものです。また、そこで、個々の子どものリフレクションを行うこともできます。

図：手相見　子ども

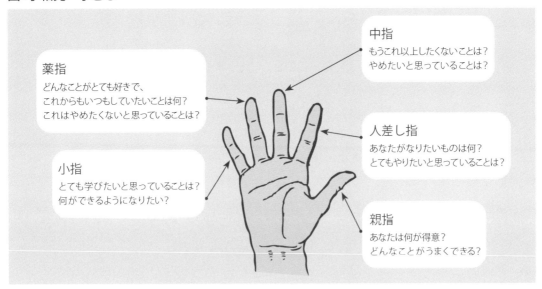

個別のリフレクション（振り返り）をするために特別に作られているのがポートフォリオです。子どもたちは、このポートフォリオの中に、うまくいったこと、自分で誇りに思っていることを収録していきます。1つ1つのパートについて、子どもたちが自分でリフレクションをします。そして、ここで成し遂げたことはなぜこのポートフォリオに収録しておくだけの価値があるのかということを記録していきます。このようにすると、子どもたちは、自分が学校でできるようになったことをひと目ではっきり見ることができるのです。子どもたちは、ポートフォリオが示している枠組みに従って、前もって作られている形式の中で、体系立ててこれをやっていきます。子どもたちは自分で報告する方法を学んでいかなければなりません。

例

子どもたちは自分がしていることや、その仕方に対してリフレクションすることを学ばなければなりません。そして、それについてお互いに話し合うことも学びます。これをできるようにする1つの方法として、〈私の発達目標〉を作るというやり方があります。大人たちは、よく、〈私の発達目標〉を作るのは面倒だと思いがちですが、子どもたちの立場からこれを作るのは簡単です。そのために、グループリーダーは『手相判断』という方法を使えます。

「さあ、今日は手相判断をやりますよ。いえいえ、お祭りでよく見かける、『あなたは将来何人の子どもをもつことになりますよ』といったことをいう運勢判断のことではないの。私たちは、今から、ちょっと別の手相見をやります。

皆さん白紙のA4紙をとって、その上に片方の手をおいてください。そして、もう一方の手で、紙の上に置いた手の形をペンでなぞってください。

図：手相見　グループリーダー

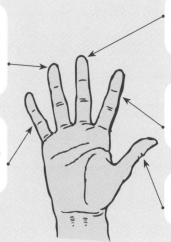

薬指
教員としてとても信じていることは何か？
どんなことは続けるつもりか？
教員として決してやめたくないと
思っていることは何か？

中指
教員としてやめたいと思っていることは？
教員としてやめたい習慣は？

小指
どんな点でもっと成長したいか。
教員としてもっと良くなりたいと
思っていることは何か？

人差し指
どんなことをやりたいのか、
教員として何を成し遂げたいのか？

親指
教員としてあなたが得意なことは？

はい皆さん、自分の手の形を紙の上に描きましたか？

では、皆さんが手の形を描いた紙を集めて、よくシャッフルして1つだけ抜き出しますよ。皆さんこれは誰の手だかわかるかな？　皆さん当てることができるかな？　ちょっと難しいのではないかしら。そこで、紙の上の指に何かを書き込んで、誰のものかを少し当てやすくしましょう。指に、自分のことについて書いていきますよ」

「親指には、あなたが得意なこと、よくできることを書きましょう。長い文章は書かないで、キーワードだけ書いてください。バラバラの言葉やフレーズでいいです。人差し指には、あなたが将来なりたいものについて、将来はいつもこんなことをしていたいなと思うことを書きましょう。中指には、もうしたくないこと、やめたいことを書いてください。薬指にはよく結婚指輪がはめられていますね、だから、

あなたがこれからもずっと続けていたいこと、とてもいいと思っていること、将来もずっと続け、自分では本当にやめたくないと思っていることを書きましょう。そして最後は小指ですが、そこには、あなたが是非学びたいと思っていることを書いてください。どんなことができるようになりたいと思っていますか」

「さあ、これで皆さんが書いた紙を集めたら、何も書かれていなかった時よりも誰の手だかよくわかるでしょう。でも、今はそれはやりません。皆さん、紙にあなたの名前と今日の日づけを書いてください。この紙を皆さんのポートフォリオに綴じておいてください。でも、そうする前に、まず皆さんで話し合っておきたいことがあります。まず、2人ずつ組になって、お互いに自分の手に書いたことについて説明し合ってみましょう。自分の手について、自分が書いたことについて相手に話をしてください。お互いに何か共通点が見つか

図：手相見　学校

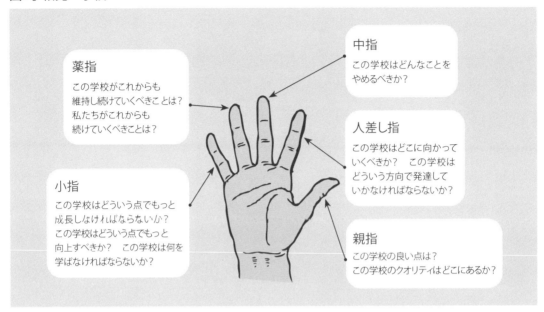

薬指
この学校がこれからも
維持し続けていくべきことは？
私たちがこれからも
続けていくべきことは？

中指
この学校はどんなことを
やめるべきか？

人差し指
この学校はどこに向かって
いくべきか？　この学校は
どういう方向で発達して
いかなければならないか？

小指
この学校はどういう点でもっと
成長しなければならないか？
この学校はどういう点でもっと
向上すべきか？　この学校は何を
学ばなければならないか？

親指
この学校の良い点は？
この学校のクオリティはどこにあるか？

るかもしれませんよ。さあ、10分間2人で話し合いましょう。最初の5分で一方、後の5分でもう一方が話します。さあ、始めてください」

　子どもたちはこうして自分たちの手に書き込んだことついて意見を交換します。2人ずつの話し合いが終わったら、もう一度サークルでも手について話し合いましょう。とても短い時間ですが、どの子も自分の〈私の発達目標〉を書くことができたと思います。これを年に2回やり、どんな風に変化しているかを確かめるのも良いでしょう。

　その他、この練習は、グループリーダーたちにも是非お勧めしたいものです。問いかけの仕方は、自分なりの表現に置き換えると良いでしょう。

表1.4：チェックリスト　自分の発達についてリフレクションし、それについて話し合う

次のスコアをつけてみましょう

■ たまに見られる…1　　■ 時々見られる…2　　■ しばしば見られる…3　　　　　　　　　　　　　■ あなた
■ 頻繁に見られる…4　　■ いつも見られる…5　　　　　　　　　　　　　　　　　　　　　　　　　　　のスコア

a	子どもたちは、グループリーダーや他の子どもたちと共にポートフォリオを使って話し合いをしている	
b	子どもたちは、自分がしていることや自分のやり方についてリフレクションしている	
c	子どもたちは、グループリーダーと保護者が行う懇談会に〈部分的に〉参加する機会をもっている	
d	毎日評価が行われる（たとえば、評価サークルなど）	
e	子どもたちは、自分の通知表やポートフォリオに自分自身で自分がしたこと、人にしてもらったことについて話したり書き記したりしている（幼児の場合、子どもが話したことをグループリーダーが書き記す）	
f	子どもたちは、何が良いことで何が間違ったことかについて深く考えている様子を見せており、自分の考えを言葉にして表現できる	

このチェックリストを使うと、自分がやっている実践の全体像を見直すことができます。自分が担任しているファミリー・グループの様子についてスコアをつけてみましょう。他の人にも意見を聞き、お互いに話し合ってみましょう。特に、自分の意見とその人の意見が異なる点について話し合ってみましょう。

2. 子どもの「他の人との関係」

イエナプランのコア・クオリティの第2のグループは、子どもの、他の人との関係に関するものです。これは、子どもが集団の中でどう機能しているかと言いなおすこともできるでしょう。ここでは、「私たち」ということが中心に置かれます。

2.1 異年齢グループ

「子どもの、他の人との関係」の項目の中の第1のコア・クオリティはファミリー・グループの構成に関するものです。イエナプランのコンセプトは3学年の子どもたちから成るファミリー・グループを基本にしています。年少者、年中者、年長者から成るグループです。

もっとも論理的に妥当な異なる3学年グループの分け方は、学年グループ6−7−8から成る高学年グループ、学年グループ3−4−5から成る中学年グループ、学年グループ1−2から成る低学年グループです。[注1]

異年齢グループを作って指導すると、子どもたちは、毎年グループの中で異なる立場をとりますから、子どもたちの共感の力を高められるようになります。子どもたちは、こうして、年少、年中、年長の立場にあるということがどういうことであるかを学ぶのです。その上、お互いから学んだり、お互い一緒に学んだりすることも容易になります。ファミリー・グループの中では、自分が何かをうまくできたり、またはあまりうまく

できなかったりするということがとても当たり前のことになります。お互いに助け合うのは当たり前になるのです。

イエナプランのコア・クオリティにはこう書かれています。

子どもたちは異年齢の子どもたちから成るファミリー・グループの中で成長する

●
説明

イエナプランのコンセプトは異なる3学年の子どもたちから成るファミリー・グループに基づいています。3つの学年の子どもたちが1つのクラスにいて、一緒にファミリー・グループを構成しています。ですから、子どもたちは、最初の年にはグループの中の年少者、2年目には年中者、そして最後の年には年長者となります。このように異なる役割を取ることによって、他のクラスメートに対して、異なる様々な観点から見るのが容易になります。年長者たちは一般に、そのグループの年少者たちよりもより多くのことを知っていますし、より多くのことをすることができます。このことは、こうした年長者たちに

は、他の子には期待されないことが期待されていることも意味しています。また、年長者たちは、自分が年少者だった時の気持ちがどういうものであったかもよく知っています。異なる学年グループの子どもたちがいるファミリー・グループは、こうして、子どもたちの共感力を高めることができるのです。子どもたちは、自分を他の人の状況に容易に置き換えられるからです。

クラスメートとの良い関係はファミリー・グループを（繋がりの強い）本当のグループにするものです。そのためにグループリーダーは特別の課題をもっています。グループリーダーはファミリー・グループのメンバー同士がお互いの関係をより堅固なものにするようにエネルギーを注がなくてはなりません。ファミリー・グループは効果的で安全なグループへと育っていかなければならないのです。子どもたちは1つのファミリー・グループに3年間いますから、グループリーダーには子どもたちを熟知する十分な時間があります。子どもたちの関係づくりにしっかりと時間をかけることが大切です。

3学年の子どもたちから成るファミリー・グループの中では、子どもたちを教える側の立場に立たせることが容易にできます。お互いに何かについて説明し合うとか、お互いに助け合うといったことが毎日の習慣となります。子どもたちが同じ年齢ではないので、助け合うことが当然のこととなり、誰かが何かをうまくできなかったり、助けを求めたりすることも当たり前のこととなるのです。こうして、イエナプラン・スクールでは、誰かが、8年間の間ずっと、クラスの中で「いちばん小さい子」「いちばん頭が良い子」「いちばんのろまな子」「いちばん強い子」などといったレッテルを貼られることがなくなるのです。目立つ役割を簡単に取るような子でも、でしゃばった強がりの女の子でも、ファミリー・グループでは何回か年少者の立場に置かれます。このようにして、こういう子は、弱い立場にいるということがどんな気持ちのものであるのかを学べます。また、恥ずかしがりで引っ込み思案な男の子も、一度は年長者の立場になります。こうしてこの子は、同じグループの2歳くらい年下の年少者よりも大きかったり、たくさんのことを知っていたりすることがどういうことかを学ぶのです。

グループの中の年長者たちは「師匠」の役割を、年中者たちは「熟練者」の役割を、そして、年少者たちは「弟子」の役割をもちます。年長者たちは、他の子どもたちに比べて、より頻繁に指導的な立場に立つことを頼まれたり、責任をもつように言われます。年長者たちは、他の子どもたちに比べて早くイニシアチブを取り、他の子どもたちを、催し事や何かのアクティビティや実験的なことをする際に引っ張っていく役割を果たします。これに対して年少者たちは、他の子に比べると、何かができなくても少し寛容に見守られるということが多くなるでしょう。この子たちは、まだ色々なことを学ばなければならない立場にいるわけですから。

ですから何か助けを求めるのは、年少者たちにはよくあることです。つまり、他の子どもたちに比べると、少し様子を見ながら待っているという態度がよく当てはまるのです。この子たちは、ファミリー・グループの末っ子たちなのです。

年中者たち、つまり、熟練者たちの役割は、傍観者的な役割です。真ん中の立場にいる子どもたちは、まだ、リーダーシップを取るというほどの立場にはありませんが、そういうことをするゆとりはあります。年中者たちは誰かを指導したり、誰かに指導されたりという立場を交互に使い分けることができます。こうして、年長者の役割をもつようになるまでゆっくりと成長していくのです。

3学年の子どもたちがいることで、年少者と年長者の間の違いがはっきりとします。両者の間には約2年間の開きがあるからです。こうすることで、グループ内の立場の違いをうまく生かすことができます。いちばん身体が大きな部類の年少者でも、たいていは、いちばん身体が小さい年長者よりは小さいものです。

ファミリー・グループにいる子どもたちは、学年ごとに分かれて座るのではなく、一緒に混ざり合って座ります。ファミリー・グループでは、子どもたちは、便利な形で、つまり、なんらかのアクティビティをするのに取り組みやすい形で座ります。ですから、子どもたちは、どこか決まった席があるというわけではなく、いつも異なる場所に座っています。

それは、実は、家庭の中にいるような感じなのです。家庭では、本を読んだり、サンドイッチを作って食べたり、自転車のタイヤを修理したりするなど、色々な場所があるのが当たり前ですね。つまり、アクティビティの種類によって場所も決まるのです。

この原則は、現在、たいていの低学年グループには見られますが、中学年グループになると、

まるで日の光に雪が溶けてしまうように消え去り、皆、いつも決まった席に座るのが当然だと思ってしまっているようです。

ファミリー・グループの中では、子どもたちは、できる限り、学年グループの1人としてではなく、グループ全体の一員として話しかけられます。ファミリー・グループのグループリーダーが「グループ6の子どもたちはこれをして、グループ7はこれ、グループ8はこれをするように」といった言い方をし続けていると、ファミリー・グループは複式学級のようになります。

複式学級というのは、1人の教員が3つの異なるグループの子どもたちに対して同時に授業をするという教室です。ファミリー・グループのグループリーダーは1つのグループの子どもたち全体に対して指示を与えます。

例

ファミリー・グループの子どもたちの間の大きな年齢の開きは、グループリーダーにたくさんの可能性を与えます。年長の子どもたちがもっている専門知識や経験は、年少の子どもたちの学習プロセスに活用できます。反対に、年長の子どもたちは何かを本当に理解するために長い時間をかける可能性ももちます。

ドルフィングループの子どもたちは、自由作文の熱心な書き手たちです。この中学年グループの子どもたちは皆、毎週1つの自由作文を書きます。年少の子どもたちも作文を書きます。確かに、この子たちのほとんどはまだ作文を学び始めたばかりなのですが。グループリーダーは、年

長の子どもたちに、年少の子どもたちが作文をするのを手伝うように頼みます。

「また、大勢の皆さんが自由作文をしていますね。皆さんの作文はとても良いし、私も、皆さんがどんなことを経験したのか、とても興味があります。もうたくさんの子たちがすぐに何かのストーリーを書き始めているようですが、中には、うまくとりかかれない人もいますね。そういう人は、まず、自分が経験したことを絵に描いてみましょう」

グループリーダーは、子どもたちが描いた絵を文章に置き換えるための助けが必要な時には、もうかなりうまく作文が書ける子どもたちに、年少の子どもたちがストーリーを文章にして紙に書く手助けをするよう頼みます。

この子たちは、年少の子どもたちが自分のストーリーについて話すことを文字にして書いていくことができるのです。

「自由作文を書き終えた人たちは、この子たちが自分の絵をお話に書きかえるのを手伝ってくれませんか。絵に描かれていることをお話にして欲しいのです」

グループリーダーは、また別の場面でも、ファミリー・グループをうまく利用します。何人かの年長者が、定期的に、おもしろいお話を年少者のために朗読してやれます。

また、ニュースサークルをどんな風に進めればいいかなどは、年少者たちは、年上の子がしているのを見ながら自然と学んでいくようになります。ファミリー・グループは、お互いから学んだり、お互い一緒に学んだりするのを、とても容易なものにしてくれるのです。

表2.1: チェックリスト　異年齢グループ

次のスコアをつけてみましょう

■ たまに見られる…1　■ 時々見られる…2　■ しばしば見られる…3
■ 頻繁に見られる…4　■ いつも見られる…5

■ あなたのスコア

		あなたのスコア
a	すべての子どもは、異なる3学年の子どもたちから成るファミリー・グループに属している	
b	子どもたちには決まった席がない。グループはその時々にふさわしい形で決まる	
c	子どもたちは、お互いがもっている得意な点や才能を利用している	
d	子どもたちを平等に待遇するために、まさに、1人1人異なる待遇がされている	
e	子どもたちは、学年グループの1人としてではなく、グループ全体の中の一員として話しかけられている	
f	子どもたちは、他の年齢の子どもたち、異性の子どもたち、他の関心をもっている子どもたち、などと一緒に学んでいる	

このチェックリストを使うと、自分がやっている実践の全体像を見直すことができます。自分が担任しているファミリー・グループの様子についてスコアをつけてみましょう。他の人にも意見を聞き、お互いに話し合ってみましょう。特に、自分の意見とその人の意見が異なる点について話し合ってみましょう。

2.2 共に学ぶ…助け、助けられる

「子どもの、他の人との関係」の項目の中の第2のイエナプランのコア・クオリティは協働についてです。協働は、イエナプランのコンセプトの中でも重要なものです。皆で一緒にすると、1人1人が別にするよりも多くのことを達成できます。良い協働からは、誰もが利益を得ることができます。自分自身にも得られるものがあり、また、自分が属しているグループにも得られるものがあります。そして、それは、自分が何歳であるかは関係ありません。

人間とは社会的な存在であり、お互いを必要としています。けれども、協働は放っておいても自然に起こるというようなものではありません。協働は学ばなければならないものなのです。私たちが暮らしている社会は、ますます個人主義化しており、また、家族はますます小さくなり、クラブなどで一緒に何かをするということもなくなってきています。

そういう今という時代に、おそらく学校は、協働するということを学べる唯一の場になっているのではないかと思います。イエナプラン・スクールは、それだけに、協働に大きな力を入れています。イエナプランは、協働することを学ぶための学校なのです。

イエナプランのコア・クオリティにはこう書かれています。

子どもたちは協働すること、他の子どもたちに何かを与えたり、他の子どもから何かを受け止めたりすること、またそれについて振り返って考えてみることを学ぶ

説明

集団には、競争的な雰囲気が支配していることがよくあります。誰が最も走るのが速いか、誰が最も頭が良いか、誰が最もクリエイティブか、といったことです。あるいは何か課題が与えられた時、誰がいちばん先にそれを終えられるか、ということもあるでしょう。

すべての子どもたちが同じ課題をもらうならば、そういうことが起きることになるのはやむを得ません。またそのこと自体は間違っているとは言い切れません。こういうことはどんな集団の中でも起きるメカニズムで、ファミリー・グループの中でもこういう競争が起きることがあるのです。

そうすると子どもたちは、ただ単に誰がいちばん先に課題を終えられるか、誰が誰よりも先に課題を進めているかに腐心するようになってしまいます。そしてそれは協働を阻害するものです。なぜなら、他の子を助けてその子が先に進んでしまうと、自分が先を越すのを無駄にしたことになってしまうからです。

協働には、安全な環境が必要です。間違っても構わない、間違っても罰を受けることがない環境です。自分が十分に満足いくまでしっかり時間をかけて練習できる環境です。それは、何かをできる（スキル）こと、あるいは、何かについて知っている（知識）ことを目指しているということに関わります。誰が勝つかは問題ではないのです。間違うことは問題ではありません。間違

いは学習のプロセスにはつきものです。必要であれば、たくさんの時間を使って練習すれば良いのです。ですから、クラスの中に十分な安全を保障することとは、競争を教えないことでもあるのです。

協働のためには尊重も必要です。それは、自分のクラスにいる他の子どもたちの才能を知っている時にのみ可能になります。そうすればお互いに対して感謝したり、尊重したりする気持ちが湧いてきます。ある子はこういうことが上手で、他の子は別のことが上手だという風にです。つまり、そこにお互いの帰属意識が生まれてくるのです。同朋意識は、ファミリー・グループの良い点の1つです。

協働を促すには、助けることを教えなければなりません。ある子が答えを知らない時に先に答えを教えるというのは助けではありません。だから、子どもたちは、ファミリー・グループの中で誰かを助けることを練習しなければならないのです。つまり、人は、誰かを助ける時に、助けようとしている人の求めていることの裏に何があるかを知るために、その人によく耳を傾けることを学ばなければならないのです。

助ける立場にある人は、目的についても考えなければなりません。助けを求めているその人は、何ができないのか、どんな目的がうまく達成できなくて困っているのか、を知らなければならないのです。また、助ける人は、当然、上手に説明することも学ばなければなりません。何かについて相手にどうしたら伝えられるかということです。こういうことは、特に、実際にやってみながら学んでいくものです。

ファミリー・グループでは、誰かを助けるのは

グループリーダーだけがする仕事ではなく、子どもたちもグループ全体のためにその練習をします。助けを必要としている場面をシミュレーションで設定することでも、誰かを助けるということを学べます。

協働するためには、誰かに助けを求めたり助けを受け入れることも学ばなければなりません。ただ「わからない」というだけでは助ける側にとっても厄介です。助けを必要としているのであれば、可能な限りどんな助けが必要なのかを相手に知らせる必要があります。「何がわからないの」は、次に聞かれる良い問いかけと言えます。そして、誰かから助けられることを受け入れなければなりません。

誰かが助けてくれることになったら、まず、小さなプランを立てると良いでしょう。後になって、その助けが良いものであったかどうか評価することができます。それは、助ける側にも、助けを受け入れる側にも役立つものです。

例

「チョウチョ畑」という名前の中学年グループでは、子どもたちが、ファミリー・グループのイブニング・パーティを企画しています。子どもたちは、保護者を、来週の木曜日の夜18：00〜19：30に学校に招いています。子どもたちはグループリーダーと共にプログラムを作りました。子どもたちがこのイブニング・パーティを主催するのです。もちろん、子どもたちは、保護者がやってきたら、コーヒーや紅茶を出さなければならないということも考えています。ヴィンセントとルネがコーヒーと紅茶を出す係です。

グループリーダー：「今朝、コーヒーや紅茶を出す仕事をするヴィンセントとルネを、ルディがうまく手伝っていたのを見ました。ルディたちにも、そこで何があったのか、一緒にみんなに話しても良いかどうか聞いておきました。ヴィンセントとルネ、何があったのかみんなに話してくれますか」

ヴィンセント：「ええっと、僕たちは、何杯分のコーヒーを用意したら良いのか計算しなければいけませんでした。でも、どうすればいいか、わからなかったんです」

グループリーダー：「それでどうしたの」

ルネ：「それで、ルディを呼んで助けてもらうことにしました」

ルディ：「そう、ルネが僕のところに聞きに来たので、ルネとヴィンセントがいるところに行きました。そして、『何がわからないの』と聞きました」

それからグループリーダーは子どもたちにそこで何が起きたかを実演してもらいました。寸劇のような形での実演です。グループリーダーは、寸劇を時々必要に応じて止め、説明したり大事な点を明確にしたりしています。その際に、何か他のやり方があるのではないか、と考えてみることが重要です。グループリーダーは、クラスの子どもたちに繰り返しこのように問いかけています。「ルディがこの時、何か他にできたことはないかしら？」とか「ヴィンセントとルネは、他にもっと良い言い方ができたのではないかしら？」などです。

グループリーダー：「ヴィンセントとルネが、1つのコーヒーポットから何杯分のコーヒーを注げるかを推測するのが難しくてわからなかったということを、あなたはいつわかったの？」

ルディ：「初め僕は、ルネたちが掛け算がよくできないのだと思っていました。ルネたちは、20人の保護者が何杯のコーヒーを飲むかを計算しなければならなかったんです。1人が2杯ずつ飲むとしたら、2×20だから40杯でしょって」

ヴィンセント：「でも、それは僕たちにもわかっていました。それで、僕は、『でもそれじゃあ、それは、コーヒーポットにすると何個分になるの』って聞いたんです」

ルディ：「その時僕は、ルネたちがコーヒーポットをよく見れば自分たちでもすぐわかるだろう、って思ったんです」

ルネ：「それで、僕たちはコーヒールームに行って（用務員の）シュールトにコーヒーポットを見せてくれるように頼みました」

サークルになって座っている子どもたちは、それからさらに、ルディが、コーヒーポット1個にはカップ10杯分のコーヒーが入るということを言わなかったのが、なぜ良かったのかについて話し合いを続けました。

もちろんそうすれば答えはずっと早くわかったはずですが、こういうやり方のほうが良いのです。ヴィンセントとルネも、ルディは、自分たちで答えを見つけ出せるように助けてくれたと言っています。グループリーダーには、これ以上うまくまとめることはできません。グループリーダーは、3人全員を褒めました。3人は、とてもうまく協働したからです。

表2.2：チェックリスト　共に学ぶ…助け、助けられる

次のスコアをつけてみましょう

■たまに見られる…1　　■時々見られる…2　　■しばしば見られる…3
■頻繁に見られる…4　　■いつも見られる…5

■あなた
のスコア

a	子どもたちは、助けを求めたり助けを与えたりすることを学んでいる	
b	子どもたちは、お互いから何かを学び、お互いに何かを教え、また、お互いに一緒に何かを学んでいる	
c	子どもたちは、自分たちがしている協働を他の人と共に評価することができる	
d	子どもたちは、グループの中で自分自身の意見をまとめ、それを言うことができる	
e	クラスの子どもたちが、全員で物事を決めるクラス会議が開かれている	
f	子どもたちは、自分たちがどのようにしてお互いに助け合っているかを言葉にして言える	

このチェックリストを使うと、自分がやっている実践の全体像を見直すことができます。自分が担任しているファミリー・グループの様子についてスコアをつけてみましょう。他の人にも意見を聞き、お互いに話し合ってみましょう。特に、自分の意見とその人の意見が異なる点について話し合ってみましょう。

2.3 調和ある共同社会への責任

　子どもの「他の人との関係」の項目内の、イエナプラン教育のコア・クオリティの第3番目は、調和のある共同社会に関するものです。

　イエナプラン・スクールは、人間について、社会について、学校についての20の原則に従って運営されます。この分け方は、既にイエナプランのコンセプトが、単なる教育のビジョンという以上のものであることを示しています。ですから、調和のある共同社会がここで重要な役割を果たし、イエナプランのコア・クオリティがそれに留意しているのも驚くにはあたりません。

　イエナプランのコア・クオリティにはこのように書かれています。

子どもたちはファミリー・グループや学校の中で、誰もが正当に認められ安心だと感じられるような調和のある共同生活に対して、責任をもち、物事の決定に共に関わることを学ぶ

説明

　私たちは、イエナプラン・スクールでは、どの子どもも皆、家庭にいるように安心していて欲しいと思っています。イエナプラン・スクールは、どの子にとっても快適な学校であることを目指しています。誰もが、ウェルビーイング（心身ともに安心・安全で快適な状態）を感じられる場でなければなりません。同時に、どの子もその子

らしく過ごすことができ、誰もが人から真っ当に受け入れられていなければなりません。誰もが大切な〈生と学びの共同体〉のメンバーとして認められていなければならないのです。だからこそ誰もが皆、学校を良い共同社会にするために貢献するのです。こうして、すべての人は次のように話しかけられることとなります。

　「あなたも良い雰囲気づくりのために一石を投じることができるし、そうしなければならないのです。背もたれに体をよりかからせてただ楽しんでいるだけというのは、ここでは望まれていません。誰もがアクションを起こすことが期待されています」

　調和のある共同社会は、皆で共に物事を決定するための場をファミリー・グループの中に生み出すことから始まります。そのために、グループリーダーは、責任をもち、イニシアチブを取らなければなりません。

　グループリーダーは、子どもたちがそのグループの中でアクティブに色々なことを一緒にできるように配慮します。グループリーダーは、何か行き詰まった時にそれを打開するための決定をすることはありますが、それは常に自分のグループ（クラス）の子どもたちの利益を考えて行います。グループリーダーは、常に、繰り返しグループのメンバーの意見を確かめるのです。

　その点で、ファミリー・グループのリーダーは、家族でいうなら、お父さんやお母さんの役割に似ていると言えるでしょう。お父さんやお母さんは、常に家族の利益のために物事の決定を下しているからです。同じように、グループリーダーも、自分のグループのために決定を下すのです。

例

クラスで飼っているミニハムスターのサミーが病気になりました。サミーのお腹が腫れています。ニコルとフロールはサミーを獣医に連れて行きました。獣医によるとサミーの病気は深刻で、どうやら癌にかかっているらしいということです。腫れている部分はすぐに切除しなければなりません。サミーは手術を受けなければならないのです。でも、そのためには、100ユーロ以上かかると獣医が言っています。

サミーの件は、クラス会議の議題に取り上げられました。クラスの子どもたちは、サミーの手術について決定しなければなりません。難しい決定です。しかも時間もあまりありません。サミーが手術を受けるのであれば、できるだけ早く行われなければなりません。あと1週間も待つわけにはいきません。

クラス会議では、色々な意見が集められました。手術をさせるべきだという意見に幾つかの論拠が挙がりました。サミーはもう2年このファミリー・グループにいるから、グループの一員です。それに、クラスの金庫には80ユーロ入っています。ニコルとフロールは募金活動を始めるつもりです。それで50ユーロくらいは集められると考えています。ほとんどの子どもたちは、両親に言えば、サミーの手術のために寄付してくれるだろうと考えています。金庫にあるお金と募金を合わせればサミーを助けるための基金は集まるわけですが、子どもたちの中には、それほどの支出をする必要があるのかと考える子どもたちもいます。手術にかかる費用のほんの一部で新しいハムスターを買うこともできるからです。

クラス会議はなかなか決着がつきません。皆の感情も苛立ってきています。1匹のハムスターの命を救うために、ありとあらゆる財政的な手段を講じる必要があるのだろうか…。しかも手術が成功するとは、獣医も保証できないのです。その上、手術が成功したとしても、新しい癌が発生しないとは限りません。状況はそれほど単純でもないのです。

喧々諤々の議論を繰り返した結果、グループリーダーが決定を下します。グループリーダーはサミーに手術は受けさせないことに決めます。グループリーダーは、この決定にきちんと論拠を与え、グループの子どもたちにこう説明しました。

「皆さん、私たちは、病気のサミーについて時間をかけて話し合いました。難しい状況です。私はサミーに手術を受けさせないことを決めました。この決定は、あなたたちが感じているのと同じように私にとっても辛い決定です。サミーはもうすっかり私たちの一員になっています。けれども、サミーには痛い思いをさせたくないし、いずれまた新しく痛みをもつのではないかと思います。サミーは気持ちよく生きる権利をもっていますが、私たちはもうそれをサミーに保証してあげることができません。サミーは今痛がっているし、結局はまた後でも痛がることになるでしょう。サミーが回復する確率はとても小さいです。だから、私たちは、サミーにお別れを言わなければなりません。

私は、私たちがサミーと良い別れができるようにしたいと思います。私たちは、獣医さんのところに行って、どうするのが良い方法かを相談しなければならないと思います。もちろん、私たち自身にも良いアイデアはあると思いますが、これは、獣医との相談の上で決めなければならないことです。サミーには良いお別れをしてもらわなければなりません。今日の午後、皆でどうしたらサミーと良いお別れができるかアイデアを集めてみましょう。そして、まずは、サミーが私たちのところから去っていくという事実を皆で受け入れていかなければならないと思います」

この重要な決定の後、グループリーダーは子どもたちがお互いにお互いの悲しみを受け止め合えるように配慮します。悲しみは大きいです。ニコルとフロールは、もう既に多くの友だちから慰めの言葉をかけてもらっています。グループリーダーは、すべての悲しみが受け止められるように配慮します。誰1人として1人ぼっちにされず、誰もがサミーについて話をしています。その日の午後、次に取るべきステップについてのプランが練られます。

表2.3:チェックリスト　調和ある共同社会への責任

次のスコアをつけてみましょう

■ たまに見られる…1　■ 時々見られる…2　■ しばしば見られる…3
■ 頻繁に見られる…4　■ いつも見られる…5

■ あなたのスコア

a	どの子どもも、自分がグループのためにいて、グループは自分のためにあることを学んでいる	
b	子どもたちは、自分の意見がファミリー・グループの中で行われる選択に対して影響力をもつことを知っている	
c	ルールは、ファミリー・グループの中で皆で一緒に作っている	
d	子どもたちは、お互いに褒め言葉をかけ合っている	
e	子どもたちは、クラス会議や学校の生徒会で民主的なシチズンシップ(市民的態度)の練習をしている	
f	子どもたちは、自分自身やお互いに問いをかけ合っている	

このチェックリストを使うと、自分がやっている実践の全体像を見直すことができます。自分が担任しているファミリー・グループの様子についてスコアをつけてみましょう。他の人にも意見を聞き、お互いに話し合ってみましょう。特に、自分の意見とその人の意見が異なる点について話し合ってみましょう。

3. 子どもの「世界との関係」

最後の5つのイエナプランのコア・クオリティは、子どもの世界との関係に関するものです。子どもが、どれほどよく生きた世界を知っており、その知識はどのような形で「大きな世界」と関わっているかに関することとも言えるでしょう。世界がここでの中心です。

3.1 生きたホンモノの状況

子どもたちはたった1人だけで成長しているのではなく、世界の他のものと共に成長しています。この世界は、子どもたちに、少しずつ、より多くのものを明らかにして、子どもたちの生きた世界は次第に大きく広がっていきます。子どもたちは、この世界の中で自ら主体的に関わりながら、世界について学び、自分たちがその世界の中で担うべき役割が何であるかを学ぶのです。

イエナプランのコア・クオリティにはこのように書かれています。

子どもたちは、生きたホンモノの状況の中で、自分が何をするのが大事かを考えながら学ぶ

説明

最も先進的な指導方法は何かというと、それは時事そのものに触れさせることなのです。時事は、大きな関心や、子どもの内側からの動機づけを容易に引き出してくれます。本当の意味のある学びを引き出すものです。

教育では、小さな時事と大きな時事を扱うことができます。小さな時事とは、ファミリー・グループの子どもたちが経験すること、またさらに良いのは、誰かがファミリー・グループの子どもたち皆と一緒に経験する出来事です。

たとえば、意見の対立や喧嘩、入院、病気や死について、また、試合に勝ったとか、いい発表ができたなど、皆、素晴らしい学びの機会となります。運動場で何かにぶつかったというのは嫌な経験です。そういうことを話題にするのを避けるのも1つのやり方ではありますが、良い解決法を皆で一緒に探すためのチャンスとして利用することもできるはずです。そしてそれは、あなたが受けもっているクラスやあなたの学校の中で起きることすべてに当てはまることです。

グループリーダーは、よく「子どもたちにこれをやらせていいものだろうか、それとも、私が自分でやったほうがいいのだろうか」と考えるものです。でも、子どもたちがすることは、すべて学びに繋がります。それは、子どもたちの作品を壁にかけること、棚を片づけること、新しい保護者に学校を案内すること、運動場での喧嘩を

解決すること、他の子どもたちの学習を助けることなど、どんなことにも当てはまります。

大きな時事とは、自分たちが暮らしている地域、自分たちの村、オランダ、世界で起きていることを意味しています。私たちの教育の中には、重要な出来事を取り上げる機会が設けられているべきです。

世界で何かが起きた時、そして、それが重要なものであり、すべてのメディアが取り上げているのならば、イエナプラン・スクールでもそれが取り上げられるのは当然でしょう。こうした時事は時事サークルの中にもち込まれ、その後、色々な方法を使って、協働学習や、協働での遊びや催しに展開できるはずです。グループの子どもたちと共に、これらの出来事が私たちの生活や学校での学びにどんな意味をもっているのか、と問い直します。

私たちがそこで抱く関心は、色々な形で活動に繋いでいくことができます。場合によっては、他の人たちを助けるためのアクションを起こすことができるでしょうし、何か手紙を書いたり、文書を作ったりすることにも繋いでいくことができるでしょう。

グループリーダーは、時事を基にして、それを意味のある教育へと繋いでいく技術を磨いていかなければなりません。チャンスはいくらでもあるのですが、ほとんどの場合それを見出せないでいるのは、私たちが、教育とは前もって考えられたカリキュラムに沿って、それを実践するものだという前提のもとで訓練されてきているからなのです。

グループリーダーたちは、子どもたちをアクティブにさせるような問いかけができる、一種のアーティストにならなければなりません。それは、ホンモノの問い、つまり、子どもたちがアクティブになるように刺激する問いです。

ペーターセンは、子ども学的な状況（ペダゴジカル・シチュエーション）を企画組織することについて述べています。それは、グループリーダーが、何らかの目的をもちながら、子どもたちを全人的存在としてアクティブになるように「誘惑していく」ような状況（シチュエーション）のことです。

今日の学校は、良好な経営という観点から、事前にどんな教育内容を提供するかについて責任をもつことを、ますます求められるようになっています。時事を用いる場合、私たちは、やってみてからその責任をもつことしかできません。そこで、そうした時事を教育に組み込むためには、なんらかの適切な枠組みを事前にもっておくことが必要となります。**ヤンセンの自転車**は、そのために役立つツールです。

注：「ヤンセンの自転車」は、自転車をモデルにして**ワールドオリエンテーション（ファミリーグループワーク）での学習過程をわかりやすく示した**もの。刺激―問いかけ―役割分担―報告の準備―プレゼンテーション―記録という6段階のプロセスを示し、多様な形式を例示したもの。このプロセスは科学的探求のプロセスとも言える。特に、第1ステップの刺激と第5ステップのプレゼンテーションを協働でサークルになって行うため、それぞれ自転車の前輪と後輪に例えていることから、考案者ヤンセンの名前をつけて「ヤンセンの自転車」と呼ばれるようになった。詳しくは、次頁を参照。

「ヤンセンの自転車」モデル

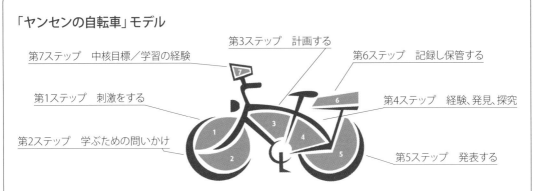

第3ステップ　計画する

第7ステップ　中核目標／学習の経験

第6ステップ　記録し保管する

第1ステップ　刺激をする

第4ステップ　経験、発見、探究

第2ステップ　学ぶための問いかけ

第5ステップ　発表する

［出典：JAS（Stamgroepwerk wereldorientatie met de Fiets van Jansen）］

第1ステップ　刺激をする

子どもたちが活性化され、やる気を起こすような状況を生み出す。

第2ステップ　学ぶための問いかけ

子どもたちから出来るだけ多くの問いを集める。子どもたちの問いに対しては、どの問いにもポジティブに応答する。キーワード、ワードウェッブ、マインドマップなどを使ってリストを作成する。もちろんファミリー（根幹）グループリーダー（担任教員）も問いを挙げるし、自分自身の目標ももっている。リーダーは、子どもたちがここで何を学ばなければならないかを知っていなくてはならない。

第3ステップ　計画する

問いを集め、学習目標を設定した後で、学習の計画を立てる。「どう仕事を進めましょうか」「誰が何をやりますか」「いつまでに終わらせますか」「どのように発表しますか」「誰かお客さんを招待しますか。それとも私たちのほうが見学に行きますか」そして、いつも「目的に合った形式を使う」ように心がける。

第4ステップ　経験、発見、探究

計画にそって実施する。子どもたち全員が各々のやり方でアクティブ（能動的）に学びに参加しており、ファミリー（根幹）グループリーダーは子どもたちがうまくいくように見て回る。グループリーダーは、どの子どもの発表（プレゼンテーション）もうまくいくようにサポートする。

第5ステップ　発表する

子どもたちは、いろいろな方法を使って自分たちが行ったアクティビティの成果をグループの他の子どもたちに報告する。ここでも、「目的にふさわしい形式を使う」という原則が守られていること。子どもたちが発表しやすいように、クラスの子どもたちをサークル、または、U字型に座らせる。または、展示会を開き、子どもたちが自由に歩き回れるようにしても良い。

第6ステップ　記録し保管する

当然、初めに出された質問への回答を、記録し保存することが重要である。子どもたちが自分でファイルに保管しても良いし、ノートやポートフォリオに保管しても良い。グループ（クラス）内で起きた出来事についても同じように記録しておく。グループ（クラス）の記録はグループリーダーが行うが、そこで子どもたちの意見が反映されることが重要だ。また、学校での継続的なカリキュラムとの関連づけも忘れないように。

第7ステップ　中核目標／学習の経験

　ファミリー（根幹）グループリーダー（担任教員）は、常に自分の目標をもち、それをよく理解している。グループリーダーとして子どもたちがここで何を学ばなくてはならないかを知った上で、この目的を達成するためにふさわしいルートは何かを考えて全体を動かしていく。

当然ですが、いつも決まって生きたホンモノのシチュエーションが使えるとは限りません。うまい具合に教育が実現できるように助けてくれる素晴らしいメソッド（指導要領）もあります。しかし、そういうメソッドを使う場合には、そうしたメソッドがあくまでもツールに過ぎないということを忘れないようにしましょう。あなたがそのメソッドを使っているのであって、その反対、つまり、メソッドがあなたを使う状態になってはならないのです。そうなってしまったら、あなたは、単なる、ものを右から左に渡すだけの窓口のような存在に過ぎなくなってしまいます。メソッドは、あなたに良いアイデアを提供してくれますが、あなたを強制する道具になってはならないのです。イエナプラン・スクールでは、グループリーダーは、ファミリー・グループの中の子どもたちが、皆、何を学ばなければならないか（という目標）をよく理解しています。それが分かっていれば、教材は、色々なところからもってくることができます。もしもあなたがメソッドを使いたいのであれば、1種類以上のメソッドを使うように注意しましょう。そしてもちろん、すべての子どもたちが1冊ずつ自分の教科書をもつ必要はありません。何か高価なメソッドに資金を費やす必要はなく、もっと他の方法に、より良く投資することができるはずです。

メソッドは、ただ単に生徒用の教科書だけではなく、指導書、ワークブック、答え合わせの冊子、コンピューター用教材などを市場に送り出して、可能な限り利益をあげようと試みている営利目的の企業が発行していることを忘れないようにしましょう。自分がよく理解している目標から、こうしたメソッドを批判的に見るように

しましょう。メソッドだけではなく、とてもクリエイティブなアイデアや学習方法が見つかる、ありとあらゆるサイトやブログを参考にしましょう。そしてもちろん、あなたのクラスの子どもたちがそれを助けてくれるはずです！

●
例

ある日、リックが手に包帯をして学校にやってきました。いったい何があったのでしょう？リックは、マッチで遊んで怪我をしたのだと言います。初めは恐る恐るマッチを擦っていたのだけど、だんだんに勢い良くやっていったのだそうです。とうとうマッチに火がつき、リックはびっくりしてマッチをテーブルの上に落としてしまいました。そして、テーブルクロスに火がついてしまったというのです。リックは急いで炎を手で消そうとしました。リックの叫び声に気づいてお母さんが飛んできて火を消し、リックの火傷の手当てをしてくれました。

あっという間に「火遊び」についての色々な話が出てきました。私たちが朝、ろうそくに火をつけるマッチ箱に一気に関心が集まりました。こうしてごく自然に観察サークルが始まったのです。

もちろん、グループリーダーは出てきた問いをすべて書いて、後でそれを分類します。そこには、後でグループでじっくり取り組みたい素晴らしい問いが含まれていました。

■マッチはどうやって作るのか？
■どうして 硫黄がついているのか？

■安全マッチってなんだろう？

■マッチは電子レンジの中でもつくのか？

■なぜ、マッチは皆、靴底で擦って火をつけられないのか？

■ライターとマッチとでは、どっちがよく使われているのか？

■マッチはどうしてこんなに安いんだろう？作るのにはとても多くの時間がかかっていると思うけど。

また、言語に関するたくさんの問いもありました。

■「ルシファー（マッチというオランダ語）」はどこから来たのか？　ペペインがインターネットで、それが「光を運ぶもの」という意味であることを見つけました。でも、それは、悪魔を意味する言葉でしょう？

■子どもに、ルシファー（マッチ）という名前をつけることはできません。それは禁じられている名前だ、とノールチェが言いました。でもなぜそうなんでしょうか？

■マッチを題材にした演劇もあります。ヨースト・ファンデンフォンデルという人が作った演劇です。どういう内容なのでしょうか？

■『ズワーベルストッケェ』という言葉がありますが、マッチと同じ意味なのでしょうか？

■マッチは、英語では「マッチ」、フランス語では「アリュメ」、ドイツ語では「ストライヒホルツ」、スペイン語では「チェリジャ」イタリア語では「フィアンミフェロ」、ポルトガル語では「パリトデフォスフォロ」、デンマーク語では「テンドスティク」といいます。皆お互いにあまり似ていない違う言葉です。私たちの言葉

「ルシファー」というのはどこから来たのでしょうか？

■「リックは自分の指に火傷をしました」'Rik verbrandde zijn vingers.' この時に、dは1回だけしか発音しないのに2回重ねて綴らなければなりません。他にもそういう言葉があるのでしょうか？

算数の問いもありました。

■マッチを使うのとライターを使うのとではどっちが高くつくでしょうか？

■1つのマッチ箱には何本のマッチが入っているのでしょうか。どうやって数えているのでしょうか？　秤（はかり）を使っているのかな？

■マッチの標準の長さはどのくらい？　大抵のマッチの長さはほとんど同じだけど誰がこの長さを決めたのか？

■満杯のマッチ箱1つで教室を取り巻くように壁沿いに全部並べることができるか？　それとも2箱いるだろうか？

■私たちの学校ではどちらが使われているだろうか、ライターそれともマッチ？　誰が何のために使っている？

■私たちのグループにいる人で、誰かもうマッチを使って何かに火をつけたことがある人はいるか？

■私たちの中でマッチで遊んだり、マッチを使ってはいけないと言われている人は？

■マッチは何秒燃え続けるか？

ここに挙げられた問いは、どれも、何時間もかけて熱心にする学びのアクティビティにもってこいです。このグループは、もちろん、色々な

マッチを使ったアート作品を見たり、自分で作ったりもしました。私たちが、週末の発表会でこのプロジェクトで学んだことを発表すると、学校中の人たちがびっくりしました。そして、私たちが作ったマッチの作品は、何週間もの間、学校のガラスケースに飾られていました。

表3.1：チェックリスト　生きたホンモノの状況

次のスコアをつけてみましょう

■たまに見られる…1　　■時々見られる…2　　■しばしば見られる…3
■頻繁に見られる…4　　■いつも見られる…5

■あなた
のスコア

a	子どもたちは、助けを必要としている人にアクションを起こしている	
b	子どもたちは、グループリーダーの信頼を得ており、グループリーダーは子どもたち自身にそれをさせている	
c	小さな時事（ファミリー・グループや学校での出来事）と大きな時事（世界の出来事）が、子どもたちのアクティビティに影響を与えている	
d	子どもたちは、学校の中や外で人や動物やその他の物事と触れ合っている	
e	子どもたちは、自分で発見したり、実験したり、探究したりしている	
f	子どもたちは、ありとあらゆる答えを問い直すことを学んでいる。何か答えを見つけたらすぐに新しい問いを立てている	

このチェックリストを使うと、自分がやっている実践の全体像を見直すことができます。自分が担任しているファミリー・グループの様子についてスコアをつけてみましょう。他の人にも意見を聞き、お互いに話し合ってみましょう。特に、自分の意見とその人の意見が異なる点について話し合ってみましょう。

3.2 環境に対するケア

子どもたちは世界に対して責任をもつことを学ばなければなりません。それは、自分の周りの身近なものへの責任感を発達させることから始まります。自分自身の周りにある生きた環境に対して責任をもつ努力をするかしないかによって、どんな風に違う効果がもたらされるかを経験しなくてはならないのです。私たちは、イエナプラン・スクールで働くものとして、お互いに力を合わせて作っている〈生と学びの共同体〉に対して働きかけていきます。

イエナプランのコア・クオリティにはこう書かれています。

子どもたちは周囲の環境を大切にすることを学ぶ

説明

親、または、グループリーダーとして、私たち大人は、子どもたちを愛しています。私たちは、ひとえに、1人1人の子どもに最善を尽くしたいと思って、そのために働いているのです！ 子どもたちに何ひとつ不足がなく、素晴らしい青春を送ってくれるように願っているのです。

ところがそのために、私たちは、ともすると無意識のうちに子どもたちから責任を奪ってしまっていることがあるのです。私たちは、良い養育者になろうと思うばかりに、かえって、子ども

たちに代わってすべてのことをしてやろうとしたり、子どもがしても良いことの許容範囲をつい少し広げてしまったり、私たちが本来あるべき養育者でいるというよりも、子どもに仕える人になってしまうことがあるのです。

子どもたちに、私たちが生きている環境がどれほど重要なものであるかを教えたいのならば、私たちは、子どもたち自身が自分の環境に対して責任をもつように明確に示しながら子どもたちを育てなければならないでしょう。それは学校についてだけではなく、当然、家庭においても言えることです。これは、学校の教員たちと保護者とがお互いにたくさんのコミュニケーションをしながら共有しなければならないテーマなのです。

食卓に食事の準備をするとか、自分の部屋を片づけるとか、草を刈るなどといった日常的に起きることのすべてについても言えます。

学校で、私たちは、子どもたちが周囲の環境に対して責任をもつように教えます。これは、自分たちの教室のものの配置や使い方、飾り方だけでなく、維持管理をどうするか、また、外の空間はどのような扱い方にしようか、などといったことを、子どもたちがお互いに継続して話し合い続けることでのみ可能なことです。

イエナプラン・スクールでは、私たちは、教室のことを好んで「学校のリビングルーム」と呼びます。ファミリー・グループが使うスペースの内部の設置については、次のような問いが重要な役割を果たします。

■ 皆がよく学べるようにするためには教室のスペースをどう配置するのがいいか（1人で学ぶ、小グループで学ぶ、もっと大きなグループで学ぶ）

■ どうしたらすぐにサークルになれるか、あるいは、いつも決まったサークルの場所を作るか

■ グループリーダーの仕事場はどのようにするか

■ 子どもたちの仕事の成果をどこにどんな風に展示するか

■ このスペースを家庭のように快適な場所と感じられるようにするにはどんなことができるか

　教室内外の設定やものの配置に関しては、第3章に別の章を設けています。第3章の「5.共に働く（学ぶ）」を参照してください。

　グループリーダーは、特に、子どもたちがこのプロセスに関与するように気をつけなければなりません。こうして、責任をグループリーダーからグループ全体、すなわち「子どもたちとグループリーダー」に移譲するのです。

　グループの子どもたちと仕事を進めていくうちに、ルールや約束事は自然とできてきます。定期的に評価サークルやクラス会議が開かれるようになります。ここで、グループリーダーは、子どもたちから出される新しいアイデアに対してオープンな態度で関わらなければなりません。そうしているうちに、グループの教室は誰もが可能な限り発達できる場でなければならないという出発点が、次第にはっきりとしていきます。

　グループの教室は、エンタテインメントの場ではなく、子どもたちが可能な限りよく学ぶことができる場でなければなりません。

　ここで、たくさんの限界が見つかることもよく知られています。50平方メートルしかない教室の中に30人もの子どもたちがいれば、それほどたくさんのことはできません。この教室にさらに30人分の机や椅子が置かれグループリーダーの事務机もあるわけですから。そこで、学校の校舎の中にある、ありとあらゆるスペースをできる限り有効利用するという挑戦課題は、イエナプラン・スクールにも当てはまることなのです。

　子どもたちが、自分の責任で学ぶ練習をするためには、子どもたちは学習のために他の場所を使うことも学ばなければなりません。

　教室は「子どもたちのための小さなオフィス」という感じでインテリアを整えるものだ、という考えからも私たちは解放されなければなりません。

　どの子どもにも同じ家具を使うと、子どもたちは、自分が周囲の環境に対して責任をもつという考えになかなか至ることができません。子どもたちが1日中同じ椅子に座っている必要がなく、色々な場所に座ったり立ったりして学習することを可能にすれば、その子にピッタリ合う身体構造的に考えられた座席を用意する必要も小さくなりますし、いつも適度に動くことが自然であれば、わざわざ意識して運動をさせる必要も少なくなります。

　私たちは幼児グループではこういうやり方に

慣れているものですが、たいていの場合、子どもたちが中学年クラス（小学1年生以降）に進学した途端、こういう考え方は消え去ってしまっています。

学校の環境は、子どもたちがそこでアクティブになれる程度が大きければ大きいほど、子どもたちにとって重要なものとなります。アスファルトで舗装された運動場は、子どもたちにほとんど自分の責任を感じさせることはありません。週に何回か探究的な学びができたり、戸外ステージのある運動場があったり、水が流れていたり、できれば動物がいて、そこでその動物たちの世話をすることができたりすれば、学校の校庭はとても違ったものとなります。

学びの環境には様々な形が考えられます。そこに頻繁に出て行けばたくさんのことが学べるものです。学校のすぐそばの環境にあるものを利用しましょう！　遠足や見学はイエナプランには無くてはならないものです。また外からたくさんのゲストを呼び、何か話をしてもらったり、グループの子どもたちと一緒に活動をしてもらいましょう。

学校にホンモノのバスがあって、その中に皆が移動しながら作業できる場があったらどんなに素晴らしいことでしょう。そうすれば、ファミリー・グループの子どもたちは、毎日のように、オランダのどこかに行き、ホンモノの世界から学ぶことができるでしょう。

そうすれば、私たちは、水門についてただ描かれた絵からではなく、ホンモノを見て学べるし、宝くじを当てた人に直接話を聞いてみることだってできるでしょう！

どこかに、レンガ造りの校舎の代わりに、そういう移動教室と交換したいという学校はないでしょうか。

例

教室とはどうあるべきかについてグループの子どもたちと話をすることとなりました。今の教室は、見るからに殺風景であまりにもありきたりなものです。これこそイエナプランの空間だとはとても言えません。

私たちはサークルになって座り、グループリーダーがこう問いかけます。「今、この教室に全く何も置かれていないと想像してみましょう。そして、私たちが好きなようにアレンジできるとしたら、どうしましょうか？　あなたたちはどんな教室にしたいですか？」

初めに、自分たちがこれは大事だと考えるものを全部書き出していきます。それから、3人ずつの小グループになって話し合い、その後また全員でサークルになります。

最初に挙げられたことの1つは子どもたちからの希望で、グループリーダーが入ることのできないスペースがあるべきだというものでした。子どもたちは、自分たちが1日中ずっと誰かに見張られている必要はないことを説明します。

何が良いことで何が良くないことかは、子どもたちだけでもちゃんと決められます。皆で仲良く使える大きなテーブルも欲しいです。こういうテーブルがあるとインストラクションの時に便利だし、皆で一緒にお茶を飲むこともできます。それに味気ない天井の蛍光灯の代わりに、ステキなランプを上から吊るしたいです。

ある他のグループの子どもたちは、いつもガ

タガタと雑然としているサークルについて話し合いました。この子たちは、丸い床のカーペットを買うべきだと話し合いました。そうすれば、そのカーペットの周りに皆が座り、自然と綺麗な円形になるからです。

また別のグループは実験コーナーを置くことについて話し合いました。その中の1人の少年はもう既にどんなものを置かなければならないか知っています。彼のお父さんは実験室で働いていて、そういう器具類をうまく調達できると言っています。サークルになって話し合うと、さらにもっと多くのアイデアが出てきました。

壁を綺麗なペンキで塗りたい、カーテンも必要だし、照明も変えたい。ロフトや読書コーナーも欲しい。大きな掲示板を置きたいし、誰にもアレルギー反応が出ない動物も飼いたいといった具合です。

山ほどの願いやアイデアが出てきて、グループリーダーは大変なことになったと感じます。でもそれは、グループの子どもたち皆で一緒に責任をもってすることではないでしょうか。そうすると、次には自然にこんな問いかけが出てきます。「それじゃあ皆さんは、どうしたらこれを実現できると思っているの」そうして、すぐに、保護者と子どもたちとが一緒になってファミリー・グループの夕べが開かれ、話し合いが行われることとなりました。

すべての子どもたちが集まり、また、ほとんどの子どもの保護者もやってきました。皆で一緒に計画を練り、どうやって実行するかを取り決めていきます。こんな風にして、自分たちだけのユニークな学校のリビングルーム（教室）ができていくのです。

表3.2：チェックリスト　環境に対するケア

次のスコアをつけてみましょう

■ たまに見られる…1　■ 時々見られる…2　■ しばしば見られる…3
■ 頻繁に見られる…4　■ いつも見られる…5

■ あなた
のスコア

a	子どもたちは、自分たちの学校のリビングルーム（教室）の中のものの配置や装飾などを、グループリーダーと共に自分たちで決める	
b	子どもたちは、自分たちの学校のリビングルーム（教室）を、自分たちで、きれいに片づいた清潔な状態に保っている	
c	子どもたちは、遠足や、ゲストの招待や、その他のイベントを企画している	
d	ファミリー・グループでは、使い捨ての精神をもたないようにしている	
e	子どもたちは、学校の中や周りにいる動植物のケアをしている	
f	子どもたちは、ファミリー・グループの中の様々な事務的な仕事にもアクティブに関わっている	

このチェックリストを使うと、自分がやっている実践の全体像を見直すことができます。自分が担任しているファミリー・グループの様子についてスコアをつけてみましょう。他の人にも意見を聞き、お互いに話し合ってみましょう。特に、自分の意見とその人の意見が異なる点について話し合ってみましょう。

3.3 ファミリー・グループワークと教科学習

　私たち（著者）は、ワールドオリエンテーションという言葉よりも、ファミリー・グループワークという言葉の方が良いと考えています。ペーターセンが「グループ作業（Gruppenarbeit）」と呼んだファミリー・グループワークは、子どもたちがもっと知りたいと考えるテーマについて、ファミリー・グループの子どもたちが全員一緒に取り組む仕事のことを意味しています。子どもたちは、そのテーマについて、さらに、個別に、あるいは小グループに分かれてさらに仕事を進めていきます。子どもたちとグループリーダーは、ファミリー・グループ全体に対して自分が行った仕事の成果を報告し、ファミリー・グループのメンバーと、内容や過程（プロセス）についてリフレクションします。ファミリー・グループワークで発見したことやわかったことは、全校規模で行われる大きな催しの中で発表されます。

　子どもたちは、ファミリー・グループワークの中で、教科学習で学んだことを応用します。また、教科学習も、ファミリー・グループワークにとって必要なことを学ぶために企画されます。

　イエナプランのコア・クオリティにはこのように書かれています。

子どもたちは、世界について知るために、学校が提供する学習内容をワールドオリエンテーションの中で応用する

説明

　イエナプラン・スクールのパワーはファミリー・グループにあります。イエナプラン・スクールは、1人1人の個別の発達を最大限にすることを目指しているのではなく、人は誰でも、他の人との関わりをもつことで人間らしくなるということを認めているのです。共に生き共に学ぶということを学ぶ、それが中心にあるのです。ペーターセンは、生と学び（仕事）の共同体と言いました。私たちは、他の人を通して自分を知ることを学びます。私たちは、自分が自分らしく発達するためには他の人が必要だということを認めているのです。

　それは、グループのメンバーが大きな関心を抱いているものやテーマについて、ファミリー・グループが一緒に仕事をすることを通して形作られていくものです。こうしたテーマはサークルの中での対話や、グループの中のある子の個人的な経験などから生まれてきます。グループリーダーの役割は、グループの子どもたちがもっている関心に好奇心を示し、こうした子どもたちの関心を呼び覚まし、子どもたちをアクティブにさせるような授業方法、すなわち発見学習や実験や探究などを用いて、こうした関心をもとにいっそうの学習や深化に導いていくことです。

　人は年齢を重ねるにつれて、自分の生活圏が次第に大きくなり、より多くの経験を積み、そうした世界の中で自分らしく生きていくために、より多くのツールを必要とするようになります。こうしたツールは教科学習の中で獲得していき

図：3種類のワーク

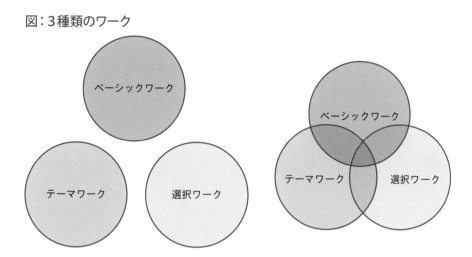

ます。学校では、長期間にわたる様々な教科学習をやります。毎週、毎日行われるような教科学習もありますし、数回以内で終わるような短い期間だけで行われる教科学習もあります。

　長期間にわたる教科学習として有名なのは算数と国語です。短い教科学習には、インタビューの仕方を学ぶとか、デジタル機材を使ってプレゼンテーションをする仕方などがあります。教科学習は、生徒たちがその内容を学ぶことで自分が個人として何ができるようになるかを理解している時に、最もうまくいくものです。教科学習で学んだことを使って何ができるようになるかを明らかにするのは、グループリーダーの役割です。

　ファミリー・グループの中で教科学習を企画するのであれば、ファミリー・グループワークと教科学習とをお互いに関係づけると、よりやりやすくなります。教科学習を、主になんらかのメソッドに追随するようなやり方でやっていると、ファミリー・グループでの学習は当然とてもやりにくいものになります。

　グループリーダーが、学習目標を出発点にす

れば、ファミリー・グループワークと教科学習とをお互いに関係づけやすくなります。算数の教科書に書かれているものを使うより、運動場の広さを計り、学校の校庭の地図を作り、メートルやセンチメートルについて教える方が易しいのです。アムステルダムについて、質問の後の空欄を埋めるような練習問題で教えることももちろんできますが、「1日アムステルダム見学」を企画すれば学びはもっと深くなるでしょう。

　学習目標を何か時事に結びつけることができたら、教育は生きたものとなります。こうしたことを実現させた方法は既に幾つもあります。「もう1つの国語」「ダットプルス」「それも大事」などのメソッド（オランダでよく普及しているメソッド）は、学校がこうしたことを実現できるように作られている教材です。これらのメソッドでは、ファミリー・グループワークと国語や算数の目標を実現することとがうまく統合されています。グループリーダーたちは、こうした方法を利用して自分で教育をデザインできなければなりません。それは誰か他の人が書いたメソッドに従って、ただ受け流していく窓口のような仕

事とは違います。

　もっと明確なイメージをもって仕事ができるように、学校では次の3つの種類の仕事（ワーク）についてよく話し合うとよいでしょう。

■**ベーシックワーク**（中核目標[註2]と学校が独自に設定している目標：子どもたちができる限り到達すべきだと私たち教員が考えている目標）
■**テーマワーク**（ファミリー・グループワーク、小さな時事や大きな時事から始まる学習）
■**選択ワーク**（子どもたち自身が選んだ学習目標）

3種類のワークは、お互いに並列して提供できます。これらの3種類のワークをうまく統合させることができれば、あなたの学校はどんどんイエナプラン・スクールらしくなっていくでしょう。

　この数年間に、こういう3種類のワークをお互いに結びつけた良いメソッドが作られるようになってきています。学校はこうしたメソッドを使って立派に教えていくことができます。でも、メソッドは、あなた自身のファミリー・グループの子どもたちの間で起きる出来事については、決してうまく合わせられないことを覚えておきましょう。時事こそ、何よりも新しく先進的なメソッドです。どうか、今の世界に対する好奇心を呼び覚ますよう努力を続けてください。

●
例

　数人の子どもたちが、地方のラジオ局のレポーターにインタビューされたと言っています。実を言うと、子どもたちの方が、レポーターにもっとたくさん質問をしたのだそうです。子どもたちはラジオ放送がどんな風に作られるのか、好奇心でいっぱいだったのです。他の子どもたちも、どうやら「席にじっと座ってはいられなくなって」きています。これこそ、いい仕事を生み出す絶好のチャンスです！

　サークル対話の中で、ラジオについてたくさん話をしました。そしてもちろん、私たちももしかしたら自分でラジオ放送が作れるのではないかという話になりました。真似事などではなくて、本当のラジオです。私たちは、それを実現するために計画を練りました。どうしたらうまくできるだろう、と。

　色々なアイデアが出てきました。

■ラジオ放送のウェブサイトを見てみよう
■手紙やメールを書いてみよう
■誰か放送局で働いている人を探して話をしてみよう。名前を探して質問を作ろう！
■僕たちがどんなに素晴らしいグループか、まずは録音してみよう。
■もっとテクニックや録音について学んだ方がいい
■インタビューをするのだったら、良い質問の仕方を学ばなければならない

　グループに分かれて皆とてもよく学びました。グループリーダーは『外に出すもの（公開するも

の）』については皆で何度も批判的に見直す必要があることを教えました。もちろん、できる限り良い形で自分たちのことをプレゼンテーションしなければなりません。

すぐに答えが出てきました。ラジオの番組制作者がこのファミリー・グループの子どもたちに会いに来ることになったのです。番組プロデューサーは、子どもたちのプランを聞いて関心をもち、質の高いものを作ることさえできれば、これは良いアイデアだと考えたのです。

私たちは、子ども向けプログラムを毎週土曜日の朝10時から11時までの間、10週間にわたって作れることになりました。興味深く、しかも心に残るものでなければなりません。良い音楽を選び、興味深いインタビューをし、当然私たちの街についてのニュースも伝えます。ラジオ局に勤めている人がコーチをしてくれることになりま

した。この人は毎週水曜の朝と金曜の午後に学校に来て、私たちが作ったものを批判的に見て意見を言ってくれることになったのです。

これがどんなに素晴らしい経験だったか想像がつくでしょう！　絶対に成し遂げるぞという思いが働いて、私たちはこの街や周りの街でも有名になり、学習はなんの障害もなく進んで行きました。この10回の土曜の朝は、決して忘れることのできない思い出になりました。ラジオ番組制作の編集者が、休暇中は放送をやめると言ったら、子どもたちは抗議しました。休暇だって番組は当然続けるというのです！

さて、子どもたちは何かをちゃんと学んだのでしょうか。中核目標に書かれているもののうち、どれを達成したのでしょうか。もちろんほとんどすべてでした！

表3.3：チェックリスト　ファミリー・グループワークと教科学習

次のスコアをつけてみましょう

■ たまに見られる…1　　■ 時々見られる…2　　■ しばしば見られる…3
■ 頻繁に見られる…4　　■ いつも見られる…5

■ あなた
のスコア

a	ファミリー・グループワークと教科学習とはお互いに関係し合っている	
b	子どもたちは、教科学習の目標を理解している。すなわち、子どもたちは、なぜそれを学ばなければいけないのか、そこで学んだことはどのように使えるのかを知っている	
c	子どもたちの経験がファミリー・グループワークの出発点である	
d	子どもたちは、算数や国語で学んだことをワールドオリエンテーションに応用している	
e	子どもたちは、新聞を読み、ニュース放送を見ている。つまり、子どもたちは時事を知っている	
f	子どもたちは自分でやってみること、つまり、アクティブになることを通して学んでいる	

このチェックリストを使うと、自分がやっている実践の全体像を見直すことができます。自分が担任しているファミリー・グループの様子についてスコアをつけてみましょう。他の人にも意見を聞き、お互いに話し合ってみましょう。特に、自分の意見とその人の意見が異なる点について話し合ってみましょう。

3.4 リズミックな週計画

ペーターセンは、2つの様式の学習を分けて考えています。1つは、個人の個別の学習で、もう1つは、社会的学習です。ペーターセンは「共に学ぶ」ということを、4つの基本活動に分けて示しています。共に話す、共に遊ぶ、共に働く、共に催す、の4つです。人が誰かと共に生きる場所ではどこでも、これらの活動が行われています。そして、どれか1つでも欠けると、うまくいかなくなるのです。これは、人が育てられる上でのシチュエーションでもあるのです。ですから、子育てに関わる時には誰でも、これら4つの活動がどれも行われるようにしなければなりませんし、できれば、これらの4つがリズミックに交代しながら行われるのが良いのです。

イエナプランのコア・クオリティにはこのように書かれています。

子どもたちは、リズミカルに組まれた日課に沿って、遊びながら、仕事をしながら、対話をしながら、また共に催しに参加しながら学ぶ

説明

新教育の教育者たちは皆、それぞれ中心的なコンセプトを考えています。シュタイナーの場合はアントロポゾフィー、モンテッソーリでは発達のための教材、パーカスト（ダルトン）の場合は自立性、フレネではグループの子どもたちによる学習内容の決定、そしてペーターセンはペダゴ

ジカルシチュエーション（子ども学的状況）が中心テーマです。

ペダゴジカルシチュエーション（子ども学的状況）とは、ペダゴジカルな（子ども学的な）意味づけに基づいて学習を企画するグループリーダーを、子どもたちがたくさんの問いを抱えて生き生きと取り囲んでおり、そのグループの中の1人1人の成員は全人的存在としてアクティブに関わるように刺激され、導かれている、という状況を言います。

つまり、グループリーダーには、単にインストラクションを準備して与える、授業をするという以上に、すべての子どもたちをアクティブにさせるという役割がずっと重く期待されています。もしグループリーダーが、子どもたちを、彼らの内側から起きる動機づけによって働かせることに成功しているならば、リーダーとしての役割を最もよく達成できていると言えます。そのためには、グループリーダーは明確な意図をもって仕事を進めることが大切です。ファミリー・グループのリーダーたちは、主にこう問い続けています。「子どもたちがアクティブになるようにするには自分には何ができるか」と。そのためには、自分が受けもっているグループの子どもたちのことをよく知ることが大切です。どんな方法を使えば自分のグループの子どもたちをうまく動機づけられ、子どもたちはどんなことに関心をもっており、グループの中にはどんな趣味をもっている子がいるかなどを知っていれば、うまくいきます。イエナプラン・スクールでは、アクティブに学んでいる子どもたちの姿を見たいのです。それは、様々な方法で学びが行われて

いる場であるはずです！

　ペダゴジカルシチュエーションとはファミリー・グループワークを実施している状況のことです。ペダゴジカルシチュエーションは、教科学習よりも、そちらによりぴったり合っています。算数の教科書に書かれた計算問題を解くのは、それ自体とても大切なことではありますが、それは、ペダゴジカルシチュエーションが意味している「仕事（学習）」とは関係ありません。

　仕事（学習）では、グループリーダーはグループの子どもたちの様子をよく観察し、大事なサインを見落とさないようにしなければなりません。もしも子どもたちの注意力が落ちてきたなと思ったら、何か別のアクティビティを用意する必要があります。つまり、転換が必要なのです。そういう時には、一旦、協働学習をやめて、たとえば、協働の遊びをやってみます。つまり、1つのアクティビティから別のアクティビティに移る瞬間は、時計が決めるのではなく、子どもたちの集中度の変化によって決まるのです。1日の日課はこうして決まります。ここでは、そのグループの子どもたちのリズムによって、色々なアクティビティの長さが決まります。それをリズミックな日課と呼びます。

　エルゼ・ペーターセン[註3]は子どもたちの基本的ニーズについての研究をしています。エルゼは子どもの発達にとって重要な4つのニーズを示しています。すなわち、

■ 子どもは体を動かすというニーズをもっている
■ 子どもは筋道の通った指導を受けるという

ニーズをもっている
■ 子どもは自分1人で学ぶニーズをもっている
■ 子どもは他者と共に学ぶニーズをもっている

　これらのニーズを頭に入れておくと、あなたが受けもっているグループでの教育もうまくいくでしょう。午前中ずっとノートをとったり練習問題に取り組んだりするのは、人間にとって良いこととは言えません。ですから、どんなアクティビティをリズミックに時間ごとに配分するかということだけではなく、どんな形式で学ぶかもリズミックに配分するようにしましょう。こうすることで、協働の形式も、子どもたちをなんらかの枠組みの中で（論理的に筋の通った指導のもとで）動かす、一緒に働かせる、そして終わりには、個々人で学んだことを振り返るなどを、意義のあるものにして設定できるようになります。

　学校生活は「書く」という作業だけで成り立っていてはなりません。私たちの脳の中では、生後12年ほどの間に80％のコネクションが使われずに失われていることを自覚しておかなければなりません。つまり、使えば生かすことのできた力を、私たちは使わないまま消滅させているということなのです。

　学びとは複雑なプロセスです。もしかすると、言語をたくさん学んでも、言語が得意になるとは限らないかもしれないのです。音楽をすることや、色々な運動をすることも、言語力を高めることに繋がります。脳科学研究の結果、子どもは、全人的にアクティブであればあるほど、より多くのことを学べることがわかってきています。それは、ペーターセンが、およそ100年も前に既

に考えていたことでもあるのです。ハワード・ガードナーはマルチプルインテリジェンス（註4）の理論を示しましたが、他の研究者たちも、多面的なアクティビティの重要性を示してきています。

　そのためには、保護者も子どもたちと共にスポーツをしたり、自然の中で過ごしたり、博物館を訪れたり、音楽を奏でたり、哲学をしたり、絵を描いたり、庭仕事をしたり、演劇を観に行くなど、色々なことに取り組むように挑みかけられ、刺激されなければならないでしょう。学校は、その点で専門的な教育者として手綱を取って方向を示し、子どもの全人的な発達がどれほど重要なものであるかを常に明確に示し続けなければならないのです。こういったことは、地方や国の政治でも、今後ますます重視されていくべきことです。

● 例

　幼児グループの子どもたちが外の砂場で遊んでいます。1人の子どもが、砂場で石ころを見つけたと言ってきました。「ほんとだ、いったいどうして砂場に石ころが入っていたのかなあ？　もしかするとここには昔お城があったのかもしれないね」こういうアイデアや問いを与えると、大きくなろうとしている幼児たちは、砂場をとても大きな学びの場に変えていきます。そしてもちろん、ありとあらゆる「貴重」な素材が発見されていきます。お城の壁の石、いやいや、塔の石だったかもしれない、それとも昔の人がビールを注いでいた入れ物かな、などなど。しかも、砂の下のほうが濡れていたりすれば、お城の下に堀があったのかもしれない…という風に。

学校に置いてあるお城の本をちょっと見てみる理由ができます。何人かの子どもたちは、もうお城の絵を描きたいと言っています。なぜなら、子どもたちは、もうお城がどんな形だったかわかると考えているのです。それに、リックのお父さんは昔のこと、歴史についてとてもたくさんのことを知っています。きっと、昔のこと、騎士のことやお城のことについて学校に来て話してくれるでしょう。もちろん、博物館に行って昔の物を見に行くことにもなるでしょう。「掘り起こされたもの」ってすごいのです。

　もう、物事が自然に進んでいきます。騎士ゲームを考えて一緒に遊びました。人形劇コーナーはいつの間にやらお城の部屋に変身しています。槍や大砲や鎖帷子（くさりかたびら）を工作で作り、もちろん作ったものはすべて、週末の発表会で皆に見せました。それに騎士ゲームも、自分たちで作った歌と一緒にやって見せました。サークルを作って座るたびに、騎士のことやお城のことが話題となり、また新しいプランが湧いてきます。こんなこともやれるよね…と。

　最後に、私たちは、素晴らしい展示会をすることとなりました。幼児グループの子どもたちが、中学年や高学年の生徒たちを連れて、自分たちのお城を見せて回ったのです。そして、お父さんやお母さんが学校に来るたびに、お城を展示しているところに連れて行きました。どれほどよく勉強し、どれほど皆で熱心に遊び、どれほど素晴らしい発表会をしたことでしょう。そして、最後には、皆の学習の有終の美を飾るように、ホンモノの展示会までやり遂げたのでした。

表3.4: チェックリスト　リズミックな週計画

次のスコアをつけてみましょう

■たまに見られる…1　■時々見られる…2　■しばしば見られる…3　　　　　　　　■あなた
■頻繁に見られる…4　■いつも見られる…5　　　　　　　　　　　　　　　　　　のスコア

a	アクティビティの長さは、時間で区切るというより、子どもたちの集中の度合いで決めている	
b	子どもたちは、共に話す・共に遊ぶ・共に学ぶ・共に催すの4つの活動の良い交換の中で学んでいる	
c	子どもたちは、ブロックアワーの中でも遊んだり催したりする	
d	子どもたちは、自分たちが学んだことを共に祝う（催しにする）	
e	子どもたちは、人として全人格を認められ、難しそうなことにも積極的に取り組むように働きかけられている	
f	子どもは1人1人、グループリーダーとの話し合いの上で、独自の計画を作っている	

このチェックリストを使うと、自分がやっている実践の全体像を見直すことができます。自分が担任しているファミリー・グループの様子についてスコアをつけてみましょう。他の人にも意見を聞き、お互いに話し合ってみましょう。特に、自分の意見とその人の意見が異なる点について話し合ってみましょう。

3.5 自分自身の関心や問いから主体的に取り組む

人は、何かに関心を抱いている時、自然に学習していきます。何か知りたい、何かについて学びたいと思えば、他の誰からも動機づけられる必要はありません。このことは誰でも知っているし、自分自身についても言えることです。

だから、子どもたちが、学ばなければならないことに、もっと関心をもてるようになると良いのです。ところが実際には必ずしもそうなってはいません。私たちは、大人として、なぜそうなのかについて深く考えてみる必要があるようです。つまり、教育を、子どもたちの関心と問いに結びつけるということです。イエナプランのコア・クオリティの最後は、これに関することです。

イエナプランのコア・クオリティにはこのように書かれています。

子どもたちは自らの関心や自らの問いに基づいて自分から主体的に取り組むことを学ぶ

説明

子どもたちの関心に合わせるのは良いことです。中核目標の「まえがき」にもそのように書かれています。子どもたちの経験世界に合わせることによって、私たちは教育を生きたものにすることができます。グループリーダーが、子どもたちの生きた世界に合わせる時、動機づけはもはや難しいものでは無くなります。

子どもたちはたくさんの問いをもっています。低学年グループの子どもたちは特にそうです。こうした問いを引き出すことによって、いかにも学校らしい学校ではなく、生と学びの共同体が実現されるのです。教員が月曜日の朝から金曜日の午後まで、いつもずっと子どもたちがしなければならないことを指示していたのでは、いずれ動機づけについて大きな問題が生じます。子どもたちは、外からの動機づけ、つまり、何か報酬のあることに対する仕事だけをするようになるからです。イエナプラン・スクールでは、私たちは子どもたちが言っていることに本心から耳を傾け、彼らの生きた世界について知ろうとし、その世界を自分がすること、子どもたちにやらせることを決める際の出発点として用います。

このことは、イエナプランでは、目標意識をもって物事を考えることが不可避であることを意味しています。子どもたちが学ばなければならないことが何なのかを頭においておけば、あなたは、こうした目標を容易にグループの子どもたちの遊びのテーマにすることができます。このように、グループリーダーは柔軟なのです。これは、指導書やメソッドに従っているのとはまるで違います。指導書やメソッドに従って教えようとすると、そのメソッドが作っているプランや枠組みに手も足も縛られて、にっちもさっちもいかなくなってしまうのです。

イエナプランでは、子どもたちは、自分自身の問いや自分自身の関心から仕事を進めるように刺激されます。あなたの問いを基にしてやってみてごらんなさい、と。答えが何か見つけてごらん、そして、すぐにまた新しい問いを発見する

んだ、と。グループリーダはこの姿勢を刺激する
のです。これは、グループリーダー自身が好奇心
をもっている時に最もうまくいきます。子どもの
問いをありきたりの答えを使ってすぐに埋めて
しまわないようにしていれば、好奇心はどんど
ん膨らんでいきます。このようにすると、子ども
たちは、自分たちだけで、学びの冒険に主体的
に取り組んでいくようになるのです。

　とはいえ、子どもたちには、グループリーダー
の助けが当然必要です。子どもたちは、学びの
冒険を前へと進めていくことを学ばなければな
りません。そのためには、ただ単に何かに夢中
になるだけではなく、プランを立てることも大
変役に立ちます。これから何をするつもり？
どんな結果を目指しているの？　他の子どもた
ちと一緒に、または、グループリーダーと共に、
戦略を練りプランを立てることが必要です。そ
してもちろん役割分担も必要です。誰が何をす
るのか？　このようにして、するべき仕事のプラ
ンができます。もちろんこのワークプランは、目
的ではなくツールです。プランは必要に応じて
修正されて構いません。ワークプランは良いリ
フレクションのためにも必要です。皆で約束し
た通りに物事が進んだだろうか、プロジェクト
は成功したと言えるだろうか、目標は達成でき
ただろうか、と。

　子どもたちの問いや関心から学ぶというやり
方は、イエナプラン・スクールでは、ファミリー・
グループワーク（ワールドオリエンテーション）
の中に容易に見出せます。こうして、「学校ごっ
こ」をするのではなく、本当の生きたものに関係
づけられた「生きた」教育を実現することがで

きるのです。

例

　低学年グループでは、ヨリスが外遊びのあと、
毛虫を持って教室に戻ってきました。エルセ
リーン先生はヨリスと一緒に彼の掌の上の毛虫
を観察しています。「僕、この毛虫、病気だと思
うな」とヨリスが言います。「身体中がすっかり
緑色だもの」「それにほとんど身動きしない
し」。エルセリーン先生は小さなガラス瓶を持っ
てきて一緒にその中に毛虫を入れました。「僕、
毛虫のことをウィムと呼ぶよ」とヨリスが言いま
した。

　そのグループの子どもたちは、ちょうど歯医
者さんについてのプロジェクト学習の真っ最中
でした。教室のままごとコーナーは歯科医院に
様変わりしており、歯医者さんが使う色々な道
具を並べた観察テーブルも置かれています。子
どもたちは、このテーマで色々な課題に取り組
んでおり、エルセリーン先生も、既に自分の歯医
者さんに来てもらう約束をしていました。

　「さあ皆さん、ちょっとサークルになってみて
ごらんなさい」とエルセリーン先生が子どもた
ちに言います。「ヨリスが皆さんに見せたいもの
があるのよ」そうして、ヨリスが病気のウィムを
皆に見せると、どの子どももとても興味をもっ
て耳を傾けていました。「ウィムのために家を
作ってあげないといけないわ」とイルセが言い
ます。「違うよ、病院を作ろうよ」とケースが言い
ます。

子どもたちは、すっかり病気の毛虫ウィムに取り憑かれてしまっています。ヨリスは、もっとたくさん、まだ動いている毛虫を見たとも言いました。何人かの子どもたちが急いでブナの生垣の後ろに行き、さらに4匹の毛虫を持ってきました。毛虫たちが座っていた葉っぱも取ってきました。グループの子どもたちは、ウィムがまた元気になるためには何を食べなければいけないんだろうと話し合いました。そして、子どもたちは、ウィムが葉っぱの上に座っているのは理由があるからだと考えました。ウィムはその葉っぱを食べていることがわかりました。

こうして子どもたちは、ウィムのための食べ物を持ってくるだけではなく、友だちも連れてきました。それからもちろん住む場所も必要です。それに水も。こうして役割が分担され、次の日の朝には、ウィムと彼の友だちのためにすっかりちゃんとしつらえられたプラスチックの箱が出来上がりました。

翌日の朝、さらに話が続きます。「もしかしたらウィムはこの葉っぱのために病気になったのではないのかな」「この他の4匹の方はウィムの兄弟なのかな」「この毛虫たちは男の子？」「ウィムは本当に病気なの」「ところでウィムのお母さんはどこにいるんだろう」

「もしかしたらウィムは歯が痛いのかもしれないわね」とエルセリーン先生が言います。「ウィムにも歯があるの？」と皆が驚いて聞き返します。子どもたちは、毛虫のいるプラスチックの箱に鼻を擦りつけて観察し始めました。グループの子どもたちは、皆ウィムに歯があるのかどうか確かめ始めました。どこに歯があるん

だろう、何本くらいあるの、毛虫は自分の歯をどうやってきれいにしておくのだろう、毛虫にも歯医者さんがいるのかな…。

その週の週末、発表会で、子どもたちはエルセリーン先生と一緒に、ウィムについての彼らの学びの冒険のことを発表しました。彼らは、学校の他の子どもたちに対して、毛虫の歯がどんな風についているのかを見せ、グループの子どもたちは、ウィムについてのお話をしました。もちろん、自分たちで作った歌を歌い、自分たちで作った詩も読みました。

こんな風にして、歯医者プロジェクトは思いもかけない展開となっていったのです。歯医者さん自身も、この教室を訪れた時に、毛虫の歯についてたくさんのことを学ぶことになったのでした。

表3.5：チェックリスト　自分自身の関心や問いから主体的に取り組む

次のスコアをつけてみましょう

■たまに見られる…1　■時々見られる…2　■しばしば見られる…3　　　■あなた
■頻繁に見られる…4　■いつも見られる…5　　　　　　　　　　　　　のスコア

a	子どもたちは、グループリーダーが子どもたちの意見に好奇心を示しているのに気づいている
b	子どもたちの経験世界と、（グループリーダーである）私の経験世界に関心が向けられている
c	子どもたちは、誰か他の人に対して発表することを学んでいる
d	子どもたちは、何かに自分から主体的に取り組むように働きかけられている
e	子どもたちは、関心の近い者同士のグループを作って仕事をしている
f	どの子どもも、自分で決めたテーマの研究に取り組むことができる

このチェックリストを使うと、自分がやっている実践の全体像を見直すことができます。自分が担任しているファミリー・グループの様子についてスコアをつけてみましょう。他の人にも意見を聞き、お互いに話し合ってみましょう。特に、自分の意見とその人の意見が異なる点について話し合ってみましょう。

訳者註

1　オランダの小学校は4歳から11歳（学年の終わりには12歳）までの8年制で、各グループをグループ1〜グループ8と呼ぶ。したがって、ここでの高学年グループを日本式に表すと、小学4、5、6年生の3グループ、中学年グループは1、2、3年生の3グループ、また、低学年グループは、4歳児（3歳10ヶ月から試験的に入学できる子を含む）、5歳児の2グループとなる。

2　「中核目標（Kern Doelen）」とは、オランダで、国が設定している、初等教育8年間終了後に子どもたちが到達することが望ましいと考えられている目標のことで、5年ごとに更新されている。一般に、学習指導要領とは異なり、知識の束というよりも、子どもたちが到達するのが望ましいスキルの束と言ってよい。（第1章（註4）にも説明あり）

3　エルゼ・ペーターセンはペーター・ペーターセンの（2番目の）妻で、夫に協力しイエナプランの発展に寄与した。

4　1983年にハーバード大学の教育学者ハワード・ガードナーがFrames of Mind The Theory of Multiple Intelligencesという本で提唱した理論で、人間の才能を8つの領域の異なるインテリジェンス（のちに9つ目の領域の可能性にも言及）に分けて理解し、伸ばそうとするもの。

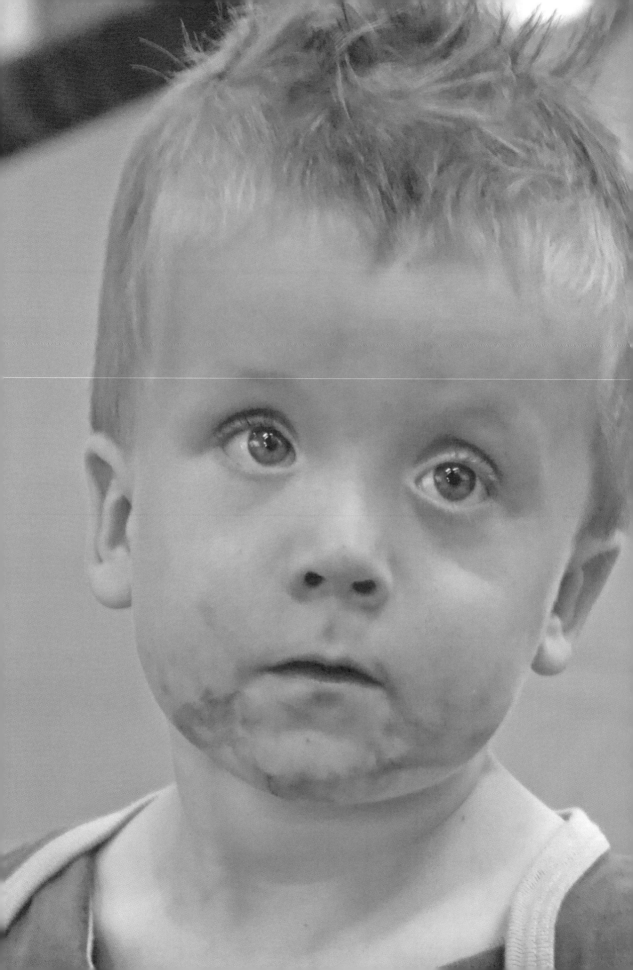

第 **3** 章

イエナプランと
共に歩む

よりイエナプランらしくなるための3つのステップ：
グッド・ベター・ベスト

あなたのファミリー・グループや学校で
イエナプランをもっと発展させるために

※本文中の（註）は、それぞれの章末に記載

　第3章は、自分のファミリー・グループをさらにもっとイエナプランらしくしたいと思っているグループリーダーへのアドバイスです。それを、グッド・ベター・ベストという3つのステップで示していきます。

グッドでは、すでにイエナプランの何らかの要素を実践しているファミリー・グループについて記述します。

ベターでは、グッドに比べると明らかに何らかのステップが踏まれて、より優れたものとなった状況を描きます。

ベストでは、ファミリー・グループにおける1つの理想的な状況についてのイメージを提示します。

　こうしたイメージを、具体的に可能な例をあげながら示していきます。もちろん、学校にはやりたくてもできない様々な理由があるでしょう。私たち（著者）は、そんな中でも、理想的なイエナプラン・スクールについて活発な議論が生まれることを願っています。そうすれば、イエナプランのコンセプトに基づいて、論拠をあげて話し合った上で、様々な決定が下せるようになるからです。このグッド・ベター・ベストについての記述は、以下、19のテーマに沿って展開されます。選ばれたテーマはどれも、イエナプランを実践しよっとする際に、話題になるものばかりです。あげられているテーマの順序には特に意味はありません。つまり、テーマ1がテーマ19よりも重要だというわけではありません。また最後の「家庭でできるヒント」では、保護者の役割についても取り上げています。

　グッドからベストに行くほど、**イエナプランらしく**なっていきます。第3章では、読者はテーマごとに、自分がさらに一層イエナプランらしい実践ができるようになっていくための方法を学ぶこととなるでしょう。もちろん、学校をもっと良いものにしていくためのチーム作りにも、第3章に書かれた内容が役立つことと思います。

1. ペダゴジカルな（子ども学に基づく）学校

子どもたちがより良く学べるようにするために、学校が満たさなければならない条件はたくさんあります。安全性、安心して学べる雰囲気、受け入れられているという確証、他者との良い関係、などのすべては「ペダゴジカルな雰囲気」という言葉に集約できます。

ペーターセンは、自分が作った学校で、「養育（子育て）」という言葉を強調しています。イエナプラン・スクールは養育（子育て）学校なのです。

ペーターセンは『小さなイエナプラン』の中で「人間の学校」ということを言っています。そこで強調されているのは、「教える」ことではなく「養育すること（子どもを育てること）」なのです。

学校にいる大人たちは、自分たちが、子どもたちを養育するという仕事をしていることを、常に自覚していなければなりません。教員としてあなたがすることのすべてにおいて、あなたは模範であり、子どもを人として育てているのです。言い換えれば、あなたは、人間の育ちに関わらないわけにはいかないのです。

人間は、止むことなく学びます。そしてそのことを私たちは常に意識していなければならないし、こういう意識をもっていれば、イエナプラン・スクールにおいて、私たちがやるべきことと、

やってはいけないことの区別ができるようになります。

イエナプラン・スクールは、そこに誰かが入ってきた時に、すぐにイエナプランと分かる雰囲気を醸し出していなければなりません。ここにいるのが気持ちが良く、誰もが受け入れられていると感じられるような雰囲気が、その場を支配していなければなりません。ここでは、人々がお互いのことをよく知り合い、お互いについて関心をもち合い、同時に皆1人1人ありのままの姿でいられるということに、入ってきた人が、すぐに気づくものでなければならないのです。イエナプラン・スクールでは、人と人との関係を良くすることに力が入れられます。誰もが模範的な行動をすることよりも、1人1人に対して、その人が必要としているものが与えられることに力を入れます。すべての子どもが同じことだけをすればよいというのではありません。子どもたちは、皆、それぞれ異なる発達ニーズをもっているという考えを基にし、私たちは、1人1人の子どもが、いったいどんな子どもなのかに関心を向けるのです。

お互いについてよく知り合うとか、人間関係

を築くのには、時間がかかります。この時間を私たちは尊重します。なぜなら、良い関係こそが、子どもの最大の発達の土台であることを私たちは知っているからです。ある子どものことをよく知れば知るほど、その子の発達をうまく支援できるようになります。それはコミットメントや繋がり感情をもたらします。だから教育は、常に1人1人の子どもへの関心から始まるのです。この子どもはどんな人間なのだろう？　この子どもはどんな発達経過をたどるのだろう？　子どもたちに対するこうした関心は、単に学校にいる大人たちからだけ生じるのではなく、子どもたちの間からも当然生じます。ファミリー・グループの中で、子どもたちは家にいるようにくつろいだ気持ちになれなければなりません。そこではどの子も、喜びや悲しみをお互いに分かち合います。そこは周りの人が、あなたを知り理解する場です。私たちは人間が社会的存在であり、お互いを必要とするものであることを知っています。人は自分自身についてよく知るために、どうしても他の人を必要とするものなのです。私たちはそれを意識し、教育を提供する様式の中にうまく織り込んでいくのです。

　私たちは、グループがもっている力を使います。何かについて共に知り、何かを共に求め、そして共に何かの行動を起こします。私たちは、お互いに、常に自分たちが関心をもっていることが何なのかを具体的に言葉にして表し、それをお互いに見せたり、やって見せたりし、また、それについてお互いに話し合うのです。これは、学校にいるすべての人に当てはまることで、グループリーダーたちも、子どもたちも、そして保護者たちもそうします。すべての人がパートナーとして関わるのです。すべての人はお互いを必要と

しています。

グッド

　ファミリー・グループの中では、誰もがお互いの名前を知っており、お互いをファーストネームで呼び合います。それを、特に学年の始めに集中的に行います。毎日、子どもたちが教室に入ってくると、個人として挨拶をして迎えられます。ちょっと握手をしたり、何かその子だけの個人的なことに注意を向け、短い言葉をかけたりします。それは、単にグループリーダーが仕事だからするというのではなく、子どもたちも同じようにします。私たちは皆、他者から「見られている」ことを望んでいます。このようにして私たちは、学校生活がスムーズに始まるようにするのです。

　私たちはお互いのことをよく知っているので、自分たちがお互いに対して抱いている気持ちもよく知っています。私たちはお互いに信頼し合っています。グループリーダーも子どもたちを深く信頼しているということを、子どもたちが常に気づけるように気をつけています。子どもたちは多くのことを自分ですることが認められており、何かを自分の力で試してみたり、常に、何か計画を練って実行に移してみたりする機会ももっています。

　グループリーダーは、特にブロックアワーやワールドオリエンテーションで、子どもたちの主体性を刺激します。もちろんそこでは、すべてのことについて学ばなければならないし、すべてのことが行われなければなりませんが、子どもたちが自分たちで自主的にやって良いこともたくさんあります。つまり、子どもたちは、教員から

もらった課題をするというだけではなく、自分で選んだ課題をいつでもすることができるのです。中には、課題を早く進めることができない子どももいるでしょうが、そうした子どもにも、自分で選んだ課題をすることは常に認められています。

ですから、イエナプラン・スクールでは、どの子に対しても同じように与えられるクラスでの課題のようなものは使いません。しかし、皆で一緒に計画を立てます。もちろん、この計画がいつも必ずうまくいくとは限らないということも知っています。計画を事前によく検討したり、あとでよく見直したりすることを通して、私たちは、子どもたち1人1人が自分の計画を成功裏に終えられるように努力します。こうすれば、次の週はもっとうまくやるぞ、というエネルギーに繋がります。幸いなことに、ファミリー・グループには、誰か他の人を助けることのできるたくさんのエキスパートたちがいます。

ベター

グループリーダーは、もっと自分の仕事をうまくやるために、子どもたちを、自分のしていることを映し出す鏡として使うことができます。定期的に自分のクラスの子どもたちと、自分のグループリーダーとしての仕事について話し合ってみるのです。グループリーダーは、次はどれくらいうまくやれるだろうか、と興味をもって子どもたちの言葉に耳を傾けます。子どもたちは、グループリーダーとしての教育的な良い行動とはどういうものであるかを、とてもうまく伝えられるものです。そして、あなたはグループリーダーとして、自分がなぜある行動をとった

のかについて、子どもたちにきちんと論拠をもって説明しなければならなくなります。

グループリーダーは、同僚とも自分がクラスの中でうまく仕事ができているかを定期的に話し合います。つまり、あなたは「自分はグループの子どもたちのために、そして、学校のためにいる」をモットーに仕事をしているということなのです。ファミリー・グループでは、子どもたち自身が自分たちで解決法を見つけることを、私たちは重視しています。そのためには、お互いに対して時間も与え合います。私たちはもちろん、子どもたちの解決法に興味をもっていますし、子どもたちの力を信じています。

どの子もお互いに対して、また、それぞれが物事をどんな風に学んでいるのかということに対して、好奇心をもっていることが分かります。クラスの中で私たちは子どもたちに、何かを学ぶ時にそれをどんな風に学ぶかを自分で考えるチャンスを与えます。私たちが特に気をつけているのは、子どもたちが「何を学ばなければならないか」という目標です。「どうするか」ということは、子どもたちに任せるのです。色々な学び方についてお互いに話し合うことによって、だんだんと新しいやり方を考え出すようになりますし、学びが本当にワクワクするような冒険になっていくのです。

ブロックアワーで子どもたちは、グループリーダーが出した課題に取り組みますが、それだけではなく、どの子どもも自分で選んだ仕事をするための時間をたくさんもっています。午前も午後も、皆でサークルになって座り、お互いに耳を傾け合うことが習慣になっています。時にはサークル対話は短い時間で済ませることができますが、また別の時には、たとえば、クラスの

中で私たちがしていることについて少し時間を
かけて話し合いを続けなければならないこと
もあります。

通知表を作る場合、子どもたちも、その一部
を自分で担当します。私たちは、それにどんなこ
とを書くかについて一緒に話し合い、自分が達
成した仕事の成果を集め、自分たちの発達がど
の程度進んだかを見せるのです。このようにし
てポートフォリオには、自分たちの発達の様子
を見せるものとして、成し遂げた仕事の成果や
写真をとじ込んでいきます。それぞれの作品に
対して、まず教員自身がコメントを書き、それか
ら、子ども自身がその作品をポートフォリオに
収めようと思った理由を書きます。保護者と教
員とが行う懇談の際には、もちろん、子どもた
ちも出席します。懇談は突き詰めれば、子ども自
身に関する話し合いだからです。

ベスト

私たちのファミリー・グループでは、1週間の
授業のまず始めに、プランニング・サークルを開
きます。その週の仕事の計画を立てるための十
分な時間が設けられます。グループリーダーは、
子どもたちが今週何を学ばなければならない
かを明確に示します。グループリーダーは、子ど
もたちがたくさんのことを学ぶよう期待してい
ますが、子どもたちもそれにはすっかり慣れて
います。学校では、皆しっかり仕事をするのが当
然だからです。もちろん、グループリーダーが出
す課題の中には、つまらないものも含まれてい
るかもしれませんが、仕事はきちんとやり終え
なければなりません。

幸いなことに、他にも色々なことをする時間
を計画できます。ありとあらゆることが、そのク
ラスの中で、また、もっと大きな世界の中で、子
どもたちと共に行われます。サークル対話の中
で私たちは色々なことについてとてもたくさん
話し合いますから、テーマも、常に私たちがもっ
と知りたいと思っていることの中から探します。
また、何でもかんでもすぐにインターネットで探
すようなことはしない、というやり方も習慣に
なっています。インターネット上の知識が必ずし
もいつも正しいわけではないということや、そ
こで見つかる情報が、常に簡単に理解できるも
のばかりではないということも知っています。私
たちは、自分たちの問いへの答えを得るために
はどうすればいいか、とか、誰に聞けばわかる
だろうか、といったことを話し合っています。私
たちは、誰かに私たちのクラスに来てもらった
り、誰かに手紙を書いたり、また、誰かに電話を
かけたりするのが大好きです。私たちの学校で
は、子どもたちがそういうことを自分で企画し
たり、自分で準備したりするのは、当然なことだ
と思っています。

幸いなことに、私たちの学校では、ファミ
リー・グループは3学年にわたる子どもたちから
成る異年齢学級です。どんな問題が起きても、
誰か必ずクラスに助けてくれる人を見つけるこ
とができます。特に、年少の子どもたちは、何か
について詳しい人が誰なのかをまだよく知りま
せんが、それも、少しすればすぐに見つけられる
ようになります。このようにして、どのテーマの
時に誰がインストラクションを与えるかについ
て約束ができていきます。これを皆で自分の週
間計画の中に前もって書き込んでおきます。こ
んな感じで、仕事の計画を作り、また、他の色々

なことについて話し合います。たとえば、ある週に、何か特別のことをしなければならなかったら、そのために皆で別のルールを決めるのです。また、ファミリー・グループの中では、どの子も同じ価値のある存在として待遇されていることを、皆、知っています。ルールは誰に対しても同じように適用されます。つまり、教員にも、また学校に手伝いに来ている保護者たちにも適用されるということです。それから、お互いに褒め言葉を言い合うことも習慣になっています。特に、今まではうまくできなかったことがうまくできた時に、褒め合います。

　子どもたちから生まれる様々なアイデアは、サークルの中で話し合われます。それが良いアイデアかどうかについて、グループの子どもたちが皆で一緒に決めるのです。教員は黙っているというわけではなく、いつも最後に言葉を添えます。アイデアの中には、時にはしてはならないこともあるでしょう。グループリーダーはそういう場合、なぜそれはしてはいけないことなのかを、常に子どもたちに説明します。

2. グループ作りの形式

ペーター・ペーターセンは第1次世界大戦後に自分の教育コンセプトを発展させています。ペーターセンは、この戦争で、カールとエミールとローレンツという3人の弟を亡くしています。それは、若い男性たち、まだ未成年の少年らが、戦争の前線に送られた醜い時代でした。最終的に、およそ2千万人に及ぶ犠牲者を生んだ戦争だったのです。

終戦後、このような醜い戦争を二度と起こさないための運動も起きています。ペーターセンにとっては、このことを考えるにあたって、教育との関係が大きな意味をもっていたに違いありません。ペーターセンは、「共に（SAMEN）」という言葉を特に大文字で強調するような、新しい教育理念を発展させました。ペーターセンは、〈人間の学校〉を求めていたのです。若い人たちが他の人と共にうまく生きていく方法を学ぶための学校です。より良い共同社会を目指して練習する場としての学校です。私たちが、共に話し、共に遊び、共に働き、共に催す時、そこには、共に生き、育てられる場が生まれます。この4つの社会的な基本的活動は、どんな文化においても必ず見いだせます。もしもこれらの活動のどれか1つでも社会から失われると、何かがい

びつになってしまいます。

イエナプラン・スクールは、〈生と学び（仕事）の共同体〉でもなければなりません。

学校では、たくさんの形でグループを作ります。子どもたちは、テーブルグループで、また時にはペアになって、さらに3人や4人のグループでたくさんのことを学びます。子どもたちは、異なる年齢の子どもたちが一緒にいるファミリー・グループに分けられます。イエナプラン・スクールには、色々な学年グループがあります。多くの場合、低学年（幼児）グループと中学年グループと高学年グループです。色々な理由のために、（これらのいずれとも言えない）「中間的な」学年グループもよく作られます。

子どもたちは、主として、自分が属しているファミリー・グループで学んでいます。3学年制のファミリー・グループでは、子どもたちは始めに年少、それから年中、そして年長となります。そして、そのあとは、また上の学年グループに年少の子として入っていきます。子どもたちにとって、こうした異なる立場を経験することは重要なことです。子どもたちは、誰かに助けを求めることがどういうことかを知っていますし、また、

誰かを助けてあげることも知っています。つまり、いつもいちばん大きな子、いちばん出来る子、いちばん速い子ということはあり得ないのです。こうして相手の立場に立つ力を身につけるのです。

　毎年グループの中の3分の1の子どもたちだけが入れ替わる（年長の子が出ていき、新しく年少の子が入る）と、そのグループの文化は維持されることとなり、そこに残っている子どもたちが、新しいグループ作りにおいて重要な役割を果たします。

　私たちはファミリー・グループの中で、子どもたちに、お互いに学んだり、お互いから学び合ったりする機会をたくさん提供します。グループリーダーは、自分がたくさんの言葉を使って教える教員というよりも、学習のプロセスに対するディレクターの役割をもつようになります。私たちは、（オランダにおける新教育の指導者だった）ヤン・リヒトハルトの精神に根ざし、校長は何もせず、教員たちはわずかに、そして子どもたちが何もかもをするような学校となるように試みます。

　イエナプラン・スクールは異なるグループ間の関係にも留意します。つまり、中学年グループと高学年グループの子どもたちは他のグループの子どもたちを学習で助け、自分の経験や専門を生かして、学校にいる他の子どもたちの力になることができるのです。そして毎週、たとえば週の始めや終わりに行われる共同の催しの中で、それを経験します。

　子どもたちは、毎日の生活において、ファミリー・グループで1日中ひとつの席に縛られるこ

とはありません。誰でも、自分が何かをするのに最もやりやすい場を選べます。こうしたことは普通、幼児グループではどの学校でもよく実践していることですが、中学年グループや高学年グループになると残念なことに、あまり見られなくなるものです。

　ファミリー・グループの中で行われる様々な状況の場面を見てみると、そこには大きな違いがあることがわかります。「5.共に働く（学ぶ）」[**図：ファミリーグループの中の状況場面の一例1,2,3,4**]（P152～153）を参照しましょう。

　　グッド

　ある集団の子どもたちを、本当のグループにするためには、色々な協働活動形式を取り入れるとうまくいきます。協働は、まず、お互いについて学び合うこと、つまり、まずは名前を覚え、それからお互いをよく知り合うことから始まります。それは、知り合いになるための色々な遊びを通して行うことができます。それができたら次には、子ども同士の間に信頼を築いていかなければなりません。グループの結束は、新学年が始まって、最初の何週間かの間に決まります。ですから、この時期には、特にグループ作りに力を入れるのです。

　協働を効果的なものにするには、ルールや約束事も必要です。ルールや約束は協働を成功に導く為のツールです。これらのルールは、当然ですが、常にポジティブな言葉で表現します。つまり、どんなことはしてはいけないかというのではなく、自分たちが是非こういうことをしたいと考えることをルールにしていきます。

ペーター・ペーターセンは、自分の学校で、一種の憲法、すなわち、グループの法規を作っていますが、そこで「私たちは、ここで皆が一緒にしたいと思っていることだけをする」という言い方をしています。

1日の日課は、いつもサークルから始まります。サークルを作る時には、自由な席でも決まった席でも構いません。また、時々場所を変えてみるのもいいでしょう。たとえば、学校への道のりの近い順とか、誕生日、治した虫歯の数などを使って席順を決めます。

グループリーダーは、サークルではリーダーシップをとりますが、サークルが色々と種類の異なるものになるように気をつけます。またサークルの中では、皆で一緒にやれるサークル遊びをしばしばやります。

教科授業の時にも、あらゆる種類の協働学習形式を取り入れます。一緒に練習する、仕事の時間にお互いに助け合う、などです。協働形式については、今では、たくさんのアイデアが考案されていますので、グループリーダーは、もちろん、そういったものをたくさん取り入れることができます。教職員の図書室には、そうした本がたくさん蔵書としておかれています。

ベター

ペーターセンは私たちが苦労することを狙って、異質な子どもたちから成るファミリー・グループを思いついたわけではありません。むしろ、教えやすくするためにそうしたのです。つまり、子どもたちの力をたくさん利用することが狙いなのです。

ファミリー・グループの教室では、サークルを作る場所がいつも決まっています。こうしておくとグループの子どもたちはすぐに輪になれるし、すぐに輪を解散することができます。サークル対話は、子どもたち自身がしばしば準備し、子どもたち自身が対話をリードしていきます。グループリーダーを含む誰もが会話のパートナーで、皆、お互いに約束したルールを守らなければなりません。

子どもたちは、何か目的をもったグループを作り、一緒に仕事をすることもあります。ブロックアワーの時には、必ず、仕事をうまく進められる場所をよく考えて選びます。うまく仕事に取り組めるところに座ります。評価サークルでは、お互いにやったことを振り返って、自分たちが行った選択が正しいものであったかどうか、意見を交換します。

グループの中で、私たちはお互いによく知り合います。ですから私たちは、すべての子どもたちの強い面がわかり、それぞれの強みをグループのために利用します。役割を分担する時には、グループの子どもたちと一緒に決め、誰がそれらの役割をうまく遂行できるだろうかと話し合います。時には、誰かがある分野では専門的に優れているという理由から、その子が何かの役割を担当することがありますが、逆に、誰かが何か新しいスキルを身につけるための練習として、何らかの役割を担当することもあります。

ベスト

グループの中にいると、自然と、誰が算数ができるとか、誰がスペリングが得意だとかがわか

ります。このように単に算数や国語だけではなく、工作や音楽やスポーツ、クッキングなど他の色々なことでも、子どもたちは、主にお互い同士から多くを学んでいます。子どもたちは、時には選択コース（クラブ活動のようなもの）を自分たちで運営することもできます。ファミリー・グループで何か計画を立てる時には、子どもたちと一緒に話し合って決めます。高学年グループでは1週間全部の計画を、中学年グループでは1日か数日の計画、幼児グループではある1つの活動の時間ごとについて計画を立てます。

インストラクションは誰が担当するのかも約束しておきます。時には、グループリーダーがインストラクションを与えますが、子どもたちがやれるのであればそれに越したことはありません。もちろん、子どもたちはインストラクションをする時には、しっかりとした準備のための時間をもらいます。私たちは、人に何かを説明しなければならない時にこそ、たくさんのことを学ぶものだ、ということを知っています。グループリーダーは、ちょうど何かをうまくやれるようになった子どもたちを特に選んで、インストラクションをするチャンスを与えるようにしています。

グループを作る時には、どの子どもも皆、可能な限りたくさんのことが学べるような形でグループを作ります。それが基本の考え方です。ここではホンモノの学習計画が立てられます。つまり、何を学ばなければならないかを話し合うのであって、どう学ぶかを話し合うのではありません。そして、「どうしたら」皆で一緒に考えることができるか、を話し合います。子どもたちは、何かを学ぶ際、しばしば独特のアイデアをもっ

ているものです。こうしたアイデアは、ほとんどの場合、いつ実行してみてもかまいません。

週計画は立てますが、いつもそれに縛られるわけではありません。週計画はツールに過ぎず、それ自身が目的ではないからです。サークル対話は長く続けることもありますが、短く終わることもあります。皆が話したいことを話し終えたなら、何か別のアクティビティに移ればよいからです。サークル対話がうまく進んでいる時には、誰かが何かについて皆に伝えると、他の参加者たちは、習慣的に、色々と問いを投げかけ続けます。ですから、何も質問やコメントが無くなった時には、そのサークル対話はそれで閉じてしまっても構わないのです。会話は、実を言うと自然に始まって自然に進んでいきます。たいていは皆、お互いの様子を見ているので、発言をするのにわざわざ手を挙げる必要はありません。誰かが何か発言したそうにしているというのは、誰にでもわかるのです。

ここでは、3学年の子どもたちから成るファミリー・グループをもとに授業が進められています。ファミリー・グループの中では、「○年生の子どもたち」という形で話しかけられることはありません。誰もがありのままの自分自身でいられ、誰もがお互いからできる限りたくさんのことを学ぼうと努めています。インストラクションを始める際には、誰がインストラクションを必要としているかを聞くことから始めます。こうしておけば、同じグループ3（小学1年生）の子どもたちでも、中にはもう本を読める子もいるかもしれないし、その反対にまだやっと幾つかの言葉を覚えたばかりの子もいるかもしれない状況に、合わせることができるからです。グループ

リーダーと子どもたちは、良い成果を生み、高い
目標が達成できるように協力します。

　グループの子どもたちが、それぞれ、自分には
何ができ、何をもっと学ばなければならないか
をよく理解していれば、皆、一所懸命努力して、
多くのことを学べるものなのです。

3. 共に話す

イエナプラン・スクールは、子どもたちの明確な発言権が認められた、サークル対話を行っている学校です。サークルは、子どもたちとグループリーダーがお互いに出会う場です。イエナプラン・スクールでは、毎日の日課をサークルから始める習慣があります。現在では、たくさんの他の学校がこの習慣を取り入れています。

お互いに話をするということは、お互いに対して耳を傾け合うことでもあります。話すことと耳を傾けることとは切り離せないものです。

対話にはたくさんの形があります。ペアでの対話、グループでの対話、サークルを作っての対話、そしてまた、教職員チームの対話や保護者との対話もあります。

対話は、その場の雰囲気が安心できるものである時に、初めて意味のあるものとなります。安心できる場があれば、誰もが自分が考えていることや自分が思うことを口に出して言えるからです。そこでの言葉は、誰のものでも皆同様に尊重されなければなりません。子どもたちの中から出てきた問いは、できるだけ教育活動の出発点として取り扱われなければなりません。

まだ小さい子どもたちの場合は、ファミリー・グループのグループリーダーが重要な役割を果たします。グループリーダーは、子どもたちの学びをアクティブにさせるような良い問いを発したり、対話や意見交換を導くオープンな問いかけをしたりします。子どもたちは、こうしたグループリーダーの役割を、徐々に、自分たちで担うようになり、最終的には、自分たちだけでサークル対話を準備し展開していけるようになります。こうした発達は、たとえば、クラス会議などで見られます。

「共に話す」のは基本活動の1つですから、学校生活の中でとてもよく見られます。そして、**サークル対話にはたくさんの種類のもの**があります。

- ■時事サークル　子どもたち自身がもってきた話題や世界の話題について話し合います。
- ■読書サークル　主に子どもたちが本を読むことに慣れ、読書を重視し、よく読めるようになるためのものです。あるいは、文章をより良く理解するために、お互いに学び合うためのものです。
- ■観察サークル　何かをよく見たり観察したりします。特に、普段見慣れている当たり前のものに着目し、時間をかけてものの不思議を考え、「もの」そのものに対して問いかけるためのものです。

■テーマサークル　たとえば、何かの出来事、映画、新聞に書かれていたことなどをきっかけにして、一定のテーマについて話し合います。

■作文サークル　子どもたちが自分で書いた作文を皆の前で読み、その作文について、他の子どもたちと一緒に話し合ったり、もっと良い書き方はないかと考えたりします。

■哲学サークル　哲学的な問いを話し合いのテーマとします。子どもたちがものをじっくり考えることを学ぶために哲学をします。

■英語サークル　英語で何か聞いたり話したりすることを練習します。

■報告サークル　子どもたちは自分で研究したテーマについて報告します。自分が行った学びの成果をファミリー・グループの他の子どもたちと共有することは大切なことです。

■評価サークル　クラスの状態はどうか、クラスの子どもたちはどういう状態にあるか、どういう点で自分たちは満足して、どういう点でもっと注意をすべきかについて話し合います。

この他にも、計画サークル、誕生日サークル、音楽サークル、遊びサークル、インストラクションサークルなど、色々なサークルがあります。

サークルは、クラスの子どもたちがお互いに出会い、それぞれの役割に対して責任をもつための場です。同様に、ファミリー・グループは、誰もがそこで安全だと感じられる場、アットホームな場、つまり「ホームグループ」であるのです。個人主義が進んでしまった社会だからこそ、私たちはイエナプラン・スクールで、まさに社会的な学び、グループでの学びを強調したいのです。多くの子どもたちにとって、学校は彼らがやがて生きるもっと大きな社会の中で、共同体として生きることを練習できる唯一の場なのです。イエナプラン・スクールでは、それを、対話を含む4つの基本活動の中で行っているのです。

グッド

私たちは毎日サークル対話をしています。多くの場合、毎日の日課の始めに行います。サークルは綺麗な円形になるように注意します。そうすれば誰もが他のメンバーの顔を見ることができるからです。子どもたちには、それぞれ自分の生活について何か話をする機会を与えます。子どもたちが経験していることに、私たちは大きな関心を寄せています。

子どもたちも自分たちでサークルの準備をします。グループリーダーは、子どもたちが何をしなければならないか、はっきりわかるようにします。サークルによっては、子どもたちが自分で何を考えておかなければならないか、ここでの約束事は何か、などといったことを書いたプリントを事前に渡しておきます。サークルの準備をする際に子どもたちにチェックリストを渡しておくこともあります。そうすれば大事なことを忘れることがありません。クラスで何かについてプレゼンテーションする子どもたちは、成功経験を得なければなりません。そうなるように導くのはグループリーダーの役割です。

グループリーダーは、クラスの状況次第で、ある時は決まった席、ある時には自由な席を使います。また、グループリーダーは、いつも発言し

ている子どもは誰なのかということにも留意します。そしてサークルの終わりには、「皆さん、今日のサークル対話はどうだったと思いますか?」と振り返ります。発言のルールは、事前に約束をしておきます。

クラスの中での対話にも練習が必要です。必要と思われる時には、子どもたちは、話し合いをうまく進めるための特別な役割をもらいます。たとえば、キャプテンとか、時間に注意する人などです。グループリーダーは、話し合いがうまく進むように注意します。

ベター

クラスにはいつも決まった場所がサークルのために用意されています。サークルになって座るところがいつもあり、クラスの子どもたちは、1日のうちどの瞬間にも、すぐにそこでサークルになって座ることができます。

リズミックな週の時間割の中には、サークル対話の時間が決まった時間に設定されています。これらのサークルは、たいてい1人または数人の子どもたちが準備します。また、グループリーダーも、よくサークル対話の準備をしてきます。

このように前もって準備をして開くサークルの他に、準備のないサークルも行われます。クラスの子どもたちがお互いに、その場で即座に話し合わなければならない瞬間というものがあるものです。普通は、グループリーダーがそういうサークルを開くように言いますが、子どもたちも自分たちでサークル対話を開く必要がある時には、それを提案できます。

リフレクションサークルや評価サークルも定期的に開かれます。自分たちがどんな点で満足していて、どういう点では次回改善したいと感じているかを、お互いに振り返ってきちんと確認するためです。サークルの中では、誰もが同等の価値をもった対話のパートナーです。グループリーダーも同様です。皆がルールを守り、約束に従って発言します。

ファミリー・グループの子どもたちは、たくさん種類の異なるサークルを開くことに慣れています。サークルは、仕事(学習)の時間の始めと終わりに必ず行われます。始めに一緒に計画を立て、最後にそれがうまくいったかどうかを振り返ります。こういうやり方で、子どもたちはクラスの中で学ぶ、特に、どのようにして学んだら良いのか、ということを学んでいきます。

サークル対話の他にも、子どもたちはしばしば、お互いに対話をしています。そこにはたくさんの協働があります。子どもたちは、お互いのクオリティ(強い面)を見つけて利用しています。また、そうすることが奨励されているのです。イエナプラン・スクールで行われる協働は、だれか他の人がしていることを盗み見するとか、わからない答えを教えてやるというようなものではありません。

ベスト

ファミリー・グループでは、毎日の日課をサークルで始め、サークルで終わります。それは、日々のリズムとしてごく当然のものになっています。サークルはその時々によって、かける時間

の長さに差があります。皆が大きな関心をもってサークル対話をしている時には、1時間半ほども続くこともありますが、反対に、言いたいことは10分で言い終えたので、何か他のことを始めるということもあります。

サークルでは、誰が発言するかは自然と決まっていきます。子どもたちは他の子の言葉によく耳を傾けており、お互いの様子に注意しているからです。このようにしていれば、誰もが、サークルの中で発言できるのがいつなのかわかるのです。つまり、対話は自然な形で進んでいくと言えます。

決まったリズムに沿って、色々なサークルが行われます。たとえば、毎週木曜日には読書サークルが行われ、2週間に一度、金曜日に哲学サークルが行われています。子どもたちは他の人の言葉をよく聞いており、何が話されたかについての要約もしばしば行われます。要約するのは、大抵は、グループリーダーの役割です。LSQ（Listen, Summarize, Question）（聞いて、まとめて、さらに質問する）という手順を取ることで、サークル対話は本当に深いものとなります。

子どもたちは、ファミリー・グループの中で行うあらゆる対話の他に、学校生活にも深く関わっています。それぞれのクラスで行うクラス会議で話に加わり、生徒会や子ども議会でも発言します。私たちは、子どもたちと共に、学校を素晴らしい〈生と学びの共同体〉にしようとしているのです。

子どもたちは、保護者との対話（の一部）にも参加します。成績通知の懇談会では、子どもたちにも、学校での学びや生活について意見を求められます。私たちは、保護者と共にテーブルで懇談している時に、子どもたちも自分の発達について、一緒に話に加われることを望んでいます。

学校では、共に話すということについて多くの関心を向けています。私たちは、子どもたちが積極的に自分から話をすることを望んではいますが、だからといって、うるさく無作法に行動する子どもたちを望んでいるのではありません。私たちは、子どもたちが、自分の利害を守るために自分から進んで発言することを望んでいますが、同時に、他の人の利害を考慮に入れることを学んで欲しいとも思っています。イエナプラン・スクールには、たくさんの方が見学にきますが、そういう時に子どもたちが、とても嬉しそうに熱っぽく自分の学校のことを語っている姿を見るのは、とても素晴らしいことです。

4. 共に遊ぶ

遊びは学び！　遊びは真剣なことなのです。真剣ですが、しばしばとても楽しく面白いことです。小さな子どもたちは、自分で見たことや経験したことを遊びで表現します。ままごとコーナーや人形劇コーナーに入って、子どもたちが遊んでいる様子を見ると、子どもたちが家庭でどのように過ごしているのかを発見できます。

子どもたちは、遊び、特に模倣遊び（モデリング）を通してたくさんのことを学びます。私たちは、時として、自分でも気づかないままに、だれか他の人の模倣をしながら一生を過ごしていることがあります。また、私たちの文化では、広告が私たちに見せているものを知らず知らずのうちに模倣するという形で、広告が大きな影響力をもっています。遊びは一生を通じて、影響力をもち続けます。

遊びは心地良い学び方なので、小さい子どもたちとだけではなく、中学年や高学年の子どもたちとも遊ぶと良いです。また、教職員チームや保護者とも遊びましょう。イエナプラン・スクールは、皆が一緒に遊ぶ学校という特徴をもっていなければなりません。遊びは緊張を解きます。

自分がどんな教員かを知りたければ、子どもたちに、グループリーダーであるあなたの真似をするように言ってみるとよいでしょう。子どもたちは、あなたのポジティブな面とネガティブな面とを拡大鏡で映し出してくれることでしょう。グループリーダーにとっては、それは自分をよく知るための良い機会となります。

遊びでは、自分がどのくらい夢中になるか、また、いつまで遊ぶかを常に自由に決めることができます。それは、周りで見ている人には評価できないものです。ですから、遊びでは、自分が行う何らかの行動に対して、人がどんな反応をするかを試すことができるのです。

学校で子どもたちに、様々な方法で自己表現することを教えます。子どもたちは、まだ、適切な言葉を知らなかったり、状況を言葉にして表現できないことがあります。そこで子どもが言わんとしていることを理解するために、状況を再現してみることができます。何らかの経験について告げたいと思っている子どもに役割を分担して、どのようにそのロールプレイをしたらよいかを言わせてみるのです。このようにすると、何か経験したことについての簡単な文章を素晴らしいストーリーに変えることができます。

遊びは、人に新しいアイデアを思いつかせま

ワニ

私は動物園に

行きました。

そこには　　　　　　　→

ワニが

いました。

エミー

気をつけて！

あなたはワニを撫でてみたことがある？　私はあるわ。

私は動物園に行ってワニを撫でてきました。ワニの世話をしている人がいました。その人は、自分の手で小さなワニを掴み、私の方に向かって歩かせました。私はびっくりしてお父さんの後ろに隠れました。

そしてその時、ワニを撫でてごらんと言われました。とても怖かったけれど、お父さんが助けてくれました。

ワニの皮は冷たくて濡れていました。そしてその時ワニが動きました。私は、きゃーと叫んで後ろに飛んで逃げました。

幸いなことに、ワニの世話をしている人がワニをすぐに捕まえましたが、私はまだ震えていました。

エミー

左の文章は適切な言葉を知らず、状況を言葉にして表現できないときにエミーが書いたもの。右の文章はエミーにも役割を担ってもらい、その役割を遊びの中で経験してもらった後に書いたもの。このように何か経験したことについての簡単な文章も素晴らしいストーリーに変えることができる。

す。遊びの中では、実は何でも可能なのです。1つの椅子が飛行機になり、テーブルがお城になります。飛行機に騎士たちが乗り込み、その後ろからほうきに乗った魔法使いが追いかけてきます。

現実のものを遊びにすると、壮大な創造性が広がってきます。

遊びは非常に多くの面をもっているので、毎日、色々な形で遊ぶことが重要です。遊びは決して、小学校の低学年グループだけのものではありません。高学年グループの子どもたちも、砂や水で素晴らしい遊びをしますし、建設コーナーでは驚くようなものを作ります。それを、教

育に活かすのです。

子どもたちは、コンピューター・ゲームに夢中になります。ゲームをしながら、順に1つ1つ高いレベルへ進み、遊びながら知識やスキルを積み重ねていきます。遊びは子どもたちに動機づけを与え、しかも、学びを容易なものにします。

世界中どこに行っても、戸外には子どもたちがいて、遊びに夢中になっているものです。道具があるとなしとに関わりなく、子どもたちはありとあらゆる遊びのシチュエーションを思いつきます。何でもないものが、クリエイティブな遊びに変身するのです。ブランコでできることは限

られていますが、砂や水があれば、色々なもの
を建てることができますし、古い段ボール箱が
あれば、家になったり、隠れ家になったり、小包
になったり、強盗の隠れ場になったりします…。
これこそ、もくろみのない純粋な遊びです。こう
いう遊びは見ているだけでワクワクしますし、
遊びが意味をなさない年齢があるなどと考え
るのは、犯罪と言っても良いくらいです。

イエナプラン・スクールでは、自由遊びの他
に、たくさんの時間を割いて誰かが指導して行
う遊びをします。子どもたちは演劇を学びます
し、週の始めや終わりの発表会で、自分たちの
経験を、全校の子どもたちに対してプレゼン
テーションします。

イエナプラン・スクールでは、ありとあらゆる
状況を振り返り、**その様子をロールプレイにし
て再現する**ということがよくあります。

■店で遊び学ぶ
■郵便局で遊び学ぶ
■旅行代理店で、また、飛行機に乗って、遊び
　学ぶ
■聖ニコラスの寝室を飾る

子どもたちは、遊びを通して現実との関わり
方を学んでいます。現実を真似た遊びは、意味
のある状況で学ぶ練習です。それは、学校の外
の大きな世界に出ていくための素晴らしい準
備なのです。

グッド

ファミリー・グループでは、サークルの中で、
毎日必ず1つの遊びをします。それは、たいて
い、1日の始めに行い、家庭から学校生活への
移行をスムーズにさせるという意図で行われま
す。同時に、私たちが皆またそこに集うことがで
きたことを祝うという意味でもあります。

何かの練習をする時にも、遊びをよく使いま
す。ファミリー・グループの中で、掛け算の九九を
学んだり、何か難しい言葉を学ぶ時に、遊び形
式で学べます。教室の棚にはパズルなど、何か
の練習の答えを自分で確認できるようなゲーム
方式の教材がたくさん備えつけられています。

ある一定の時間子どもたちがとても集中して
学習したあと、グループリーダーは何か楽しい
気力回復の遊び（エナジャイザーと呼ばれる）を
取り入れます。こうすると十分に気分転換でき
ますし、子どもたちも学習の合間に思い切り体
を動かすことができます。子どもたちはそうい
うものを必要としています。

仕事（学習）と遊びの間には、良い転換がなけ
ればなりません。運動場ではグループリーダー
も一緒に出ていって子どもたちと遊びますし、
時には、何か新しい遊びを紹介することもあり
ます。学校には、大きな「パラシュート」が置いて
あり、クラスの子どもたちは、それで色々な遊び
を一緒にしています。

ベター

遊びはリズミックな週計画の中に必ず含まれ
ています。

表：子どもたちが自分で作らなければならないアクティビティとそれに関する用語
ここでは子どもたちは、意識的に、以下の学習ラインを使いながら、育てられています。

1. クラスでの発表会、自由遊び、遊びコーナー、人形遊び、単純な言葉（配役、演劇、ロールプレイ、模倣、週の締めくくり、遊びのルール、考え出す）

2. 催しに参加する、演劇のセリフを覚える、あったことを復元する、ロールプレイ、演劇用語（衣装、化粧、ロールプレイ、模倣、観客、催し、プレゼンテーション、テーマ、遊びの中での現実、空想、告知）

3. 遊びの文章を書く、プレゼンテーションをする、評価（何が良くて、どうしたら向上させられるか）、用語（小道具、舞台装置、役、パントマイム、シーン、登場、退場、舞台照明、照明道具、リハーサル、集中、台本、シナリオ、スクリプト、即興）

4. 制作のために台本を書く、卒業制作の準備をする、難しい用語（化粧、黒子、監督、台本、指示、パントマイム、錯覚、演劇制作、卒業制作、卒業演劇、ミュージカル）

　遊びは色々なものを探究する際、特によく使われるものです。遊びが、あるテーマについての取り組みの最初のきっかけになることがよくあるのです。子どもたちに、何かある状況について、まず自分たちが考えていることを実演させようとする時に、子どもたちが既に知っている知識を活かして使うことができます。それじゃあ、その様子をまず演じてみてくれる？　という風に。遊びは、適応力を養うためにも有用です。子どもたちは、自分が何かの役割を演じてみることで、その役割を担うことがどんなものであるかを感じることができるのです。こんな風にして、いじめっ子がいじめられっ子の役割を演じたり、逆の役割を演じたりもします。それを通して、お互いが相手の立場を理解できるようになります。

　一例に、ストーリーアプローチというものがあります。このアプローチでは、子どもたちは、何かの役割に自分自身を置き換えて物事を考えることができます。菓子工場の工場長の役割を演じてみた子どもは、次の週には、クラスの中でも本当にボスのような態度をとり続けるかもしれません。何しろ、この子は工場長なわけで

すから！　そして、かわいそうに、お菓子の考案者や秘書になった子らは、「はい、工場長さん」「いいえ、工場長さん」と敬語を使わなければならなくなるかもしれません。でも、幸いなことにこれは遊びですから、次の時には、役割を全く反対にすれば良いのです。

ベスト

　ファミリー・グループでは、仕事（学習）を進める時にも、ユーモアのあるやり方で進めます。遊びと仕事（学習）の区別は、それほどはっきりしたものではありません。グループリーダーはユーモアを使って、教育に息吹を吹き込みます。こうした雰囲気は、どの学年グループでも見られます。「ユーモアのあるやり方」とは言いますが、それは、教育を「遊び」にしてしまうということではありません。

　子どもたちも、よく、色々な形で「遊び」を企画します。毎日、遊びを含んだオープニングで1日を始めます。子どもたちは、色々な遊びが書かれたカードが入った箱の中から何かを選んでそれ

をすることもできますし、自分で何か新しいサークル遊びを探してくることもあります。

新しいテーマで学びを始める際にも、いつもたくさんの遊びの要素が含まれた活動から始めます。テーマに関する状況を演じてみて、本物の状況と比べてみたりします。それは真面目なテーマのこともありますし（カール大帝が王から大帝になった話）、とても面白いテーマのこともあります（カール大帝はどんな風にトイレに行っていたのだろう）。

教職員チームも、子どもたちの前でよく演じます。歌を歌う、パントマイムをする、演劇をする、人形劇をするなどです。教職員チームは率先して良い模範を示さなければなりません！

保護者会などでも遊びの形を取り入れ、保護者の参加が容易になるように工夫します。

5. 共に働く（学ぶ）

小さな子どもたちは「学ぶ機械」のようなものです。彼らは、1日中何かを試したり、真似たり、ずっと練習し続けています。子どもは4歳になると小学校へ行き勉強を始めます。すると子どもたちの学びが、それまでとは全然違ったものになってしまうことがよくあります。なぜなら子どもたちは、教員が考えてきたことをしなければならなくなるからです。学校には、何か例とされるものがあり、それを真似なければなりません。そして、自分では何を学ぶかを選ぶことができず、教員が作ったプログラム通りにやらなければなりません。つまり、たくさんのことを一度に「言われた通りにやらなければならなくなる」のです。

イエナプラン・スクールでも、ありとあらゆる仕事をしなければなりません。普通の、義務づけられた仕事です。でも、それだけをするのではありません。子どもたちは、自分のために仕事をしたり、誰か他の人たちのために、または、その人たちと一緒に仕事をすることもできます。また、子どもはファミリー・グループの一員ですから、ファミリー・グループのための仕事もしなければなりません。イエナプラン・スクールでは、特に誰かと一緒に働くことを練習します。もしも私たちが今よりももっと良い社会を望むのであれば、私たちは、学校でそれを学び練習しなければなりません！

イエナプラン・スクールでは、子どもたちは、自分の学びと自分の生活に対して自ら責任をもつよう促されます。それを、年長の子どもたちやグループリーダーが助けてくれます。もちろん、子どもがしなければならないことや、それをどんな風にしなければならないかについて、グループリーダーがこと細かく考えて決めることもできます。けれども、私たちは、子どもたちができる限り自分で物事を決めることを学んで欲しいのです。何を学ぶかという目標、それを子どもたちは、グループリーダーやファミリー・グループ全体と共に決めなければなりません。どんなやり方で、誰と、いつ学ぶかは、子どもの年齢が進むと共に自分で決めていくようにします。

子どもが**グループリーダーやファミリー・グループの他の子どもたちと話し合う**こと。

■自分は何を学ぶか

子どもが、**グループリーダーやファミリー・グ**

ループの子どもたちの力を借りて自分で決めること。

■ どこで学ぶか
■ いつそれをやるか
■ どのように取り組むか
■ どんな順序で自分の仕事を進めるか
■ そのためにどんな道具が必要で、どうすればそれを手に入れられるか
■ 自分が学んだことをどのように発表するか
■ 自分が成し遂げたものをどのように保管するか

イエナプラン・スクールは、ただ単に知識を集める場所ではありません。もちろん、何らかの決まった知識をもっていることは大切なことだし便利なことです。そうした知識はテストをして測れますし、取り扱いも簡単です。しかし学んだことは理解しなければなりませんし、さらに深い理解を発達させることも必要です。学んだ知識を応用することができれば、理解はずっと深まるものです。応用することで、初めて知識は本当に自分のものになります。個人的な経験をすれば、学んだことをよく覚えられます。たとえば、自分で実際にノルウェーに行ったら、重要な土地の名前を5つぐらいあげることなどとても簡単になるでしょう。学校でそれが義務だから学ぶ、というだけだと、何かを本当に理解することはずっと難しくなります。

ですから、学ばなければならないことは、何よりも実際に使って、応用してみて学ぶものなのです。そして最終的には、私たちが学ぶすべてのことの意味は、そこからさらに新しいことを考え出したり、発展させたりすることができるよ

うにするためなのです。

イエナプラン・スクールでは**共に**ということが強調されます。私たちは、ファミリー・グループにいるすべての子どもたちが、そのファミリー・グループにいるすべての子どもたちの学びに責任をもつように留意します。だからこそ、異なる年齢や、異なるクオリティ（長所）をもつ子どもたちが、共に1つのクラスで学ぶことが大切なのです。

2年の年齢の違いのある子どもたちが、お互いに対してもっている意味はとても大きいものです。毎年そのグループの子どもたちのうちの3分の1が出ていき、再び3分の1の数の年少者たちがやってきますから、子どもたちは異なる社会的役割、すなわち助けを求めるものと、助けを与えるものという役割をもつこととなります。

ファミリー・グループの子どもたちと共に、どうすれば協働がもっと良くできるようになるだろうかということについて話し合います。私たちは、子どもたちがそれぞれもっている才能を活かし、子どもたちにも、他の子どものためにインストラクションをやらせたり、説明させたりします。グループリーダーは、インストラクターというよりも、そのグループの子どもたちのディレクターというほうがふさわしいでしょう。

このようにして、ファミリー・グループの中では、子どもたちは、ありとあらゆる形式で、共に働いています。仕事（学習）に関して基盤となる重要な考えは、自立と責任です。それは、子ども1人1人についても、また、クラスの子どもたち全体についても言えます。

共に働く（学ぶ）のは、常に同じパターンを取

ります。まず私たちは、仕事（学習）をグループ全体の共同責任において、多くの場合サークルを作ってグループ全員が集まるところから始めます。その後、実際に仕事が進められ、最後に、またサークルを作って評価をし、次の仕事（学習）の際にはどんな点に気をつけるかということを話し合います。こうしたパターンを繰り返しながら、グループリーダーは、クラスの子どもたちと共に、協働のプロセスが常に向上していくようにします。

　子どもたちにとって、自立的であるというのは、何らかの決まったスキルや決まった態度を取るということを意味しています。**子どもたちが自立的である**とは、次のようなことを意味しています。

■自分で解決を求めている
■いつもグループリーダーのところに聞きに来ない
■お互いに助け合っている
■お互いの助けを受け入れている
■自分のテンポで仕事を進めている
■自分なりのやり方で仕事をしている
■グループリーダーが「良い」と言ったから安心するのではなく、自分で見つけた解決の中に満足を感じている

　自分で**責任をもつことを学ぶには基本となる条件**があります。子どもたちは以下のことができなければなりません。

■目標を達成するために、自分なりの方法でそこに至る準備がある

■協働する準備がある
■助けを与えたり受け入れたりする準備がある
■何に向かっているかを知っている（目標意識がある）
■自分が最終的に達成したものについて自分で評価できる

　自立とは、自分の仕事を自分ですることを意味しています。自分がどこかで行き詰まったら、すぐにグループリーダーのところに行くのではありません。行き詰まるのは嫌なことです。隣の席に座っている子が自分の質問を理解しなかったり、他の子がしょっちゅう自分に助けを求めて来るのは、場合によっては面倒なこともあります。ですから、子どもたちは、自立的に仕事をすることに、ゆっくり時間をかけて慣れていかなければならないのです。子どもたちは、自立的な仕事の進め方を学ばなければならないのです。誰にでもすぐにできるというものではありません。グループリーダーは、子どもたちがそれを学ぶのを支えなければなりません。

　子どもたちの自立性を促すという目標は、多くの学校が目指しています。子どもたちが自分で仕事を進める時間を設定することによって、グループリーダーは子どもたちを小グループにして指導できます。また、子どもたちには、実際に自立して仕事をすることができる状況が必要です。けれども、こうしたことは、子どもたちがすぐに期待通りにやってくれるというようなものではありません。子どもたちには、そういう態度を伸ばすためのチャンスがあるべきだということです。

図：ファミリーグループの中の状況場面の一例

図中の①～⑧の番号は子どもたちのこと。①はオランダのグループ1（日本の幼稚園児4歳）、②はグループ2（日本の幼稚園児5歳）。
③はグループ3（日本の小学1年生）。④はグループ4（日本の小学2年生）、⑤～⑧は以下同様です。Sはグループリーダー、Oは親です。
Ssstは「シーッ」という意味のオランダ語で衝立のある「1人で誰にも邪魔されずに集中して勉強する場」、PCはコンピューターです。
また、図中の矢印は話し手と聞き手の関係、棒線は会話を示しています。

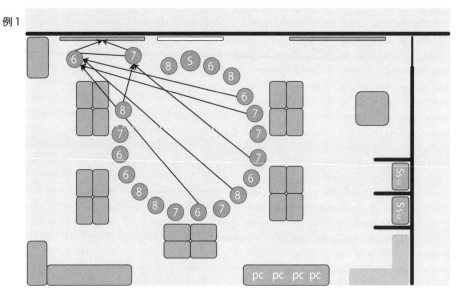

例1

高学年のグループの子どもたちが全員でサークルを作り、2人のプレゼンテーションを聞き、質問している。グループリーダーも子ど
もたちのサークルの中にいて、一緒に発表者のプレゼンテーションと、その他の子どもたちが質問をしたり感想を述べる様子を観て
いる。

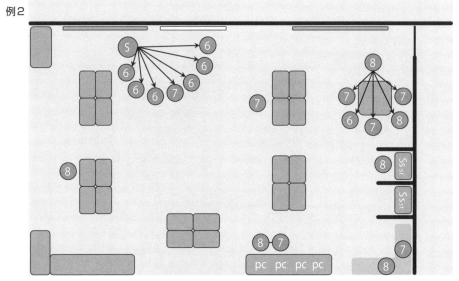

例2

高学年のブロックアワーの様子。子どもたちがそれぞれの場所で自分の計画にそって学習を進める一方、グループリーダーが一部の
子どもたちを集めてインストラクションをしている。インストラクションを受けていない子どもたちの中には、自分の席で自立的に学
習している子もいれば、2人で話し合いながらコンピューターを使って学んでいる子や、上級生（グループ⑧）からインストラクション
を受けている子どもたちもいる。コーナーのソファで読書をしていたり、衝立のある場所で集中して自習している子もいる。

例3

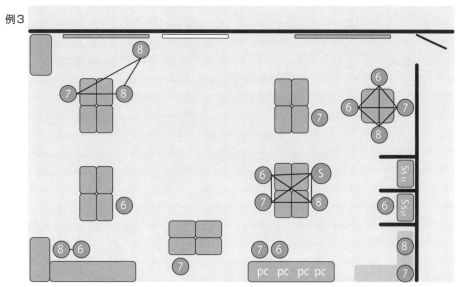

高学年のブロックアワーの様子。グループリーダーは1つのテーブルの子どもたちと話をしているが、その間、他の子どもたちは自分たちだけで自立的に学んでいる。小グループで相談や話し合いをしている子もいれば、1人で学習を進めている子もいる。

例4

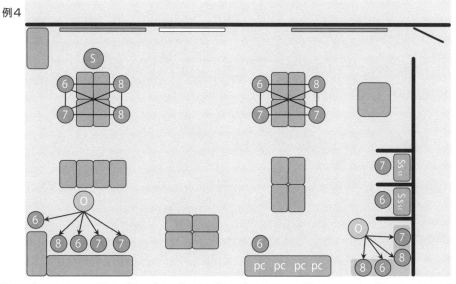

高学年のブロックアワーの様子。グループリーダーは小グループの中に入って話し合っている子どもたちの様子を見ている。保護者が2人教室に入って、それぞれ数人の子どもたちを相手に何か話をしている。（特別に援助をしているか、読みなどの練習、何らかのインストラクションなどをしていることもある）

図：共に働く（学ぶ）ためのパターン

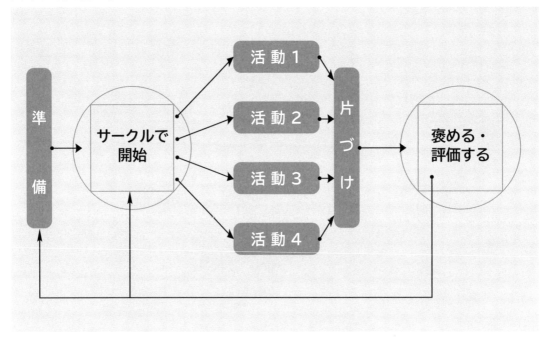

グッド

　子どもたちは、自分たちがしなければならない課題のすべてについて全体像をもっています。それは半日とか、1日とか、1週間といった一定の期間に対して出される課題リストのこともあります。それは、主にグループリーダーが作った「ショッピングリスト」のようなものです。

　子どもたちはそうした課題を実行に移すにあたって、自分がどんな順序で進めるかを選んで決めることができます。もし時間が余ったら自分でしたいことを自分で選んですることができます。たとえば「選択課題の棚」にいく、などです。

　子どもたちは、時々、誰かと一緒に課題に取り組むこともできます。それは協働学習の形と

なります。

　サークル対話の時に、何をしなければならないか、「自立的に」とはどういうことかについての説明を受けます。グループリーダーは、常に子どもたちに、それぞれ実際に自立してやれる課題を与えるように注意します。

ベター

　よく注意を払ってグループを構成します。子どもたちは、テーブルグループに座っている時には、いつもより責任をもって学習に取り組みます。テーブルグループでは、年長の子どもと年少の子どもとが一緒に座っており、お互いに助け合うことができます。子どもたちは、自分で必要な教材を取り出したり、片づけたりしなければなりません。教材の使い方について、助けの求め

方について、また、助け合いのために生じる「騒がしい声」について事前に約束事を決めています。普通、仕事の時間は、始めの20分間は静かに1人で仕事に取り組みます。

　グループリーダーは、こちらから働きかけるようなことはあまりせず、仕事の時間には小グループの子どもたちを助け、また時にはクラスの中で学習している子どもたち全体の様子を観察します。

　子どもたちは、しばしばたくさんの目標をもった課題に取り組んでおり、どんな教材が必要かとか、計画ははっきり立てられているかといったことについて、自分で注意を払うことができます。グループリーダーは何か難しい状況が起きた時に子どもたちに手を貸します。子どもたちは、サークルでの話し合いを通して、また何らかの練習をすることで、そういう場合にどうすれば良いかを学んでいきます。

ベスト

　ファミリー・グループでは、子どもたちのクオリティ（得意な点）や才能を基にして、たくさんの協働学習が行われます。どの子どもも仲間外れにされないようにするために、色々な才能を皆に対して示せる機会を作るように配慮しています。どんなクオリティや才能をもった子がいるかについては、クラスの子どもたちと一緒に探すようにしています。

　クラスには、はっきりとした枠組みが設けられており、協働作業を進めるための学習計画もあります。協働作業が効果的になるには、どんなスキルをもっと身につければ良いだろうか、

ということを子どもたちと共に話し合っています。

　協働は、常に同じ形を取るとは限りません。人が誰かと協働する様式は、その人の個性によってかなり異なります。人間力学は、情動力学、身体力学、精神力学に分けられます。これらの力学は、人が集団の中で機能する様式に反映され、重要な役割を果たします。グループリーダーは、こうしたことを理解し、子どもたちの様子を見て認めなければなりません。

　また、協働では、男の子と女の子の違いも重要な役割を果たします。子どもたちに、あることをなぜそうするのか、説明させるようにしましょう。子どもたちのアプローチの仕方を興味深く見ているという態度を示しましょう。そういう点でも、子どもたちは、それぞれユニークだからです。

表：協働学習の心がけ

話をする時にはお互いの目を見て話す	教材をお互いに共有する	前もって言われなくてもお互いに助け合う
お互いにフレンドリーに反応し合う	課題には終わるまで取り組む	他の人の立場に立って見ることができる
お互いに一緒にやる機会を与え合う	お互いに質問し合う	意見の違いを受け入れる
積極的に協力する	他の人が言ったことに応答する	良い関係を維持する
グループに与えられた課題に対して、進んで参加して取り組む	時々、誰かが言ったことを復唱する	お互いに合意点に達する
お互いの言葉に耳を傾ける	お互いに一緒にやろうよ、と励まし合う	批判はアイデアに対して行い、誰か個人に対してするのではない
お互い、相手が話し終えるまで邪魔をしない	お互いに褒め言葉を言い合う	お互いに問題を解決する
他の子どもの積極的な協力を受け入れる	グループのすべての仲間と一緒に取り組む	批判はフレンドリーな態度で行う
自分のグループにとどまる	何かについて説明をしようと働きかける	アイデアをさらに拡大していく
落ち着いて話し、落ち着いて働く	誰か他の人に助けを求める	グループ全体を励まし、動機づける

算数などと同じように、協働学習にもスキル（技能）のリストがあります。

6. 共に催す

催しの様子をみると、イエナプラン・スクールのクオリティ（強み）が何なのかがよくわかります！

催しは、決していつもパーティのようなものであるとは限りません。催しには、喜びや悲しみを共に分かち合うこと、お互いがお互いに繋がり合っていることを経験するという意味があります。それは、お互いに繋がりのある人々が実際に出会う場です。その出会いは、強制されて出会うものではありません。「ああ、また催しをやらなければならない」というのはイエナプランではあり得ないことです。ここでの催しは、何かその前に起きたことの帰結として自然に起きる出来事なのです。

催しは「カレンダーの役目」ももっています。催しは時間に区切りを与えます。私たちの文化はそうした区切りを大切にします。子どもたちによく「あと3回寝たら○○だよ」などと言いますね。

1年の間には、誰もが知っている決まった区切りとなる時があるものです。それは、学年や色々な宗教での年中行事、また、カレンダーにある祝日などです。毎年、必ずやってくるそうし

た時期に、私たちは、共同体として一緒に催しをし、共同意識を共に経験します。

私たちは、次のような催しを行います。

1. 宗教的な催し

- ■キリスト教：クリスマス、復活祭、昇天祭、ペンタコステ
- ■ユダヤ教：過越祭、プーリーム、仮庵祭、バル・ミツワー
- ■イスラム教：ラマダン、断食明けの祭り、供物の祭り
- ■ヒンズー教：ホリ（正月）、ディヴァ（光祭り）

2. 一般的な催し

- ■大晦日
- ■バレンタインデー
- ■王様の日
- ■戦没者追悼の日
- ■母の日・父の日

3. 学校の催し

■始業式
■学校祭
■週のオープニング・週のクロージング
■春祭り
■秋祭り

4. 個人の催し

■誕生日
■お葬式
■記念日
■結婚式
■送別式
■新入生歓迎会

　イエナプラン・スクールの卒業生と話していると、すぐに催しのことを思い出して語りますが、それも不思議ではありません。催しの体験や経験は、とても深い思い出になるらしいのです。

　ですから、イエナプラン・スクールの催しが、様々な外からの理由で実施できないことがあるのは、とても残念なことです。私たちは、この、重要で実存的な子ども学的状況としての催しを、生きたものとして守り続けなければなりません。

　1週間の始めと終わりを共に祝うことは、〈生と学びの共同体〉にとって大切なことです。

　一定の期間の始めと終わりを明確に定めることは、時間を管理できるようになるためにも重要です。

　イエナプラン・スクールでは、共に話す、共に遊ぶ、共に働くことの他に、共に催すことも重要

な位置を占めています。ですから、私たちもそのことを自覚して、きちんとこの活動を行わなければなりません。それは、1日の始まりや、ある子どもの誕生日といった小さな催しに対しても言えますが、学校全体で行う大きな催しについても言えることです。

　催しは、他の教育的な活動と同じように、何らかの秩序をもって行われます。催しの準備には、ゆとりを持って注意を払う必要があります。

催しでは、事前に次のようなことを考えておきましょう。

■形式：採用されるプレゼンテーションの形式
■内容：私たちは他の人たちに何を伝えたいのか
■設定：場所、衣装、舞台装置、観客の位置
■衣装：衣装と化粧
■音楽：重要な雰囲気作りとして
■言葉の使いわけ：観客にとってもふさわしい言葉づかいか？
■技術：照明・音声・デジタルプレゼンテーション

　準備が済めば実行です。ここでも幾つかの重要な留意点があります。

■催しをどのように始めるか、どのようにプレゼンテーションをするか
■どんなクライマックスを用いるか
■どのようにして終わるか

　催しは、行う度に、後で必ずそれを振り返ります。そこから何かを学ぶために振り返るのです。

こうしたリフレクションは、自分のファミリー・グループで行うのが最善です。しかも、催しが終わったらできるだけ早くするのが良いです。ですから、催しが終わったら、すぐに放校にするのではなく、一旦リフレクションのために子どもたちが自分のクラスに戻れるようにします。次の催しではもっとうまくやれるようにと、皆で一緒に考えるのです。幼児グループの子どもたちは、高学年グループの子どもたちとは違うプレゼンテーションになるでしょう。私たちは、お互いに相手を尊重して話し合い、それぞれの貢献を価値あるものとして大切にすることを学びます。

グッド

誕生日については、私たちはどの子の誕生日も、本当に心からお祝いをする日とします。朝はもちろん皆で歌を歌い、誕生日を迎えた子は特別の帽子をかぶり、皆からお祝いの言葉をもらって、場合によってはプレゼントももらいます。子どもたちが大きくなるにつれて、自分たちで誕生日のお祝いを企画します。どの教室にも自分たちで作った誕生日カレンダーがかけてあるので、皆、いつが誰の誕生日かを知っています。

学校では、私たちは特別の出来事に気をつけています。こうした出来事が起きるとお互いに情報を交換し合います。時には嬉しい出来事もありますが、とても悲しいことも起こります。クラスでそうしたことに対して皆で注意を払うようにしています。綺麗なカードを作ったり手紙を送ったりします。もし誰かが亡くなったら、写真を置いてろうそくを灯します。私たちは、皆でその悲しみについて話し、自分たちにできることをするように努力します。

もし何かお祝いすることがあったら、私たちは皆で一緒に素敵なプレゼントを作ります。お祝いのためにお金を集めたり、またもちろん、グループリーダーが結婚する時には大きなパーティを開きます。子どもたちの誰かに弟や妹ができた時、誰かが柔道のチャンピオンになった時などもそうです。

週のオープニングとクロージングを皆で一緒にするのは難しいことですが、水曜日は、週の真ん中の日として、週に1回、学校中のすべての子どもたちが一緒に集まります。教員たちは、そこで新しい歌を歌ったり、何か面白い本の中からお話を読んで聞かせたりしますし、教員たちだけでなくクラスのどの子も何かを見せたり聞かせたりすることができます。

各クラスでは、1週間の始めと終わりにサークルをします。それは、グループリーダーが用意することもありますし、子どもたち自身で準備することもあります。

ベター

クラスの1日は、毎日子どもたちが準備したデイ・オープニングで始まります。子どもたちは、その中で、真面目な部分と、少しユーモアのある部分とを用意します。このようにして、私たちは、毎日の日課を楽しく始めるのです。

もちろんとても重要なことをお互いに話し合う時間もあり、それからデイ・オープニングが始まります。新聞記事の一部を読んだり、詩や本の一部を読んだりします。それから、私たちは何か1つ遊びをします。クラスには、色々な遊びのやり方を書いたカードが入っている箱が置か

れています。この箱を、授業の合間などでも、「ちょっと何か別のこと」をしたくなった時に使っています。

私たちは、子どもたちが独創的なことを思いつくように奨励しています。有名なスターたちの真似をするようなことは、あまりしないようにしています。もちろん時にはそういうことをするチャンスもありますが、催しは特に、自分で思いついたプレゼンテーションでやるようにしています。

学校では、毎年行われる年間行事は学校全体で祝います。そしていつも何か独創的なことを考えるようにしています。ですから、セント・ニコラスのお祭り(註1)も、ワクワクするもので、いつも特別の催しとして祝われます。また、ごく普通のこととして、教員や、時には保護者もステージで何かを演じます。

イエナプラン・スクールでは、プレゼンテーションの仕方を必ず学びます。小学校にいる8年間に、とてもたくさんのプレゼンテーションをしなければならないからです。1つ1つのプレゼンテーションを終えるごとに、子どもたちとファミリー・グループのグループリーダーは、何が良かったか(top)ということと、これはもう少し良くできるのではないか(tip)ということについて話し合います。このようにして、私たちは、お互いにだんだん上手にプレゼンテーションができるようになっていきます。

プレゼンテーションでは、主として次のようなことに注意しています。

- **独創性** プレゼンテーションにはたくさんのやり方があります。それについては、教室にリ

ストが貼ってあります。もちろん、何かを口頭で発表することもできますが、模型を見せてもいいですし、動画を見せてもいいです。もし誰かが、これまで誰もやったことのないようなやり方でプレゼンテーションをした時には、必ず、特別の褒め言葉がかけられます。

- **態度** ごく普通の態度でなければなりません。何かまだ質問がないかを見るために注意もしなければなりませんし、偉そうな威張った態度でクラスの前に立つのでもありません。

- **言葉づかい** 誰もが理解できるように、はっきりと話し、正しい言葉づかいをしなければなりません。

- **気配り** 人に見せるものは美しくなくてはなりません。ですから、言葉の間違いやいい加減な作品は見せるものではありません。

リフレクションサークルでは、催しが行われるたびに、これらの4つの点について話し合い、催しが興味深いものであり続けるように気をつけています。

ベスト

私たちの学校では、毎週、皆で一緒に週のオープニングから始めます。ファミリー・グループのリーダーたちと子どもたちは、その週に何が起きるのかを楽しみに待っています。また、子どもたちに対して何か新しいアイデアも示されます。催しはいつも決まったやり方で始まります。皆それを知っていますから、とても静かにもなります。学校によって、ろうそくを灯したり、歌を歌うなどして始めます。それぞれの学校でそう

したことは習慣になっています。子どもたちは、素敵なプレゼンテーションを用意します。催しをすることで、皆、新しい週を元気よく始めることができます。ある時には新しい本が紹介され、またある時には新しい歌が紹介されます。校庭で、皆で遊ぶこともあります。誕生日を迎えた子どもたちには歌を歌いますし、誰か新しい人、たとえば、新入生や実習生やお客さんが学校に来たら、その人を紹介します。

その後で、それぞれ自分のファミリー・グループに戻ってサークルになり、自分のファミリー・グループの今週の計画について話し合い、それから、週の計画を立てます。

1週間の学校生活は、毎週、週のクロージングで終わります。それはとても興味深いものです。**ファミリー・グループごとに、その週に取り組んだ色々な特別のことを発表します。**プレゼンテーションはありとあらゆる形式で行われます。

■見学の時の写真紹介
■子どもたちが書いた面白いお話
■探究学習の報告
■新しく習ったばかりの身振りつきの歌
■自分たちで作った綺麗なもの
■素敵な詩
■複雑な建造物
■クイズ
■キッチンでこしらえた美味しいもの
　など

私たちは、見る人の気を引くやり方で、お互いに、学んだり経験したりしたことを見せ合います。そして、週の終わりのクロージングでも、プレゼンテーションは子どもたちが自分たちでやります。そして最後は、皆が楽しい気持ちで週末を迎えられるように、歌を歌って終わります。

たいていは、舞台上のプレゼンテーションで週を終わりますが、時には他の形式を取ることもあります。たとえば、校内の色々な場所を使って、皆で幾つかの展示台を周って見て歩けるような展覧会を開くこともあります。また、お天気が良ければ、校庭でアクティビティをすることもあります。校庭にある屋外シアターは週を締めくくるのに、もってこいの場所です。

私たちの教育では、演劇に力を入れています。また、クラスでも、たくさんドラマ（演劇）の手法を使います。これは、何かを他の人たちにはっきり示すのに良い方法だからです。私たちは、「演劇」を取り入れる際にも、順序を決めた学習ラインを用いることが重要だと思っています。こうすることで、演劇のクオリティを体系的に向上させられます。

私たちは、できるだけたくさんの機会を捉えて、催しをするようにしています。学年の始めにはキャンプに行きます。

他の学校がよくやる遊園地への遠足は、私たちはしません。全校規模でキャンプを計画します。とてもたくさんの保護者たちが一緒にキャンプに行きたいと言ってくれます。学年の始めにやることで、1年中、この時のことを楽しく振り返ることができます。キャンプは、夏季休暇を終えて学校が始まるとすぐにやります。

週のオープニングやクロージング、またクラスでの様々なアクティビティも、私たちが一緒に経験したワクワクするような冒険の話でいっぱ

いになります。そして、この最初の4週間で、こうした、共に経験する冒険をうまくやり終えると、しっかりとした繋がりのある共同体になっており、その年に新しくファミリー・グループに入ってきた子どもたちのこともよく理解できているようになります。

このように、私たちは、ありとあらゆる機会を捉えて皆で共に催しを行います。それはお祭りのように楽しいことだけとは限りません。とても悲しい出来事のこともあります。そういう時に、私たちはお互いに共に悲しみ、お互いに励まし合い、自分たちがお互いのためにいることを経験し合うのです。

催し、それは学校生活の中の最も素晴らしい瞬間です。

7. 学校環境

「学校は事務所のようであるより、ジャングルや農家や実験室や迷路のようでなければならないことを私たちは知っている…それなのに（ほとんど）すべての学校は事務所のようだ」フース・カイヤー（1980）

ペーター・ペーターセンは、学校を今までにない新しい方法で設定しようとした先駆者の1人でした。『小さなイエナプラン』の中で、ペーターセンがどのように書いているかを読むのは、とても興味深いことです。

以下は、その中からの幾つかの引用です。

■状況に合わせて容易に動かせる机と椅子がある
■教室には4人で座るテーブルと1人で座るテーブルがある。2人で座っても構わない
■最も望ましいグループは3～4人の子どもから成るものである
■2人ずつのグループは、長い時間の間には子ども学的に見て価値がなく、他の子を寄せつけないような排他性に繋がることがあるので、危険ですらある。
■教員には特別の椅子と棚にゆとりがあれば十分である
■絶対にここでなければならないというような「決まった」席はない。席は自由に選ぶか、その時にしているグループワークによって決まる
■本当の意味での動きの自由。子どもたちは教室内で、また、学校の中ですら、自由に動いている。成長の途上にある子どもたちの体にとって、動きは食糧のようなものだ。動きを制限することは、健康にとって良くないことだ
■自由を乱用している子がいたら、クラスの他の子どもたちやグループリーダーがその責任を問う

教室の中や学校の中の様子をどう設定するかは、子どもたちの仕事（学習）に大きな影響を与えます。ほとんどすべての幼児クラスの教室では、上にあげたペーターセンの言葉に当てはまるような様子が見いだせます。けれどもグループ3（小学1年生）になった途端に、様子は大きく変わります。子どもたちは、グループリーダーの何らかの意図によって、決まったテーブルグループに座っています。

保護者は、また子どもたちすらしばしば、本当の勉強は、その時に始まると言います。ペンと紙が置かれた机に座り、教員が出した課題を静かに遂行し、しかもそれを何時間も続ける時に、勉強しているというわけです。そしてそれをずっとうまく続けることができない子は、手のかかる生徒、落ち着かない生徒、集中力のない生徒などと言われるようになるのです。

大人ですら長く続けられないような姿勢を、私たちは、しばしば子どもに求めているのです。

教室に様々な作業場が生まれるようにすると、教室はずっと良いものになります。誰かと一緒に仕事をする場所、1人で仕事をする場所、アクティブに何かに取り組める席や、逆にパッシブに座っている場所などです。子どもたちに自分の仕事が最もしやすい場所を探させてみるといいでしょう。幼児グループの教室に例をとってみるとどうでしょう。幸い、幼児グループでは、すべての子どもたちが同じ時間に皆同じことをしているという具合にはなっていません。

グッド

教室は家庭のような雰囲気です。テーブルや椅子は整列されておらず、小グループ用のテーブルが置かれ、その他に子どもたちが1人で仕事に取り組めるテーブルや作業台もあります。展示用テーブルがあり、そこに綺麗なものが並べてあります。それを見ると今このクラスの子どもたちがどんなテーマで勉強しているかがわかります。教室の中に、棚で仕切られたコーナーが作られています。棚には、色々なものがよく分かるように置かれています。同じ種類の教材は棚にまとめて置かれています。国語の棚、算数の棚、工作の棚、本棚などがあります。壁は掲示板として使われています。そこには、子どもたちの作品が綺麗に展示されています。乱雑に貼られているのではなく、綺麗な作文、綺麗な絵が飾られ、時には厚紙で作った額もつけられています。それから役割分担計画ボードもあります。それを見ると、誰がどういう仕事を受けもっているのかが分かります。

もちろん簡単にサークルになれる場所もあります。教室の真ん中にあったり、隅に設けられていたりします。

特別のテーマで学習している時や、たとえばクリスマスなどでは、教室もそれらしく飾られます。クリスマスには、午前中は電気をつけず、ろうそくを灯します。

子どもたちと一緒に、自分たちの教室がきれいに片づいているように心がけます。

ほとんどすべての仕事は自分の教室で行われますが、時には、子どもたちは、教室の外や他の部屋に行って仕事をすることもあります。

ベター

クラスの部屋には、決まったサークルの場があります。そうしておくと、いちいち椅子やテーブルを動かさなくても、いつでも必要な時にすぐにサークルになって座ることができるので便利です。このサークルは、サークル対話の時にだけ使われるのではなく、インストラクションやプレゼンテーションのコーナーとしても使われます。ここには、デジボードやタッチスクリーンも設置してあります。

子どもたちは、子どもたちのうちの誰か、または、グループリーダーから、クラスの他の子どもたちの大きな邪魔にならないように、インストラクションを受けることができます。

クラスにはグループごとのテーブルがありますが、教室の端には1人で仕事に取り組める場所も設けられています。スタディキャビンもあり、そこで本当に集中して仕事に取り組むことができます。教室に入るとすぐに、クラス日記や記録帳が置いてあるのが見えます。子どもたち

は、毎日、その日記に何か文章を書いたり絵を描いたりしています。誰が見ても、今子どもたちが何に取り組んでいるのかが、すぐに分かります。教室の中には、ありとあらゆるコーナーがあります。計算・測定コーナー、言葉・作文コーナー、実験コーナー、絵画コーナー、読書・リスニングコーナー、建造物コーナーなどです。

ブロックアワーの間、子どもたちは自分で作った週や日の計画に沿って、これらのコーナーで仕事をしています。サークルの時間以外は、すべての子どもたちが皆同じことをしているという状況はありません。

年少の子どもたちのクラスでは、棚をうまく利用した、よく考えられた内装になっています。大半のものは、どの子にもよく見えるように置かれています。どうやら教員は、棚の前で腰をかがめて子どもの目線に立って考えたようで、上手に場所を分けています。もちろん、子どもたちには、取り出したものを元の場所に片づけるようにいつも説明しています。

ベスト

この学校がどこにでもある当たり前の学校ではないということは、外から見てもすぐに分かります。校舎の周りに色々と便利な遊び場や仕事場があるからです。思い切り走ったり、スポーツをしたりする場があるかと思えば、静かに座る場所もありますし、お互いに話し合う場所や、ただ何か仕事に取り組む場所もあります。

また、校庭は、芸術的な感覚を生かして作られています。子どもたちが作ったモザイク付きのベンチ、そのそばにある一種の屋外劇場。

また、色々な樹木や潅木が植えられ、子どもたちが自分で管理できる庭もあります。動物小屋などもあります。

学校に足を踏み入れてみると、この校舎が、単に各クラスの教室の集まりというものではないことがわかります。そうではなく、子どもたちがたくさんの異なる様式で学ぶことができる場所なのです。役に立たない無駄なスペースなど1つもありません。うまく工夫して色々な学習ができる場やアトリエが作られています。子どもたちに校内を案内してもらうと、子どもたちは、印刷所、シアター、静寂センター、音楽スタジオなどを見せてくれます。教室と教室の間には、学習広場が設けられ、色々と機能別に分けられたコーナーがあります。この学校では、誰もが、すべてのスペースに対して責任をもっています。

すべてのクラスは、午前の授業も、午後の授業も、始めと終わりに決まったサークルの場所に座ります。教室は、特に、静かに学びたい子どもたちが使います。多くの子どもたちが、学校の中に設けられた色々なアトリエを使っています。アトリエでは、他のクラスの子どもたちと一緒に仕事をすることもできますし、上手に説明できる他の子に教えてもらうこともできます。

8. ブロックアワー・自分で作る週計画

多くの学校では、伝統通りの授業時限を使っています。大抵の時限は約50分と決まっています。それは、イエナにあった最初のイエナプラン・スクールもそうでした。これらの時限は何かインストラクションを与えるのには十分な時間なのですが、物事にしっかり取り組むとか深く勉強する時には足りない時間です。そこで、2時間続けて「2時限続きのブロック」にしたのがブロックアワーの始まりでした。

ペーター・ペーターセンは『小さなイエナプラン』の中にこう書いています。「子どもたちは初めて学校に登校した時から、自由に、自律(自分を律する)的に、非常に自立(人に頼らず)して仕事に取り組んでいる」

ブロックアワーでは子どもたちは、一緒に仕事をしたり遊びもしたり会話もしたりします。それは練習したり、学んだり、経験したり、発見したり、探究したりするための普通よりも長い時間帯です。子どもたちはこの時間を使って、たとえば国語や算数の練習問題にも取り組みますが、ワールドオリエンテーションの探究学習をしたり、クラス会議や週末の発表会の準備をしたりもします。

幼児グループでは、この時間をよく「選択ワーク」と呼びます。グループ3(小学1年生)になると、こうした組織形態はほとんど消滅してしまい、主として教員が能動的な生産者となり、子どもたちは、どんどん消費者になっていくものです。イエナプラン・スクールは、学習を能動的なプロセスであると考えます。学習は自分でやるものです! あるいは、ヤン・リヒトハルトが書いているように、「良い学校というのは、校長は何もせず、教員たちは少しやり、子どもたちがすべてに取り組む」ということなのです。

ブロックアワーでは、子どもたちが徐々に自立して仕事に取り組むようになり、自分の学びに対してどんどん自分で責任をもつようになっていきます。このように、イエナプラン・スクールの子どもたちは、幼児グループの時から既に、コーナーを選んで学んだり、たとえば選択ボードを使って何らかの課題を自分で選んで実行したりしています。こうした仕事の進め方は、小学校時代を通して、徐々に子どもたちが自分で作る週計画になっていきます。この計画には、やらなければならない課題と、自分で選んだ学びとがうまく書き込めます。子どもたちは主に自分の週計画に基づいて仕事を進め、教員が前もっ

て決めた週の課題に従って進めるのではありません。イエナプラン・スクールの子どもたちはたくさんのことをしなければなりませんが、同時に自分の選択もできます。グループリーダーとクラスの他の子どもたちが、よく考え抜かれた計画の作り方を教えてくれます。子どもたち自身の責任感や、計画を立てるスキルは、こうして次第に大きく成長していきます。子どもたちは自分で選択することを学び、それについてファミリー・グループ（クラス）の仲間とグループリーダーに対して責任をもつことを学びます。それは、クラスの仲間が一緒に**ブロックアワーを振り返るリフレクションサークル**の中で起きます。

■どんな風に進んだか？
■私たちは何を学んだか？
■何がうまくいったか？
■明日は何を今日とは違うやり方でしたいと思うか？

このようなリフレクションサークルは、自己責任を体系的にプロセスを踏んで身につけていくために重要なことです。今後さらにどうすべきか、ということをクラスの仲間と共に振り返りながらいつも考えるようにする、つまり共に働き、共に学ぶということなのです。

ブロックアワーの最初の時間は皆、静かに学習に取り組むということをクラスの子どもたちと約束しておくのも良いでしょう。こうしておくと、たくさんの集中力を必要とする仕事を、ブロックアワーの最初の時間帯に計画すれば良いということになります。

子どもたちは**自分で作る週計画**の中で次のようなことを計画します。

■グループリーダーが出す課題
■自分で選んだ課題、しばしば教員との話し合いに基づいて
■ファミリー・グループが（クラスの子どもたちが一緒に）考えた仕事

ブロックアワーを成功に導くためには、以下の**4つの条件**を満たしておかなければなりません。

1. **目的が何かを念頭に置いて考えなければならない**　子どもたちは、その目標を達成するために、どんな方法を使うかについて比較的自由に選べる。こうすれば、多くの異なったやり方で学ぶという願望に答えられる。

2. **子どもたちは、自立学習を進めるためのスキルをもっていなければならない**　このため、クラスの空間、また、場合によっては教室の外にある別の空間が機能的に設置されており、子どもたちは、質問や問題が起きた時どうすれば良いかを学んで知っている。

3. **子どもたちは、お互いに協力してうまく仕事を進めることができなければならない**　他の子をうまく助けるにはどうすれば良いか、誰かに助けを求めるにはどうすれば良いかを既に学んで知っていなければならない。また、グループの中でどのように協力するか、課題をどのように分担するか、課題を時間通りに終わらせるにはどうすれば良いか、責任をどんな形で示すかについて知っていなければならない。

4. **グループリーダーと子どもたちは、よく記録**

表：週計画の構成

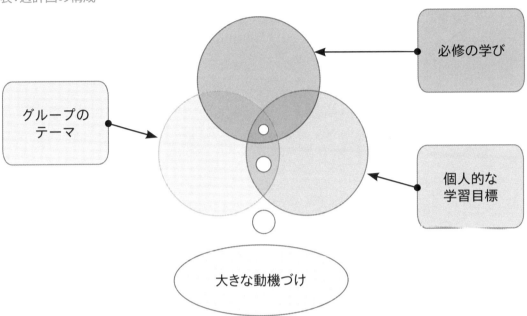

**された進度を確かめることができなければ
ならない** どの子も、自分が今どこまで学
び、これからさらに何を学ぶ必要があるか
が、すぐにわかるようになっていなければな
らない。学習全体の中での位置がわかり、目
標が明確に示されており、その目標に関連づ
けられた全体像が、すぐにわかるようになっ
ていること。これについては、デジタル機器が
役立つ。

グッド

子どもたちは、それぞれ自分の週計画をもっ
ていますが、そこに含まれている計画内容の大
半はグループリーダーがやらなければならない
と決めていることです。その他に、ファミリー・グ
ループの中でお互いに約束しあった課題を書く
余裕もあります。自分が何をいつするか、また、

場合によっては誰とするかを自分で決めること
ができます。

毎日、子どもたちが自分の週計画に沿って仕
事を進める時間が確保されています。それがど
のように進んでいるかを話し合うためのリフレ
クションサークルの時間は、毎日あることが望
ましいですが、週のうち最低1回は行うように
しています。自分の週計画で予定していた仕事を
終えることができなかった子どもたちは、その
責任を取らなければなりません。グループリー
ダーは、計画を実行できなかった理由が妥当で
あるかをクラスの子どもたちと共に判断し、翌
週のために新たに約束をしておきます。私たち
は週計画を使っていますが、それは自分の仕事
をうまく管理実施していくためのツールです。計
画はいつも必ずうまくいくとは限りませんし、そ
ういう時には、計画を調整しなければなりませ
ん。もし計画を終えられなかった理由が妥当で

はない場合には、まず、子ども自身に、解決法を考えさせます。その後どのような対策を取るかは、最終的には、グループリーダーが判断して決めます。どんな場合も大切なのは、子どもが自分の仕事に対して責任をもつことを学ぶのが目標であるということです。

ベター

ブロックアワーは毎日決まった時間に設けられています。ブロックアワーでは、様々な異なる「科目」を学びます。したがって、子どもたちは、同じ時間に同じ科目に取り組んでいるとは限りません。すべての子どもがすべての科目について同じ時間を必要としているわけではありませんから、私たちは、同じ時間に同じ科目を学ぶことを要求しないのです。また、必要に応じてインストラクションもブロックアワーの時間に行われます。ブロックアワーでは、「インストラクションが必要な人は？」という問いかけがよく出されます。インストラクションはグループリーダーだけが行うものでは全くありません。何かをしっかりよく理解している子どもの「専門性」を生かす機会はたくさんあります。

だから3学年の異なる年齢の子どもから成るファミリー・グループは、とても便利なのです。クラスにいる子どもたちの違いを色々な形で利用することができるからです。今たくさん他の子どもたちを助けている年長の子どもたちは、翌年は、次のファミリー・グループで年少者になり、年長の子から助けてもらいます。それに、人は、他の人に何かを説明しなければならない時にこそ、最も多くを学ぶものです。

クラスの子どもたちは、よく、ちょっとサークル（輪）を作って座り、お互いに何かについて調整し合っています。グループリーダーも、途中で、子どもたちと多くの対話をしています。結局、どの子も皆、最大限に学ぶことができるためにはどうすれば良いかという問いに、取り組んでいるのです。学習への責任は、まず何よりも子ども自身がもつもの、そして、グループリーダーとクラスの子どもたち全員の責任です。

ベスト

子どもたちはグループリーダー、または、子ども自身、あるいはクラスの仲間全員が決めた目標に対し、自分で選んだ方法で仕事を進めます。ブロックアワーの時間帯には、子どもたちは、自分で学びたい場所を選びます。学校は、教室の他にもまだ多くの勉強の場を設けており、子どもたちは、自分が仕事をうまくやれる場所を選んでそこに行って学びます。このように、1人で静かに勉強する場もあれば、誰かと一緒に学ぶ場、少しうるさくてもかまわない場などがあります。つまり、学校の校舎全体が子どもたちの学びの場になっているのです。

子どもたちの自主的な取り組みが尊重されます。「学ばなければならないこと」と「学びたいこと」との間に良い均衡をとることができるように努めています。私たちは、学校が決めたやらなければならないこと、クラスの子どもたちが一緒に探究しているテーマ、個別の子どもの選択や関心などがお互いにうまく組み合わされるように努力しています。

ブロックアワーの発達は、グループリーダーとファミリー・グループの子どもたちが定期的に振

り返って評価することで実現されます。評価をすることによって、自分が作る次の週計画の課題も新しく生じます。

評価では、単に遂行された量だけではなく、特に、学びの質に注目します。子どもは皆それぞれ、自分のクラスの仲間に対して、たくさんのことに責任をもたなければなりません。そこで、ここでの評価も、「あなたは何をしたのか？」ということよりも「あなたは何を学んだのか？」というものになります。

いつも繰り返しファミリー・グループの子どもたちに話しかけ続けることによって、それぞれの生徒の学びに対する子どもたちの共同責任が生まれてきます。「まだ何かをうまくできないでいる人を私たちはどうすれば助けてあげられるだろう」と考えるようになるのです。

週計画を保管し、記録として残しておくことは大切です。なぜなら、これらは、通知表を作る際の基盤となるからです。

ファミリー・グループのグループリーダーは、ブロックアワーでは、ニーズがあるところに支援をします。グループリーダーは子どもたちが成功することに責任をもっており、必要とあれば力を貸してやらなければなりません。子どもたちは、運に任せて放り出されて良いというものではないのです。

グループリーダーはブロックアワーでは、全体を見渡している指揮者的な役割を多くもっていますから、本当に何か必要とされる時には、助けを提供するゆとりをもっていなければなりません。グループリーダーは、ヘリコプターの上から見下ろしているような態度で臨み、自分自身はあまり能動的な動き方をしません。ですか

ら、ブロックアワーでは、グループリーダーは、一見、怠けているようにさえ見えます。

ブロックアワーでは子どもたちは「生きていく上で重要なこと」を学びます。そこで、既に前（第2章）に記述したエッセンスについてたくさん練習をします。

計画を立てるのは重要なことです。子どもたちは、何をするのにはどれくらいの時間が必要かを、経験を通して学ぶものです。子どもたちは次第に問題が起きても自分で解決できるようになり、自分で責任を取れるようになり、グループリーダーをあまり必要としなくなっていきます。自然にそうなっていくもののようです。

まとめると、**ブロックアワーの要素**は、3つに分けることができます。

1. **「しなければならないことリスト」を作る**　私がしなければならないこと、私たちがしたいこと、私がしたいこと
2. **計画する**　私は、何を、いつ、どこで、誰とするか
3. **自分自身と、クラスの仲間と、グループリーダーとで行うリフレクション**　私は何を学んだか、私はそれにうまく取り組んだか、次にやる時にはどこをどんな風に変えてやるか？

9. リズミックな週計画・自分の週計画

伝統的な学校では、前もって決められた時間割に沿って勉強しますが、イエナプラン・スクールでは、リズミックな週計画に沿って勉強します。伝統的な時間割は、イエナプラン教育の週計画に比べると、はるかに形式的で、しばしば、すべてのアクティビティをほとんど同じ時間でやります。しかし、リズミックな週計画では時間の使い方に抑揚があります。アクティビティの内容に合わせて時間が決まるのです。

すべてのアクティビティが同じ長さでできるものとは限りません。あるアクティビティをやっていても、グループリーダーが、そのアクティビティへの生徒たちの興味がもうなくなっていると気づいた時には、そこでやめることがあります。このようにして、サークル対話も10分で終わることもあれば、1時間以上続くことだってあるのです。私たちは、クラスの子どもたちがもっているリズムに従います。

アクティビティの中にもリズミックな変化があります。子どもたちは、誰かと一緒に学んだり、グループで学んだり、また、1人で学んだりします。

共に学ぶということは、**4つの基本活動**の中で行われます。

■共に話す
■共に遊ぶ
■共に働く
■共に催す

個別の学びは**3つの個別の基本活動**の中で行われます。

■深く思考する、哲学する
■実験する
■祈る、瞑想する

毎日、午前と午後の授業はサークルで始めます。こうしたサークルは長くやる必要はありません。それは、クラスの仲間とグループリーダーが顔を合わせるための場です。皆いるかな、何か特別なことはなかったかな、私たちはこれからうまく仕事を始められるかな、と確認するのです。

サークルは、授業の始めだけではなく、午前と午後の授業の終わりもサークルになり、そこで話し合ったり、皆で学んだことが何だったかを確認します。そこでやったことを締めくくり、必要に応じて、ここで気づいたことを記録しておきます。

週計画には、色々な種類のサークルが設定されています。特別の準備をせずにオープンで行われるサークル、何か準備をして行うサークル、リフレクションサークルや評価サークルです。

月曜の朝のサークルは、報告サークルで、準備のないサークルです。子どもたちがどんなことを話題としてクラスに提供するかについては、誰も前もって知りません。グループリーダーは、クラスの子どもたちが提供してくれたことについて、また、子どもたちがそれにどのように応じているかなど、個々の子どもたちの関係性にも注意して反応します。

準備をして行うサークルとは、たとえば、朗読サークル、時事サークル、テーマサークルなどです。

週計画をリズミックに行うとは、緊張と弛緩、落ち着きと動きのリズムをもつ、という意味でもあります。グループリーダーは、良い抑揚が生まれるように注意しなければなりません。集中力を必要とする仕事の時間の後には、たとえば、「エナジャイザー（気分転換をして元気にする遊び）」などをして、少し動きを与えます。また、動きの多い時間の後には、静かに落ち着いた時間が適切です。このようにして、外遊びの時間の後には、誰もが静かに本を読む時間を設けることができます。誰でも、ということは、グループリーダー自身もそうする（読書する）ということです。

異なるファミリー・グループのブロックアワーを同じ時間帯に計画すると便利です。こうしておくと、異なる複数のファミリー・グループの子どもたちが交流できるからです。子どもたちは、

他のグループの子どもたちと一緒に学べますし、グループリーダーたちも他のグループの子どもたちに触れることができます。こういう風にして、別のグループのグループリーダーや子どもたちがもっている、何か特別のクオリティを利用することができます。このようにして、2人のグループリーダーが2つのファミリー・グループについて一緒に責任をもつことができます。

グッド

心地良い抑揚のあるリズミックな週計画は、子どもたちのニーズによく適したものです。エルゼ・ペーターセンは**子どもたちのニーズ**について研究をしています。子どもの発達の基礎力、というものです。彼女は、子どもたちには次のようなニーズがあるという結論に達しています。

■ 理にかなった指導
■ 運動
■ 1人での仕事（自立的）
■ 協働

落ち着いた静かな仕事と運動との間の良い転換、生産的な活動と耳を傾ける活動との転換は、子どもたちをより良く動機づけることに繋がります。また、異なる科目間の良い転換や、考えることと何かをすることとの間の転換なども、子どもたちの学びを助けます。

人はとてもたくさんの色々な方法で学ぶことができます。グループリーダーらは、そのことをうまく活用しなければなりません。もちろん、課題や練習はやらなければなりませんが、子どもたちが教室の中を自由に動けるという状況から

生まれる、様々な協働的な学習形式を取り入れることによっても学ぶことができるはずです。

ベター

グループリーダーは、自分のクラスの子どもたちにふさわしいことが何であるか、誰よりもよく知っています。週計画は、良い結果をもたらすためのツールに過ぎません。ですから、グループリーダーは、何か正当な理由があれば、週計画を自由に変更できます。グループの中では、すぐに対応しなければならない事態がよく生じます。誰かが休憩時間にいじめられたら、それについて、その後すぐに対応する必要があります。なぜなら、それは、いじめ行動について学び、いじめを防止するために、多くのことを学べる、またとないチャンスだからです。

週計画は細かく計画しておくのではなく、大きなブロックでおおまかに構成しておきます。なぜなら、色々なことがお互いに関わり合っているからです。ですから読解力を学ぶための文章は、実際に子どもたちの身の回りで起きていることや、国語の課題や、ファミリー・グループワーク（ワールドオリエンテーション）に関係づけられています。

ベスト

週計画に対しては、グループリーダーだけではなくて、クラスの子どもたちにも責任があります。週の始めにそのクラス全体のための週計画について一緒に話し合います。そこで、子どもたちは各自自分で作る週計画の調整をします。ま

た、子どもたちの主体的な取り組みが奨励され、それが週計画にも影響を及ぼします。子どもたちは、徐々に、自分たちでアクティビティを組織したり、ゲストを招いたり、見学を企画したり、アクションを計画したりして、このような形で、週計画作りに影響力をもつようになっていくのです。

リズミックな週計画はファミリー・グループの学びに枠組みを与えるための手段なのです。

表：リズミックな週計画の例

週計画	名前： 週：		ポートフォリオ	ワールドオリエンテーション			国語							算数	芸術表現				
				研究課題	トポグラフィー （地図上で地名や地形を学ぶ）	年表	スペリング	文法	自由作文										
									下書き	清書	イラスト								

月曜	火曜	水曜	木曜	金曜
報告サークル	読書サークル	プレゼンテーション	自由作文サークル	観察サークル
自分の週計画を立てる	静かに学ぶ時間	静かに学ぶ時間		静かに学ぶ時間
			静かに学ぶ時間	
新聞を読みながらおやつ	新聞を読みながらおやつ	新聞を読みながらおやつ	新聞を読みながらおやつ	新聞を読みながらおやつ
外に出る	外に出る	外に出る	外に出る	外に出る
体育	体育	体育	体育	体育
	静かに学ぶ時間	静かに学ぶ時間	静かに学ぶ時間	静かに学ぶ時間
静かに学ぶ時間				
				週のクロージング（発表会）
		外に出る		
評価サークル（振り返りサークル）	評価サークル（振り返りサークル）		評価サークル（振り返りサークル）	
中休み	中休み	評価サークル（振り返りサークル）	中休み	中休み
静かに学ぶ時間	静かに学ぶ時間	中休み	静かに学ぶ時間	選択コース
評価サークル（振り返りサークル）	評価サークル（振り返りサークル）		評価サークル（振り返りサークル）	評価サークル（振り返りサークル）

私はどんな風に仕事をしたか？		こうしたいと思うこと	ポートフォリオに収録するもの	
月曜	☺ ☺ ☹			
火曜	☺ ☺ ☹			
水曜	☺ ☺ ☹			
木曜	☺ ☺ ☹			
金曜	☺ ☺ ☹			

10. 教科学習

伝統的な学校では多くの時間が、教科書を使って行われる教科学習に費やされます。そこでは、生徒用の教科書、教員用の指導書、さらに、子どものためのワークブックがよく使われます。ワークブックや教科書は、次第にデジタル教材に取って代わられつつあります。本質的には、生徒たちが知識を身につけ、戦略を学び、スキルを練習することに目的があります。

こうした知識やスキルは体系的に提供されます。その体系は、教授方法の専門家が考案したり、歴史的に形作られてきたものです。そういうわけで、子どもたちは、実際には友だちと何かを分け合っているにも関わらず、算数の教科書の上では、まず掛け算を学んでから、次に初めて割り算を学ぶということになっています。グループ6（小学4年生）になったらすべての子どもたちが割り算を学び、グループ3（小学1年生）では夏休みが明けてすぐの週から読み方の練習を始めるというのは、いったい本当に適切な方法なのでしょうか？

すでにお気づきの通り、イエナプラン・スクールは、こうしたメソッド（学習指導要領）に基づくやり方を、必ずしも適切なものだとは考えていません。メソッドは、主として、教員たちが教えやすいように書かれています。私たちは、子ども

の立場から出発することを好みます。つまり、多くの子どもたちがより多くのことを学ぶために、私たちはどのように刺激することができるだろうか、と考えるのです。

もちろん、メソッドは便利です。よく考え抜かれていますし、素晴らしい勉強の仕方や練習も考案されており、そうしたものは一度使ってみるだけの価値があります。ですから、複数のメソッドを使って、たくさんの蓄積の中から色々な練習問題を掘り出してくるのは有用なことです。グループリーダーは、子どもたちの発達を助け、子どもたちが意欲的により多くのことを学べるように、正しい練習問題を提供します。

教科学習では、大きな現実世界の一部だけが示されます。現実の中の一部分だけが取り出され、練習のために使われるのです。子どもたちは、いえ、大人もまた、いったいそこでの知識が何のために使えるのか、なぜそれを練習しなければならないのかをあまり知りません。「後で役立つから」という理由は、多くの場合、本当の動機づけにはなりません。よしやってみようと思えるような動機づけは、当然ですが、学んだことを使って何ができるのかが分かっている時にこそ、ずっと大きなものになります。今学んでいることが、何か個人的な目標と繋がっているなら

ば、つまり、学んだことを使って何ができるのか、が分かっていれば学習成果は、当然はるかに大きくなります。

　イエナプラン・スクールで、私たちは、教科学習ができる限り機能的なものになるよう努力します。子どもたちは、学校では２つの方法で学んでいます。すなわち、教科学習とファミリー・グループワークという２つの方法によってです。

　教科学習は、ファミリー・グループワークに関係づけられている時に、最も効果的なものになります。グループリーダーは、インストラクションの際に、ファミリー・グループワークとの関係が何であるかを示さなければなりません。インストラクションは、あまり多くの時間をかけずに効果的に行われると、良いものになります。これについては次のような留意点が大切です。

準備　しっかりと準備しておくように留意する。必要なものを前もって置いておき、インストラクションを始める前に、もっと指示や援助が必要ではないか、と考えておく。

活性化　インストラクションを受けるグループの子どもたちによく見える位置に座るようにし、明確なスタートのサインを送り、子どもたちがよく動機づけられるような「やる気を起こすような遊び」から始める。それから、前もって子どもたちに全体の要約を伝え、子どもたちがすでにどれくらいのことを知っているかを確認し、これから学ぶことを使って何ができるようになるのかを明らかにする。

プレゼンテーション：学習の目標を「あなた（たち）はこれから〇〇〇について学びます」というように子どもたちに示す。そして、子どもたちと一緒に、誰がインストラクションを必要としているかを明らかにする。その上でプレゼンテーションを始める。

- ■小さいステップに分けて進める
- ■良いテンポを維持する
- ■明確な言葉づかいをする
- ■大事な点は何かを示す
- ■例をあげる
- ■イラストを見せる
- ■絵などによってイメージを表す
- ■インタラクティブな（聞き手とのやり取りがある）プレゼンテーションをする
- ■何か問いを発したら長い休みを入れる
- ■ユーモアを使う
- ■まとめる
- ■どの子どもも理解しているかを確かめる
- ■説明の後ですぐに練習をさせる

練習　短い課題を与え、「〇〇〇をしなさい」という文を使う。子どもたちにしっかりと考えさせ、たくさんの問いを与える。すべての子どもたちを学習に参加させ、誰もが成功するように導く。個々の子ども、またグループに対して褒め言葉を与える。理解できない子どもがいる場合には、もう一度同じやり方で説明するのではなく、違った説明の仕方をしてみる。

プロセス　練習の後、すぐにそれをしっかり理解させるプロセスに入る。15〜20分間かけるのが望ましい。協働するよう促し全体をよく見渡

す。そうすることですぐに子どもたちにフィードバックを与えられる。間違いはその場で訂正する。それでこそ訂正の意味がある！

リフレクション　「あなたは何を学びましたか」と問いかける。うまくいったことを強調し、たくさん激励の言葉を発する。また、学習の経過についても話し合う。「どうしてこんなにうまくいったのでしょう？」と投げかけ、それから、今どの段階をやっているのかを示し、ファミリー・グループワークの中での位置づけを示す。

振り返り　学んだことは頻繁に振り返る。「先週皆さんで〇〇〇したのを覚えていますか？」と問いかけ、できれば子どもたちと一緒に、何を学んだか、学習ラインの中のどの段階をやったのか、を明確にする。

　効果的なインストラクションをする上で大切なのは、時間の使い方に注意することです。インストラクションの途中で、教員中心の活動から生徒中心の活動に移行します。インストラクションが長すぎると子どもたちは、たいてい注意散漫となり、子どもたちのアクティビティや関わりが減り、最終的には問題行動へと繋がります。良いインストラクションとは、端的で力強いものです。

　例をたくさん用い、実際にたくさん何かをやって子どもたちに見せるようにするとうまくいきます！　子どもたちがすでに知っていることと、うまく接点を作りながらやるのです。

　イエナプラン・スクールでは、インストラクションは「その場の状況に合わせて」実施されます。

インストラクションは、子どもたちがすでに知っていることや、まだこれから学ばなければならないことに、うまく接点を作って行われます。子どもたちは、ある学年にいるからインストラクションを受けるのではなく、その時点でちょうどそれを学ぶのに適した時期に来ているから、インストラクションを受けるのです。私たちは、法律で決められている通り、子どもたちの切れ目のない〈継続的な〉発達の線上で指導したいと考えているのです。

グッド

　グループリーダーは、様々なインストラクションのやり方を知っています。インストラクションの目標もはっきり示されるので、子どもたちのうち、誰がインストラクションを受けるにふさわしいかも明確です。

　古典的な一斉授業型のインストラクションはほとんど行われていません。時には、グループごとにインストラクションテーブルに座ってインストラクションを受けます。また別の場合には、小さいサークルを作って行います。

　グループリーダーは、子どもたちができるだけ参加するように努力します。良い質問を投げかけ、子どもたちは、問いの後に考えるための時間をもらいます。私たちは、子どもたちに、よく考えるよう促します。このような小さなインストラクショングループでは、子どもたちは、手をあげる必要がありません。子どもたちは、お互いの様子をよく見ていますし、グループリーダーも子どもたちの様子をよく見ているからです。このようにして、自然な学習状況が生まれてくるのです。

かを表したものです。

ベター

グループリーダーは子どもたちに、インストラクションに参加すべきかどうかは、自分で考えて決めるように強調します。ある場合には、教員自身が、子どものために参加すべきかどうかを決めますが、他の場合は子どもたち自身が選択できるようにしておき、そうすることによって自分の判断の結果がどうなるかを子どもたち自身に経験させます。

たとえば、多くの子どもたちが、何かのスペリングをよく理解していない場合には、インストラクションが与えられます。また、大きな数の割り算があまりできない子どもたちがいれば、テーブルの周りに集め、15分間のインストラクションを行います。または、はさみをうまく使えない子どもたちがいれば、教員はその子たちのそばに座って教えます。

インストラクションは、それだけで成り立っているものではなく、ファミリー・グループの中で行われる他のアクティビティと明確な繋がりをもっています。たとえば、その子どもたちがちょうどどこかの通りの交通量を計っているとすると、その時にグラフについてインストラクションが行われるといった具合です。グループリーダーは、子どもたちを可能な限りアクティブにさせます。そこで学びは、主として実際に実践的な活動を通して行われます。どんな学習形式を選ぶかを判断する際に重要なのは、学習が効果的に進むかということです。

次頁に示した[表：私たちの記憶]は、どういう学習活動をした時に学びの記憶がよく残る

ベスト

ファミリー・グループでは、子どもたちのクオリティ（得意な点・強み）を利用します。〈弟子ー見習いー師匠〉の原則がしばしば適用されます。お互いから、また、お互いと共に学ぶということが当然のこととして行われます。つまり、子どもたちも、インストラクションをすることがあるという意味です。「インストラクションが必要な人は誰ですか」という問いの他に、「じゃあ誰がインストラクションをやってくれますか」という問いかけもなされます。学校の中に異なるファミリー・グループが協働する仕組みがあれば、子どもたちは、別のグループの誰かに、算数をうまく説明してもらうこともできます。ただ、そのためには、お互いに時間を調整できるように、異なるファミリー・グループの日課を一緒に計画しておかなければなりません！

子どもたちの中には、読み方の時間に、他のファミリー・グループの子どもたちを助けに行くこともあります。中学年グループの中ではあまり読み方が得意な方ではない子も、幼児グループのブックコーナーには読み聞かせをしに行くことができます。高学年グループの子どもたちは中学年グループの子どもたちに、パワーポイントを使ったプレゼンテーションの作り方を教えることができます。もちろん、こうして他の子どもを助けている子どもたちは、どうすれば他の子をうまく助けられるかということを学んでいるのです。

人を助ける時には、自分で答えを言うのではなく、助けてもらっている子が主として自分自身

表：私たちの記憶

読んだことの10％	
聞いたことの20％	
見たことの30％	
見聞きしたことの50％	
他の人と話したことの70％	
自分で評価したり後で振り返って話し合ったことの80％	
他の人に説明したことの90％	

で答えを発見できるように助けなければなりません。その子の答えが間違っている、というのではなく、もう一度やってみてごらん、とか、別の方法でもう一度説明してごらん、と言うのです。この学校では、ハワード・ガードナーのマルチプルインテリジェンスの考え方がすっかり定着しています。子どもたちは自分がたくさんの異なる方法で学べることを知っていますし、実際にその経験もしています。そのように、九九を覚えるにしても、言葉にして暗記する方法、計算しながら覚える方法、歌を歌いながらやる方法、体を動かして覚える方法、図式を描いて覚える方法、など、色々な方法があって良いのです。学びはたくさんの方法で行えます。

教科学習は大切なものです。何かについて、できれば自分が必要としていることについて練習すれば、後でそれを何かに使えるようになり

ます。それはスポーツにも似ています。スポーツでは、試合に出て勝つためには、その前にトレーニングをしなければなりません！　そして、試合でうまくいかなかったことを、もう一度トレーニングで練習します。このように、試合とトレーニングの間には常に相互の関係があります。

同じことは、教科学習とファミリー・グループワーク（ワールドオリエンテーション）の間の関係、つまり、理解すること・覚えること・応用することの間の関係についても当てはまります。

11. ファミリー・グループワーク

イエナプラン・スクールには2つのアクティビティ、すなわち、教科学習とファミリー・グループワークがあります。私たちは、〈ワールドオリエンテーション〉という言葉よりも〈ファミリー・グループワーク〉という言葉を用いたいと考えています。多くの人たちは、ワールドオリエンテーションという言葉を聞くと、色々な科目をテーマやプロジェクトにして、統合させて学ぶことだと考えるからです。しかし、イエナプラン・スクールでは、ワールドオリエンテーションは、別のことを意味しています。

イエナプラン・スクールでは、ワールドオリエンテーションは、共に話し、共に遊び、共に働き、共に催すことを意味しています。教科学習では、子どもたちは、1人で、または誰かと一緒に、知識やスキルを学び練習します。ファミリー・グループワークでは、ファミリー・グループの他の子どもたちと一緒に「生きることを学ぶ」練習をします。それを、共に話し、共に遊び、共に働き、共に催すことを通して、つまり、4つの基本活動を通してやるのです。

ファミリー・グループワークを試合に例えるなら、教科学習はそのためのトレーニングといえば良いでしょう。何かのスポーツで、しても良いのはトレーニングだけだといえば、動機づけは

なくなってしまいます。試合があるからこそ、そこに深く関わっていこうと思えるようになるのです。

ファミリー・グループワークは、不思議に思うこと、好奇心を抱くこと、学び方（プロセス）を学ぶこと、そして、批判的に考えることを学ぶことに主眼を置きます。こうした学びは、誰か他の人たち、そして世界との繋がりの中でのみ可能です。関係性の中で生きることを学び、その中で自分自身について深く知るのです。ファミリー・グループワークは問うことから始まります。自分自身の問いとグループが導き出す問いです。1つ1つの答えは、そこからまたさらにたくさんの新しい問いを生みます。ケース・ボットの言い方をすれば、「私たちは問いに答えるのではなく、答えを問い直すべきなのです」ということです。

ファミリー・グループワークをそのグループが出してくる問いから始めると、ファミリー・グループの子どもたちのために、前もって何もかも計画していた通りには授業を進めることはできません。しかし、計画は、子どもたちから出てきた問いの後に始まるもので、子どもたちと一緒に決めていくものなのです。

ファミリー・グループワークの第一ステップは、関心や動機づけや興味を、グループの子どもたちの間に引き起こさせることです。関心は、時には自然に起きることがあります。そういう時にはグループの子どもたちが皆、質問をもっています。たとえば、何か実際に起きたことに関してなどです。また時には、グループリーダーが、何らかのテーマについて、グループの子どもたちに学ばせることが重要であると考えることがありますが、そういう場合、グループリーダーは、グループの子どもたちが「前のめりになって椅子にじっと座っていられないような状態」にもっていくという課題に取り組むこととなります。それをうまくやれさえすれば、後は自然に進みます。動機づけがあり、ホンモノの問いをたくさんもっていれば、私たちは学びにも自然と取り組みたいと思うものだからです。

ファミリー・グループワークの第一のステップは、興味を引き出すことなのです。教員は、たくさんの多様な方法を使って、こうした興味を目覚めさせることができます。自分のグループの子どもたちをよく知っていればいるほど、子どもたちの興味を引き出すのは容易になります。ある場合には、サークル対話でそれができるでしょうし、他の場合には、見学に行ったり、適切なゲストを招くなどするとうまくいきます。グループの子どもたちを活性化させるのは、グループリーダーの仕事です。教育プロセスにおいて、子どもたちは、あまりにも多くの場合、消費者になってしまっています。私たちは、子どもたちを、生産者にさせなければなりません。そのことは特にファミリー・グループワークにおいて言えることです。子どもたちがアクティブにな

ること、それが特に重要なのです。

興味がありさえすれば、問いは自然に生まれます。また、子どもたちは、皆が皆、同じ問いをもっているわけではありません。なぜなら、皆が皆、同じ既存の知識をもっているわけではないからです。この既存の知識が活性化され、グループの子どもたち全員で共有されなければなりません。子どもたちがそれぞれもっている問いを可視化するのは良いことです。たとえば、子どもたちがそれぞれ自分のマインドマップ（記憶や発想を高めるために、頭の中での思考をキーワードとキーワードの間の関係を示す線を使って、蜘蛛の巣のように図式として表すもの）を作ってみると良いでしょう。誰もがマインドマップを作ります。教員もそうします。グループリーダーのマインドマップは、主に（国が決めた）中核目標や、学校が独自に設定している目標の観点から、つまり、子どもたちが学ばなければならないことを基にして作ります。

1人1人個別のマインドマップができたら、それを基にして、グループ（クラス）のマインドマップ作りができます。これが、そのテーマでの学習の土台になります。グループリーダーは、このマインドマップの中で、グループの子どもたちから出された問いの間の関係がすべてよく見えるようにします。

いよいよクラスの子どもたちが、サブグループに分かれ、役割を分担して、早速、仕事に取り掛かります。もちろん、それまでに、私たちが達成したい目標は何かとか、そのために何が必要かとか、目標を達成するためにはどんなことができるかといったことについては、すでにたくさん話し合いが行われています。

すべてのサブグループは、1つのプレゼン

テーションに向けて仕事を進めていきます。子どもたちを助けて、後でプレゼンテーションがうまく成功するように導くのが、グループリーダーの主な役割です。

この仕事が終わると、プレゼンテーションへと続きます。プレゼンテーションの形式には多様な形がありますので、その中から最もふさわしい形を選びます。口頭での発表、パワーポイントによるプレゼン、模型を見せる、音声を使う、動画を使う、展覧会をするなどです。

1つのプレゼンテーションが終わるごとに、ファミリー・グループの子どもたちは、各自何を学んだか確認します。このようにして、1つのサブグループの知識がファミリー・グループ全体のものになります。お互いから学び、お互いに教え合います！　グループリーダーは、どの中核目標を達成することができたかを記録に残します。

ファミリー・グループワークには、たくさんの形式が考えられます。長い期間にわたって行われる「プロジェクト」を企画することもできます。こうして、あるグループの子どもたちは、1年の4分の1の時間をかけて、毎週、地方局のラジオ放送の番組を、時々インタビューや音楽などを使って制作することもできますし、シナリオや舞台装置や衣裳や音楽やダンスを使った演劇を組み立てていくこともできます。

また、時々、ストーリーラインアプローチをクラスの子どもたちと共にやってみることもできます。スティーブ・ベルは『教育のためのストーリーライン』の中で、授業で使える素晴らしいツールを私たちに提供してくれています。[註2]

子どもたちは、ファミリー・グループワークの中で、自分が教科学習の中で学んだことを意味のあるものとして使うという経験をします。子どもたちは、しばしば、まだ自分ができないことをしたいという感情をもつものです。それは、何か新しいスキルを学んで身につけるために、短期または長期の教科学習を企画する素晴らしいチャンスになります。

グッド

世界は1つのまとまった全体で、学校で習うバラバラの科目から成り立っているのではありません。また、私たちの脳も、多くの学校が採用している科目分野の分類によって分けられるものではありません。まず取り掛かりとして、社会や理科など事実を取り扱う科目はもちろんのこと、すべての学科をお互いに統合的に関係づけることから始めます。幸いなことに、たくさんの科目を統合的に学べるようなテーマを設定したメソッドも存在しています。

生きた本当のテーマから始めると、子どもたちは、自分で選べる方法を用いて仕事に取り組むことができます。グループリーダーは、主として、子どもたちが最終的に到達しなければならない目標に向かって仕事が進んでいくように留意します。

子どもたちは、色々な学習形式を交換的に選ぶように奨励されます。新しい学習形式は、定期的にグループリーダーがプレゼンテーションをして教え、必要に応じてそれを使う練習もします。このようにすれば、いつも何か新しいやり方を選べますし、それによって、常に新鮮な学習を経験できます。マルチプル・インテリジェン

表：子どもたちが使えるプレゼンテーションの種類

書いて		視覚的に	
■ 壁新聞	■ 学級新聞	■ 展覧会	■ 料理
■ レポート	■ マインドマップ	■ 模型	■ 観察テーブル
■ フライヤー	■ ブログ	■ 衣服	■ 絵
■ 詩	■ ウェブサイト	■ 地図	■ モデル

表現		口頭で	
■ 演劇	■ ビデオクリップ	■ 口頭発表	■ インタビュー
■ オペラ	■ 吹き替え	■ フォーラム	■ ラジオドラマ
■ ミュージカル	■ 歌	■ ディスカッション	■ クイズ
■ ダンス	■ パントマイム	■ ディベート	■ ラジオ放送

スの理論は、ハワード・ガードナーが開発したものですが、色々なやり方でこの理論を応用できます。それは、たくさんの異なる様式についてのアイデアの宝庫です。

　子どもたちはプレゼンテーションでも色々な形式を使うように奨励されます。プレゼンテーションの目的は、主として、自分が学んだことを皆に発表することにあります。

　算数などの教科学習では、自分が何を学んだかを確認するために、多くの場合テストが行われます。ファミリー・グループワークでは、プレゼンテーションが、自分が学んだことを証明する時なのです。それは単に知識に関する確認にとどまらず、そこにいたるプロセスを確認するためのものでもあります。正しいアプローチをしただろうか、協働作用はうまくいっただろうか、

計画はうまく立てられただろうか、というプロセスを確認します。

ベター

　〈学びのための問い〉が、ファミリー・グループワークの出発点となります。それはファミリー・グループが共に作る〈学びのための問い〉であり、単に個々の問いにとどまりません。〈学びのための問い〉は、この節のイントロダクション（P185-186）のところで書いたように、枠組みのあるものです。子どもたちの問いとグループリーダーの問いと合わせて、ファミリー・グループの学びの問いをまとめたマインドマップを作ります。このグループが一緒に作ったマインドマップが、ファミリー・グループワークのナビゲーションとなるのです。子どもたちは、自分の関心を基

にして、グループ全体のマインドマップの一部を担当して取り組みます。このようにすると、子どもたちは、そのマインドマップのその部分について、ファミリー・グループの他の子どもたちに情報提供をする責任をもつようになります。グループリーダーはこのグループのマインドマップの中で、問いと問いの間の関係性が見えるように留意します。

子どもたちは誰も取り組まないけれども、それでもなお重要な部分については、グループリーダーがプレゼンテーションを準備して実施します。

子どもたちは、自分たちの情報を、特に1次資料から「取得する」よう奨められます。1次資料を使うというのは、情報を、主として、実験や、アンケート・観察・インタビューといった探究作業から得るということです。

もちろん、2次資料も役には立ちます。私たちは、子どもたちが、そうした2次資料を批判的に取り扱うことができるようになることを望んでいます。2次資料とは、たとえば、本、新聞、インターネットといったものです。私たちは、子どもたちに、インターネットは情報を早く探すのに便利なものだが、それを取り扱う時には批判的な態度をもたねばならないということを、教えなければなりません。この情報は正しいのだろうか、この情報をここに書き込んだのは誰だろうか、この情報をそのまま使ってもいいのだろうか、というようにです。

プレゼンテーションでは、子どもたちに4つの異なる種類のプレゼンテーションを使うようにさせています。

ベスト

1週間の中で最も重要な部分はファミリー・グループワークです。子どもたちは、グループリーダーと共に、何について取り組むか、そこでどんな学習目標を達成しなければならないかについて話し合います。

本当の学びは、常に、何かについて不思議に思うことから始まります。仕事に取り掛かりたいという気持ちは、不思議に思うことから始まります。そのためには、教員は、自分のファミリー・グループのことをよく知り、その力を使い、それから、グループの外にある可能性も探ります。「いったいどういう仕組みになっているんだろう」と探究していきます。続いて、発見された情報を使って生産する仕事に取り組みます。つまり、プレゼンテーションの形式を選ぶということです。他の子どもたちと一緒に、自分が学んだことは、どれもすべて正しいことなのかどうかを再確認しなければなりません。それが済んだら、自分のグループで、あるいは、学校で週末の発表会の時に、そして学校の外でも、自分が学んだことを他の人と共有できます。こうすると、何か物を考えたり、取り組んだりする場合、他の人に何らかの方法を勧めることができるようにもなります。ここでは、知識を共有することが目的であり、それは未来に繋がります。知識が共有されると、他の人がまたさらに一層先に進めます。もっと多くの知識、もっと多くの可能性へと。

イエナプラン・スクールでは週の終わりに発表会をします。自分が獲得した知識や経験を、他の子どもたちや学校のグループリーダーたち

と分け合う瞬間です。保護者たちも普通そこに参加できます。

　ファミリー・グループの子どもたちとグループリーダーが提示する問いが、ファミリー・グループワークの基礎となります。グループが作るマインドマップには、個々の子どもたちのマインドマップとグループリーダーのマインドマップとをお互いに組み合わせて構成した、〈学びのための問い〉が書き込まれます。このマインドマップは、私たちが、いつも立ち戻って、仕事の枠組みを見直すことのできる土台となります。

　ファミリー・グループワークでは、子どもたちは、自分たちの才能を他の人に見せることができます。グループの子どもたちは、自分の色々な才能を使い、それが可能な限り有用なものとなるように、しかし同時に、他の子どもたちの才能も発展するように、刺激を受けるように仕事を分け合うのです。そうすれば、子どもたちはお互いに助け合うことができるようになります！
　一方においては、才能を使い、それで貢献していく（マッチング＝合わせること）、また、他方では新しいスキルを発達させる（ストレッチング＝引き伸ばすこと）ということです。

　主として1次資料を使うようにします。それを学ぶために、常にホンモノの情報源を探し、そこから学ぶようにします。実践的には、子どもたちがたくさんの時間を使って外に出て行き、たくさんのゲストを外から学校に招き、意味のある仕事に打ち込むということです。

　意味のある仕事は、長期間にわたって続けられることもあります。学校キャンプ、自由作文、ミュージカルの公演準備、国際交流の企画、校庭の再デザインなどは、子どもたちが、極めて強く動機づけられ、仕事に集中して取り組むことのできる意味のある活動です。

　そして、その時、学びが本当に起きるのです！そのようなものであってこそ、ファミリー・グループワークはイエナプラン・スクールのハートになるのです。

12. 評価の通知

　子どもたちと仕事をするということは、すべての関係者が共に責任を負うことを意味しています。責任はまず何よりも子ども自身にあります。しかし、それ以外の人も、子どもの発達経過を報告する役割を負います。

　ファミリー・グループでは、そのグループの発達と、そのグループにいるすべての子どもたちの発達について話し合われます。子どもたちは、自分たちがどういう点で良い状態であるか、学習のポイントは何であるか、どうすれば他の人が発達できるように励ましたり助けたりできるかについて、お互いに大変よく知っています。子どもたちは、自分を大変うまく評価できます。子どもというものは、しばしば、自分について、またお互いに対して、グループリーダーや親たち以上にずっと厳しい目をもっているものです。

　子どもの成績の報告には、グループリーダーら教員チーム全体、そして、校長や特別支援教員が関与します。異なるグループの成績の通知はお互いに調整されなければなりませんし、「第3者」への責任という観点からも、それは明確なものでなければなりません。

　学校は、次のファミリー・グループへの進級をどのように行うかについてよく考えておかなければなりません。つまり、ある子どもの発達をうまく助けるために、その子どもの新しい担任になる人にとって、事前に必要な情報は何だろうか、と考えておく必要があるのです。また、このことは、他の小学校に行く時とか、中等教育に進学する時などで、他の法的条件を満たしておくと同時にやらなければならないことです。

　さらに、政府もまた、成果への責任をますます問うようになってきています。成果は、平均値に合わせて測られ、また、保護者の学歴や出身などにも関係づけられます。

　イエナプラン・スクールでは、平均値と比べて成績を示すというやり方に対しては、特にジレンマがあります。私たちは、イエナプランのコンセプトによって、子どもの全人的な発達のために取り組みたいと思っていますし、発達というものを、常に1人1人の特別な存在としての子どもの可能性という光に照らしてみようとしているからです。そのため、子どもたちによっては、物差しを年齢よりも低い所に置かなければならないことがありますし、また逆に物差しをずっと高い所に置かなければならないこともあります。

　イエナプラン・スクールは平均値を基盤として

いるのではなく、すべての子どもたちに平均点以上のスコアを取らせようと頑張るものでもありません。

　すべての子どもたちの最大限の発達チャンスに向けて取り組むとは、子どもたちの間の違いが徐々に広がっていくことも意味します。共通の、誰にとっても有効な目標を標準にして仕事をすると、子どもたちが個人的な才能として個別にもっているものを発達させることを阻むこととなります。

　ペーター・ペーターセンは、実験校で、客観的成績通知と主観的成績通知とを分けていました。主観的成績通知は子どもに対して書かれた手紙でした。それは、子ども学的な意味をもったもので、子どもを子ども自身の発達過程の中で刺激することを意味して書かれました。客観的成績通知は、主として保護者のために作られました。これは、同じ年齢集団の発達に照らして成績を見直し、中等教育の進学にあたってどのコースが最も相応しいか、ということに関心が向けられたものでした。(註3)

　ファミリー・グループの子どもたちに自分の発達についての正しいイメージをもたせるためには、定期的に、できれば半日の授業の終わりごとにファミリー・グループで一緒に何を学んだか、どんな風に学んだかについて見直してみることが大切です。このリフレクションのための対話を通して、次に気をつけるべきことが決まってきます。このようにして子どもたちは、1歩ずつ自分自身のことや自分の可能性について、より良く知るようになっていくのです。

　また、書き言葉や口頭による課題を実施した後にも、できるだけ早くフィードバックをもらえるようにすることが大切です。ノートを提出させ、それを見直し、またそれを返し、次の課題を実施するというのは、とても多くの時間がかかり、あまり効率的だとも言えません。ファミリー・グループの他の子どもたちと、または、グループリーダーと一緒に、課題について話し合う、また、〈前もって約束しておいた〉見直しサインのようなものを使って間違いを自分で探すといったやり方のほうが、しばしば、ずっと効果的です。

　こうしていると、成績の通知は、子どもたちの発達にとってのツールであると考えられるようになります。子どもたちがした仕事を評価するのは、たいていは必要のないことです。私たちは、彼らが何を学んだかを発見するために、また、今後何をしなければならないかを決めるためにテストをします。子どもたちを、カテゴリーやレベルや数値や、その他何らかの判定で分けるためにテストをしているのではないのです。

グッド

　私たちはほとんど皆、人から評価を受けて大きくなってきました。数値による通知表、不十分・十分・良いと言ったカテゴリーに分かれた通知表や、もしかすると、色を塗った丸印の並んだ通知表をもらってきたかもしれません。

　まず最初のステップは、現在、発達のどの段階にあるのかを把握することです。ある子どもが、ある学年の中で、または、〈低学年や中学年や高学年など〉ある学年グループの中で、または、小学校教育期間全体の中で、どのくらい進んでいるかについて発達ラインの上で見極める

ということです。こうすることで、次にどんなステップを取るべきかが誰の目にも明らかとなり、どのようにしてこのステップを踏むかを、私たちは話し合うことができます。自分の学習目標について理解しており、次のステップが何かを知っている子どもは、自分から進んでそのために取り組みたいと思うものです！

　最近数年の間に、読み書き算をことさら強調する傾向が強まっています。これは、何よりも政府がこうしたスキルを基礎スキルとしているからであり、彼らは、CITOテスト[註4]を使って、小学校のクオリティを測定しようとしています。

　もう随分昔に、ペスタロッチは、頭と心と手に働きかけることが重要だということを明らかにしています。この出発点は、イエナプラン・スクールにとっても大変重要なものです。つまり、幅広い発達のために働くということです。このことは成績通知の仕方にとっても重要です。保護者への通知は、年に数回ありますが、判定を下すという性質のものではありません。ファミリー・グループでは、定期的に評価サークルが開かれ、そこでは、何がうまくいったかが語られ、良くできたことが取り上げられます。けれども、次にはもっとさらに良くしたいので、そのためのヒントも与えられます。

　スキルを練習する際には、自分で答え合わせができるたくさんのアクティビティを使います。自分がうまくやっているかどうかを、その場ですぐに知るのは大事なことです。新しいデジタル形式の練習が以前に比べ入手しやすくなり、子どもたちは、それによってすぐにフィードバックを得られるようになっています。しかも、グループリーダーは自分のクラスの子どもたちが、ど

んな成績を上げているかをすぐに確かめることができます。また、そうすることで、教員たちが山のようなノートを家にもち帰って、かなりの時間を見直しに費やさなければならない、という状況も回避できます。

ベター

　成績の通知は、子どもたちと教員たちが一緒に取り組めば、一層意味の深いものになります。保護者に対して出される通知の中に、子どもたちも自分で、学校での様子、学校生活やファミリー・グループやグループリーダーについての意見などを書き入れます。

通知表の中に、子どもたちは、たとえば以下のようなことについて書きます。

■ 学校に行くのは楽しいか
■ 学校やクラスでは、家庭にいる時のようにリラックスしているか
■ 友だちの数は充分か
■ 何が得意か
■ 誰といちばんよく一緒に勉強するか
■ 何をするのが好きか
■ 自分で計画を立てるのはうまくいっているか
■ 自分の仕事はどんな風にいっていると思うか
■ 助けを求めたり助けを与えたりするのはうまくいっているか
■ お互いに喧嘩するようなことはあまりないか
■ クラスではたくさん楽しい時間を過ごしているか
■ 教員からたくさん褒め言葉をかけてもらっているか

もちろん、報告するのは、最近の期間についてです。けれども、それは主として、次の期間に向けて行われるものです。つまり、最近の期間中に自分は何を学んだか、そして、次の期間についての良い計画は何だと思うか、ということです。このようにして、できる限りポジティブに、期待される成果について話し、今後さらにどうしなければならないかを知るために、時々振り返ってみると良い、ということなのです。

その他、主観的成績通知と客観的成績通知の間にも違いがあります。保護者と子どもたちは、自分の子どもができているところと、できていないところについての正確なイメージをもたなければなりません。小学校終了段階で、その後に続く中等教育のどの進学コースに行くかについて学校からアドバイスされた時に、初めてショックだったというようなことがあってはなりません。[註5]

学校は、テスト結果を批判的に見て、それについて、責任ある態度で対処します。テストは、現実の中の小さな一部分を代表するものということは承知していますが、それはそれとして、考慮されなければなりません。

ベスト

子どもたちは自分の発達をとてもよく理解しています。彼らは、定期的に自分のポートフォリオを作ります。ポートフォリオは、個人的な発達の「証拠資料」が集められたものです。これらの証拠資料は、いつも、ポートフォリオをもとに行われる懇談の際に使われます。

ポートフォリオを使った懇談会では、前回約束していた学習目標が達成されたかどうかが見直され、次の学習目標が決まります。ポートフォリオは色々な方法で構成できます。ある学校では、作文や写真を集めた紙のポートフォリオを作っています。

しかし、次第に、子どもの発達をデジタル機器を通して可視化させる可能性も増えてきています。たとえば、デジタルポートフォリオや自分のウェブサイトやブログを作ること、さらにもっと他の方法もあります。子どもたちは、どうすれば自分たちがこうした方法を使えるかについて、お互いに学び合うことができます。

子どもたちが自分で自分を振り返ることに積極的になれるように、私たちは子どもたちに、**自分で学習目標を決め、その目標が達成されたかどうかをどのようにして見極めるか**について、少しずつ教えていきます。ここでは次のような問いが重要です。

- 何を学びたいか
- どんな風に学びたいか
- 自分が学んだことをどのように人に対して証明したり、プレゼンテーションするか
- もしうまくいかなかったらどうするか

このように、学ぶとは、学習ラインと学習目標についてよく理解するということなのです。子どもたちは、目標を達成するためにどんな方法を使うかについて大きな自由をもっています。ファミリー・グループでは、どんな方法で目標を達成できるかを決めるために話し合われます。このようにすると、学習の可能性に多様性が生まれ、子どもたちは、お互いから、お互いに対して、

お互いと共に学ぶことができ、そこにすでに存在している〈他者の〉様々な才能を利用できるのです。

　成績の通知は一方通行のものではありません。教員がただ単に生徒たちについて報告するだけではなく、生徒たちも教員について報告をします。

　子どもたちは、そこで、教員についての通知表を作ります。なぜなら、グループリーダーも、もっと良いグループリーダーでありたいわけですし、そのために、子どもたちを必要としています。

　こうした成績通知の仕方は、「第2章」で記述しているエッセンスに適合したものです。私たちは、他の仲間と共に良い成績を上げようと努力し、自分自身の発達、すなわち全人的な幅広い発達のために、自ら責任をもつ起業家精神に満ちた子どもたちを望んでいるのです。

13. 3学年のファミリー・グループ

ファミリー・グループはひとつにまとまったグループで、3つの異なる年齢グループの子どもたちがただ一緒にいるという意味ではありません。たとえば、グループ5（小学3年生）であるというのではなく、中学年ファミリー・グループの一員ということなのです。

ある子が、ファミリー・グループに新しく入ってきても、その子は、前のファミリー・グループでやっていたところから、さらに進んで学んでいくというだけです。中学年グループ（小学1〜3年生）の子どもたちは、夏休みが終わって新学年になると共に、さっそく読みの勉強を始めるというのではありません。そこには、すでに読んだり書いたりすることのできる子どもたちもいますし、まだ、それを始める準備ができていない子どもたちもいます。ファミリー・グループの子どもたちは皆、一緒に、そのグループにいる1人1人の子どもの学びに責任を感じていますからお互いに助け合います。皆で一緒に計画を立てて実行に移します。なぜなら、私たちは、子どもたちが互いにとても多くのことを学び合うことを知っており、その力をぜひ使いたいと思っているからです。学ぶというのは複雑なプロセスです。そして、学びは自分でやるものです。子どもたちの育ちに責任をもつ者は、子ども

たちがたくさん学びのチャンスをもつようにするという役割を負っています。子どもたちは他の子どもたちを模範として見ていますし、他の子どもたちができることをしたいし、それを自分でもぜひうまくやりたいと思うものなのです！　それは、子どもたちが「やってごらん」と背中を押され、安心感を感じられる環境において最もうまくできるものなのです。

ファミリー・グループは「ホームグループ」です。そこでは、自分自身のありのままの姿でいることができ、喜びや悲しみを人と分かち合い、家庭にいるのと同じように感じます。極めて個人主義化してしまった今日の社会にあって、イエナプラン・スクールは多くの子どもたちにとって、他者と共に生きることを学べる唯一の場なのです。8年間の間、共に生き、共に働くことを学ぶのです。多くの子どもたちがこのチャンスを得られるようにしようではありませんか。

こういうファミリー・グループの中で、子どもたちは、集団の中で年少の立場がどういうものか、また、年中の立場や、年長の立場がどういうものかを練習します。どの役割にもそれぞれの責任があります。子どもたちは助けたり助けられたりします。子どもたちは何かがまだできな

いということを経験します。子どもたちはある集団の中に新参者としてやってくるという経験をします。弟子の立場から熟練者の立場、そして師匠の立場へと成長していきます。それは、何世紀もの間に培われてきた原則です。そして、年長になると、自分がどれくらい重要な存在であるかを人に見せたくなるものですが、そういう時にはただこう言えば良いのです。「君が年少だった時のこと覚えているかい…」と。子どもたちは3年間同じグループリーダーと一緒に同じファミリー・グループで過ごします。発達に向けて共に働く3年間です。人間関係を築き、お互いを理解するための3年間です。そして、この関係は発達にとって必要なものです。なぜなら、「（人間）関係のないところに、成功はあり得ない」からです。

ファミリー・グループの子どもたちは毎日、何度もサークルになって座ります。サークルは、そのグループの子どもたちが何かを話し合ったり、学んだり、計画を立てたり、遊んだり、催しをしたりする場です。

スキルを学ぶ時にはもっと小さいグループの中で学びます。子どもたちは基本的なスキルをテーブルグループの中で、お互いから学び、お互いに対して教えます。このグループは（どのテーブルグループも3学年の子どもが混じっているように）簡単に分けて作ります。子どもたちは自分の仕事がうまくできる場に、また、うまくやれる相手と一緒に座ります。イエナプラン・スクールの中には、グループリーダーや子どもたち自身が編制した、いつも決まったテーブルグループをもっているところもあります。テーブルグループは、幅広い意味で、子どもたちが多くのことを学べるように編制されれば良いのです。

数人の子どもたちはインストラクションテーブルにやってきたり、小さなインストラクションサークルに座って説明を受けに来ることもあります。子どもたちは、とても頻繁に、お互いに助けたり教え合ったりし、グループリーダーはこうして学んでいる小グループの子どもたちの、ディレクターといった感じです。何か特別な才能をもっている子どもたちは、他の子どもたちが新しいスキルを学ぶのを手伝います。また、助けたり説明したりするのは、必ずしもいつも最もできる子たちだけとは限りません。あまり上手に読むことができない子どもこそ、年下の子どもたちのところに読み聞かせに行くのは、挑戦的な課題になります。初めによく練習をしておいて、それから上手に読み聞かせをします。このようにすると、その子は自分が大切な存在であることを自覚でき、もっと上手にやりたいと思うようになります！

イエナプラン・スクールは、特に、グループリーダーたちに多くの力量が求められます。ファミリー・グループの中で成功裏に仕事ができるために、それは必要です。グループリーダーは、特に子ども学に通じていることが求められ、授業技術の専門家という意味での役割を担う人ではありません。ファミリー・グループが良いものであるための条件は、ポジティブな子ども学的雰囲気があることです。

この雰囲気を生むためには、次の4つの要素に取り組む必要があります。

リーダーシップ

グループリーダーは、何よりも、イエナプラン教育のコンセプトに啓発された「養育者（子育て

の専門家）」という意味においてリーダーでなければなりませんし、また、特にリフレクションがうまくできなければなりません。グループリーダーは好んで学び続けています。明日はもっとうまくやらなければ、と考えます。グループリーダーは常に振り返りをし続け、当然、子どもたちにとっての良い模範となります。特に、物事のあるべき姿を自ら実践します。もしリーダーが、読書は興味深いということを自ら進んで実践して子どもたちに見せていれば、つまり、読書が好きであるという姿を示していれば、きっと、子どもたちにもポジティブな影響をもたらします。

内容

　人は、何かについてたくさん知っていればいるほど、うまく役割を果たせるものです。ですから、グループリーダーはイエナプランのコンセプトが、どんな内容のものであるかをよく知っていなければなりません。しかし、学習の目標が何であるかについてもよく知っていなければなりません。グループリーダーは目標を見据えてものを考えます。教育は「何を学ばなければならないか」から出発するものであって「何をしなければならないか」から出発するものではないからです。何を学ばなければならないかについて、自分のグループ（クラス）の子どもたちに説明すれば、子どもたちは、自分でそれをどのようにして学びたいかを計画することができます。あなたは、グループの子どもたちにより多くの責任を与えることができます。あなたがより多くのことを知っていればいるほど、あなたは、より優れた教育をすることができるのです。

授業技術

　学びは子どもたち自身が進めるものです。グループリーダーは、子どもたちをどうしたら活性化できるかを知っていることが重要なのです。時事はしばしば学びの出発点となるべきです。学びは、不思議に思うこと、好奇心を抱くことから始まります。そこから本当の問いが生まれていきます。本当の問いとは、私たちが答えを見つけたいと思う問いのことです。私たちはその答えを、主として1次資料源、つまり、発見・探究・実験、さらには人やものそのものに問いかけることを通して探します。

組織

　1人1人の子どもに異なる対応をして関わりたい（ディファレンシエーション＝分化）のならば、良い企画者であることが求められます。子どもたちをあまり縛りつけずに自由に動くゆとりを与えたければ、たくさん枠組みを用意することが必要です。枠組みが自由を保障するからです。子どもたちに何もかも自由にさせてしまえば、カオスが出現してしまいます。良いマネジメント、良い計画、同僚・保護者・子どもたちと良い協働ができること、これらは欠くことのできない要素です。

　イエナプランのコンセプトでは、3年にわたる年齢の開きがある子どもたちから成るファミリー・グループを作ることが求められます。これは、私たちが心から望んでいることですが、場合によってはうまくいかない、まだできない、ということもあります。もちろん、うまくいかない

のに無理をして3学年からなる異年齢学級を作るよりも、まず、2学年から成るグループでうまくいかせたほうが良いと言えます。

3学年の子どもたちが一緒にいるファミリー・グループは、イエナプラン・スクールの重要な基礎で、もしもそれをまだ実現できないとしても、学校の一員として、どうすれば将来それを実現できるか、ということを学んでいかなければなりません。

グッド

子どもたちは3学年一緒のファミリー・グループにいます。基本的なスキルを教える時には、多くの場合、習熟度別に分けたグループで行います。これは、たいていは、学年ごとのグループになります。発達程度がほぼ同じ程度の子どもたちが、決まった時間に集まってインストラクションを受け、また、理解度を深めるために一緒に学習します。このようにして、算数や国語について習熟度グループを作ることができます。子どもたちは、基本的スキルを学ぶために異なるグループに加わることもあります。つまり、算数では自分と同じ年齢の友だちよりもずっと先のことを他の子どもたちと学んでいるが、読み方については、まだ、同年齢の子どもたちと一緒に学ぶ、というようなことがあるのです。習熟度グループに分けて仕事を進めるためには、(同じ学年グループの)グループリーダーたちが、お互いによく話し合って調整しておかなければなりません。[註6] しかし、究極的には、各グループのグループリーダーが、自分のファミリー・グループの子どもたちの学びに対して第一義的な責任を負います。すなわち、グループリーダー

は、自分のクラスの子どもたちが、異なる習熟度グループにどのように分かれて入って学習しているかについて、よく把握しておかなければなりません。

ファミリー・グループでは、主として、サークルとテーマ学習が行われます。教科学習とファミリー・グループワークの展開の仕方には大きな違いがあります。つまり、教科学習は習熟度グループで行い、テーマ学習はファミリー・グループワークとして行います。

ファミリー・グループワークは、特にサークルを使って共に話すこと、共に遊ぶこと、共にテーマに沿って学ぶこと、共に催すこととから成ります。ファミリー・グループワークでも、教科学習でも、協働で学ぶことに多くの関心が払われます。ここでの教育は、子どもたちが協働のためのチャンスを、たくさんもつことができるように企画されます。

ベター

3学年から成るファミリー・グループの子どもたちは、3、4人の子どもたちで作るテーブルグループで学びます。ファミリー・グループのリーダーは子どもたちの才能が何であるかをとてもよく把握しています。そして、しばしば、その才能が使われます。学習は、子どもたちがすでに何ができるかを意識することから始まります。こうすることでグループリーダーは、子どもたちがお互いから、またお互いに対して学びを進められるようにできます。

こうした才能を、同じ学年グループにいるグループリーダーたちからも見出すようにしています。同僚のうちの誰かが特に言語能力が優れ

ていれば、それを使って、その学年グループ全体の子どもたち、または、学校全体の子どもたちが、このグループリーダーの才能を享受できるようにします。グループリーダーが自分のパッションを活かして働けるので、動機づけにも役立ちます。

　私たちは、子どもの才能を見つけることに特に注意を払います。誰が何をできないかから出発するのではなく、誰かがうまくできることはどこかということから出発するのです。学ぶことが困難なのであれば、私たちは、学びを進めるにあたって適切な入り口はどこか、と探します。もしも掛け算の九九をうまく暗唱できないならば、何か歌に変えてみたり、ステップを踏むといった風にやり方を変えてみるのです。

ベスト

　3学年の子どもたちから成るファミリー・グループでは、子どもたちには決まった席はありません。ちょうど、多くの幼児グループの教室で行われているように、子どもたちは、自分がうまく学習できる場を選ぶのです。もちろん、何かについて話をするために、すぐに皆が集まることのできる決まったサークルの場所はあります。誰かと一緒に学習する場もあれば、誰にも邪魔されずに1人で学ぶ場もあります。インストラクション用の大きなテーブルがあり、しばしばそのグループが今やっているテーマに関連して、目的の異なるコーナーが設けられています。

　私たちが取り組むテーマは、ファミリー・グループで何かを学ぶ際に、できる限りその出発点として用います。作文、語彙を増やすこと、読書戦略などは、常に、このテーマに即すことで

意味のあるものとし、テーマに関連づけるようにしています。必要に応じて、効果的にインストラクションを与えます。こうするとどの子どもも、なぜこれを今学ばなければならないのかを理解できます。

　子どもたちはまた、学習ラインと目標についての全体的な枠組みを自分で理解しており、どこに向かって学習しなければならないかを知っています。目標を達成するというこのやり方について、グループの中で一緒にたくさん話し合います。子どもたちは、どんな風に学ぶのが良いかについて多くのアイデアをもっています。ワークブックのようなものはあまり使わず、それよりも意味のある学習をたくさんやります。私たちは、どこに向かって学習するのかを知っています。つまり、展覧会をしたり、インタビューをしたり、ドキュメンタリーを作ったりミュージカルを作ったりするという目標を意識して学んでいるのです。

　ファミリー・グループの外にもたくさんの素晴らしい学習の場があります。子どもたちはそうした場所を、どのように使うのが良いのかを学んでいます。子どもたちはお互い邪魔をしないようにし、校舎の中やその周りにある仕事場を、もっと〈生と学びの共同体〉らしくするにはどうすればよいかを一緒に考えています。

　そのため、毎週クラス会議と子ども議会が開かれています。このようにして、私たちは、すべての子どもたちにとって興味深く、挑戦的な学習環境を作るべく共に取り組んでいるのです。

14. 保護者

保護者は、自分の子どもの養育に対する第一義的な責任者です。保護者は、自分の子どものために、自分たちの養育方針によく合う学校を選びます。自分の子どもにふさわしい学校を探す最も良い方法は、平日、学校の授業が行われている時間帯に学校を訪問することです。そうすれば学校の雰囲気や特徴的な仕事（学習）の進め方を実際に見ることができるからです。

オランダでは、学校は、今でもまだ、独自の理念に従って教育を企画するための大きな自由が認められています。もちろん、どの学校も、法に準じなければなりませんし、教育、特に、読み書き算をきちんとやっているということを証明できなければなりません。そのため、大半の学校はCITOの生徒モニターシステムを使っています。このモニターテストの結果は教育監督局に送られ、全国の学校に前もって提示された要請を満たしているかどうかが審査されます。オルタナティブスクールの中には、自校の教育の成果が、国が示している条件を満たしているということを別の方法で証明している学校もあります。

教育、そして子育て（養育）と言えば当然、読み書き算だけではなく、もっとたくさんのことを含んでいます。イエナプラン・スクールは、本書で前述している通り、（国が提示しているものの他に）さらに別のクオリティ条件を提示しています。

基本原則やイエナプランのコア・クオリティ、そして、クオリティの特性として記載されていることは、イエナプラン・スクールが目指している目標が何であるかを知るのに役立ちます。

そこに書かれている目標は、極めて志の高いものです。だからこそ、イエナプラン・スクールは、保護者にも学校生活に関与してもらうように、特にその目標を強調することを習慣としてきました。イエナプラン・スクールは、これらのすべての志を実現するため、どうしても保護者の協力を必要としているのです。保護者は、子どもたちやファミリー・グループのグループリーダーたちと共に、結束の強い〈生と学びの共同体〉のために働かなければならないのです。誰もがそれぞれ、自分の独自の役割と責任をもっているということなのです。

グッド

子どもが生まれると、その日から人は親になります。その日から、自分の関わり方次第でどうにでもなる、1人の子どもに責任をもつことに

なります。その子を大人へと、つまり、完全に独立して自立した存在になるまで養育しなければならないのです。イエナプラン・スクールが、子どもたちの全人的な養育に取り組みたいと考えているのと同じように、私たちは、保護者もまたできる限り全人的な養育に、取り組んでもらいたいと考えています。それは、私たちが保護者に対して、自分の子どもたちとの関係を綿密なものとして築くことに取り組んでもらうよう要請することを意味しています。保護者は、子どもたちが今、何に心を捕らわれているかに対して多くの興味を示し、心から関心をもたなければならないし、そのために、時間をかけなければなりません。毎日、お互いに一緒に座って、その日を振り返ってみる時間をもたねばなりません。今日はどうだったか、何かいいことがあったか、このあと私にできることが何かあるか、といった振り返りです。食卓で食事を共にする時間は、お互いに大きな関心を向け合うことができる、振り返りに最適な時間です。

　学校で行われているのと同じように、保護者は、子どもたちが世界を発見し、世界について探究していくのを助けてやらなければなりません。たくさんの多様な体験は子どもたちが大人になるのを助けます。子どもたちと一緒に自然の中に出て行けば、植物や動物についての不思議を共有できます。展覧会に行ったり、一緒に音楽や演劇やスポーツを楽しむこともできるでしょう。親は子どもに、少しずつ世界を見せて、それについて知らせていくことができるのです。

　また、親は、子どもたちが一度は自分の足で立つことができるようにならなければならないことも知っています。モンテッソーリはこう言っています。「自分自身でやってみるということを教えなさい」と。これは養育者にとって大変重要な課題です。自立するということは、信頼するということと深く関係しています。あなたが親として子どものことを大切にしているのであれば、あなたはゆっくりと子どもを自分の手から離し、子どもが自分で物事について決められるように、信頼してやらなければなりません。そして、自分の子どもを良く知っていればいるほど、子どもを手放す前に、どんなことをしておかなければならないかを良く知ることができます。

　これらのアイデアを元に、保護者と学校とは、学校にいるすべての子どもたちのために素晴らしい子ども学的環境を生み出すために共に働くのです。それは学校と保護者との間に頻繁な接触があればうまくできます。保護者と学校とは、お互いに理解を示し、それを通して保護者は、グループリーダーが多数の子どもたちがいるグループ全体に責任をもっていることを理解し、グループリーダーは、保護者が自分の子どもに対して、とても大きな責任を感じていることを理解します。両者が一緒に、お互いの間の良い均衡を見つけるように努力しなければなりません。

　学校が取り組む活動の多くは協力者を必要としています。イエナプラン・スクールの保護者は、1年のうちに何回かは、何らかの形で学校を援助するのを、当然のこととして受け入れなくてはなりません。多くの学校は保護者ができる色々な活動を用意しており、保護者は自らの才能を、自分の子どもが通っている学校に提供できます。

　良い学校作りに共に取り組みたければ、保護

者はその気持ちを伝えることができます。保護者は、学校が開く夕方からの会合に子どもと一緒に、または子どもとは別に参加します。教育や子育てに関する保護者イブニングや、テーマ・イブニングにも出席します。また、〈被災者支援など〉何らかのアクションが必要な時には、保護者はいつでも協力する準備があります。

ベター

アクティブな保護者は、学校についても真剣に共に話し合うことを望んでいます。すべての学校には、保護者と教職員からなる経営参加評議会があります。この評議会は学校運営者に対して、勧告権と同意権をもっています。イエナプラン・スクールの場合、しばしば普通以上に意識の高い評議会をもっていて、より大きな運営母体（たとえば地域の公立校運営母体とかカトリック教育協会など）の中で、イエナプラン・スクールの利害の為に声をあげます。そのほか、学校は保護者評議会や保護者協会をもっており、協会には公式の地位が認められています。保護者はこうした評議会や協会組織を通じて、学校をより良く支えたり協力したりします。イエナプラン・スクールが特別に目指している目標を実現するために、教職員チームとの良好な協力関係をもとに、学校の支援活動も行われています。

ファミリー・グループには、1人ないしはそれ以上のファミリー・グループペアレントがいて、ファミリー・グループの活動をサポートします。グループペアレントは、教室で起こる様々な点でグループリーダーを助けます。新しく入ってきた子どもの親を歓迎したり、オリエンテーションをしたりもします。保護者たちは、もちろん必要に応じて、会合も開きます。それは、グループリーダーと子どもたちが、さらにまた1歩先へと成長していくのを助けるためです。

学校と保護者の共同は、通知表にも表れています。単に学校が保護者に通知をするというだけではなく、保護者も学校に対して通知をします。しばしばそれは、子どもが学校に入学して最初の話し合いの時に、すでに始まります。保護者は、当然、その学校がどんな学校か興味をもっていますが、学校も新しい子どもには興味をもっています。ですから、子どもが入学登録の話し合いに同行するのは良いことです。それに学校は、どんな素敵な子が学校にやってくるのだろうかと興味津々です。ですから、保護者には1分間、自分の子どものクオリティ（長所）を「自慢する」時間があるのです。

ベスト

かつては、よく保護者たちが卒先して、イエナプラン・スクールを設立していたものです。それは今でも可能ですが、以前に比べてやや難しくなってきています。[註7] しかしこうしたやり方で、保護者たちは学校の運営主体となり、保護者に課せられた責任も大変大きかったのです。今日では、学校を設立するには以前よりたくさんの知識や貢献が求められますが、幸いなことにそういう人たちは今もいます。

多くのイエナプラン・スクールは、この数十年間に、大きな組織に属するようになりました。そのため、学校は時には自らのアイデンティティを維持するために、戦わなければならないこともあります。保護者はそうした場合、学校のこう

した努力を支援するという重要な役割を果たすこととなります。なぜなら、保護者が学校存続の決め手であるからです。(註8)

イエナプラン・スクールを、真に、子どもと保護者と教員たち（この順序で！）の共同体にするために行う緊密な協働が、確固とした共同体を作るのです。今という時代にあったやり方でイエナプランのコンセプトを実現するために共に協力することが、この力を生みます。ワイドスクール(註9)を実現する中で、学童保育とも協働する際に、イエナプランのコンセプトが重要な役割を果たします。保護者は異なる組織が同じ養育原則をもとに、子どもたちに関わっていくよう努力することができます。それは、何より子どもたちにとって良いことなのです！

学校で過ごす時間のあり方は、現在、ゆっくりと変わろうとしています。つまり、子どもたちの学校での日課が以前とは変わり、子どもたちの生活も異なる形になってきています。究極的には保護者がその変化を決める要因です。そして、それはそうあるべきものでもあります。なぜなら、これは彼らの子どもたちに関わることなのですから。保護者はアクティブであることも求められます。保護者は自分たちの責任を真剣に受け入れなければなりません。母親が1日中家にいて、子どもたちを助けてやれた時代はもう終わりました。しかし、保護者の参加が別の形で必要になってきているのです。

乳幼児の保護者は、自分の子が保育所で外遊びをしても良いか、発見や探究活動をしても良いか、保母さんたちと外に行っても良いかなどについて決定します。保護者は自分の子がテストのための訓練を受けるべきかどうかを決定します。保護者は、何らかの才能の発達や、社会性や情動性の発達に影響を及ぼします。自然や音楽や文化や芸術やスポーツなどは、学校でも重要な要素です。学校選択の自由を通して、保護者は自分たちが何を重要なものであると考えているかを示すのです。(註10)

イエナプラン・スクールは、未来のために子どもたちを育てたいと考えています。私たちは、未来がどんなものであるかを知ることができませんし、したがって、子どもたちが将来満足のいく人生を送るために、何を必要としているかも知りません。保護者は、現実世界でアクティブに仕事をし、収入を得ています。保護者はもっている知識や経験や才能を学校に提供して、子どもたちが今の世界を発見したり、知ったり、経験したりするのを助けることができます。保護者は、イエナプラン・スクールと共に子どもたちに幸せな人生のための準備をしてやることができるのです。それは私たちに共通に課された課題です！

15. 支援

　私たちは、どの学校においても、1人1人の子どもに必要な支援と関心を向けたいと考えています。そして特別支援はどの子どもにとっても必要なものです。かつて、平均以下の発達をしている子どもたちに対してだけ、より多くの関心を向けるという時代がありました。特殊初等教育を行う学校（特別支援学校）に行くような子どもたちに対してです。その後、平均以上の発達をしている子どもたちに対しても、たくさんの特別支援を与えるようになりました。こうして秀才児のための学校や、学校の中に特別クラスができるようになりました。(註11)

　ペーターセンはその著『小さなイエナプラン』の中で、最も重要なのは、異なる才能をもっている子どもたちを、お互いに一緒の場に居させることだ、と書いています。そうすることによって子どもたちはお互いから、またお互いに対しても、たくさんのことを学べます。お互いから、またお互いに対して学んだり教えたりすることが実現されるように教育を組織するのが、学校に与えられた課題なのです。

　子どもたちの才能は、そうすることで、グループ（クラス）の子どもたち全員にとって利用可能なものとなります。もちろんそれは、認知的なスキルだけではなくて、ありとあらゆるスキルについ

て言えます。

　ハワード・ガードナーは、あらゆる知能を発達させることが良いということを、彼のマルチプルインテリジェンスの理論の中で説明しています。彼はそれを「ストレッチ」と呼んでいます。子どもたちにお互いに学ばせることによって、彼らはどうすればよく書いたり、計算したり、走ったり、歌ったりできるようになるかをお互いから学びます。

　もしも学習がなかなかうまく進まないならば、どれかよく発達した知能を利用すると良いのです。それを「マッチ」と呼びます。こうして、音楽的な才能の高い子どもたちに九九を教える時には、「九九の歌」を使うことができるでしょう。ですから、グループリーダーは子どもたちを助けるために、ありとあらゆるアクティビティが貯蔵された大きな倉庫のようなものを、用意しておかなければならないのです。幸いなことに、子どもたちやグループリーダーがうまいアイデアを見つけるのを助けてくれる、便利な概要やサイトなどがあります。

　そうすれば、学びは、挑戦的で、交換的で、多様なものとなります。学びは楽しいものとなり、催しで祝うに値するものとなるのです。これが、ストレッチやマッチに次いでマルチプルインテ

リジェンスの理論がもつ3つ目の要素です。

イエナプランの基本原則2は、1人1人の子どもが独自の発達の権利をもっていることを、私たちが認めなければならないことを示しています。しかし政府が、すべての子どもは同じ時間に同じことを達成しなければならないと強制すると、教員にとって、それを実現するのは難しくなります。そして、期待されていることを十分にこなすことができない子どもたちは、しばしば「特別支援児」という名で呼ばれるようになるのです。それによって、そういう子どもはまだ小さい時に「支援の必要な子」というレッテルを貼られてしまうのです。私たちは、むしろ自分たちが子どもを助けられるかどうかを問い直すべきなのです。

心配な子どもたちというよりも、心配な教員と呼んだほうが良いくらいなのです。極端な言い方かもしれませんが、教員たちのほうが、発達途上にいる子どもが十分に先に進むことを支援できないでいるのです。それならば、支援については、子どもに対してよりも、むしろ教員に対してもっとよく説明すべきことなのです。教員たちは、しばしばこのように問い直さなければなりません。「この子どもに学ばせ、もっと発達させるためには、私には何ができるのだろうか、グループの子どもたちには何ができるのだろうか?」と。そしてその子どもに対しては、こう問われなければならないはずです。「君が先へと進んでいくために私たちは何をする必要があるのか?」と。

計画は、子どもたちと一緒に、グループで一緒に立てると効果的です。発達をより広い観点から眺めるようにしましょう。こうした観点は、保護者との話し合いの中でも、オープンにしなければなりません。私たちが目指しているのは、子どもたちが皆、中等学校で最も高いレベル、すなわち大学進学コースに入れるようにするということにあるのではありません。そうではなく、その子どもが最も満足のいく人生を送るようにするために、正しい進路を選ばせることにあるのです。学校では、私たちは、保護者及びありとあらゆる専門家と共に、すべての子どもたちが最大限のチャンスを得られるように、考えていかなければなりません。

ところが、時として、それが私たちにもうまくできないことがあるというのは、残念ながら現実です。**私たちは、学習プロセスを、次のような3つのことを問い直しながら、批判的に見つめることが大切です。**

1. この子どもは十分な程度、発達しているか?
2. 私たちは、この子どもを今後さらに助けるのに十分な専門性を身につけているか?
3. このファミリー・グループはこの子を助けるのに十分な力をもっているか?

イエナプランは、ポジティブな観点から出発します。私たちは、子どもたちに興味をもち、子どもたちのクオリティ(強み)に目を向けます。教育は、主として、子どもたちの関心やクオリティから出発しなければならないもので、間違いやできないことから出発すべきではありません。学習は、人が学びたい時、動機づけが高い時、パッションをもっている時、伸びたいという跳躍力がある時に生まれてくるものです。

グッド

グループリーダーは、すべての子ども1人1人について、今、教科学習においてどの程度の進度にあるかについてよく把握し、記録しています。算数、スペリング、その他の国語の能力などについて、ひと目見ればすぐにわかるように整理された記録があります。

保護者が子どもの進度について質問がある時には、グループリーダーはすぐに明確に伝えることができ、今その子どもがどのような状態にあるのかを示すことができます。子どもたちは同じファミリー・グループに3年間いますから、グループリーダーは、子どもたちが学ぶ内容がどう構成されているかを常に頭に置いています。

さらに、グループリーダーは、子どもたちの性質をよく理解しており、子どもたちがそれぞれどのような学び方をし、どんなアプローチを取り、自分はグループリーダーとしてどのように助けなければならないかということを知っています。グループリーダーは、リックは誰かが時々注意しなければならないとか、エルスは十分なだけのゆとりをもってやらせなければならない、といったことを知っています。このようにして、1人1人の子どもは、それぞれのやり方で支援されたり注意を払われたりし、そうすることで、それぞれの能力において期待されるだけの発達を実現できるのです。

ごくたまに、子どもたちは、何か別の課題を実施したり、時にはインストラクションを受けなくても良いということがあります。そこで与えられている課題について、すでに理解しているような子どもは、もっと先のことをしても良いし、そのグループの子どもたちが今取り組んでいるファミリー・グループワークを進めても構いません。たとえば、獣医さんに、ファミリー・グループのゲストとして来てくれるように招待状を書く、といったようなことです。

すべての子どもは自分が成功するために、すべきことをするのに十分なゆとりをもらいます。何かの仕事を終えるのに、もう少し超過時間が必要であれば、グループリーダーは、まだ他にやらなければいけないことを少し削ったり、時間を延ばすなどして時間を作ります。子どもたちは事前に十分な力をつけておかなければ、先に進むことはできません。大切なのはクオリティなのです！　グループリーダーは同じ目標を達成するために他の練習方法を提供する柔軟性をもっています。つまり、子どもたち1人1人が目標達成という成功を収められるように、解決法を工夫できるのです。

子どもについての話し合いは、ある子どもが今どのような状態にあるのかをより明らかにしていくために行われます。グループリーダーたちは、子どもたちについて自分が見聞きしている経験をお互いに交換し合います。このようにしてグループリーダーたちは、子どもたちをどんな風に観察し、どのように対応し、どう教えるかについて、常に継続してお互いから学び合っているのです。お互いに結論を出したり、分析したり、学習プロセスをたどってみたりすることは、ある子どもについて、今度どう対応していくべきかを決めるのに重要なことです。

多くのことは、グループリーダーが主として管理します。グループリーダーが指揮をとり、何を

するかを決めています。それは、子どもたちもよく理解していますし、グループの子どもたちとも話し合って少し調整することもあります。子どもたちの学びのテンポは、1人1人に合わせて異なります。

ベター

自分がまだできないことを練習しなければならない時、人は最もよく学びます。それは、簡単すぎてはいけません。それではもうずっと前からやれていたことをやってみせるに過ぎないからです。しかし、難しすぎてもいけません。それでは、「自分には絶対できない」と考えてフラストレーションを溜めてしまうからです。学習は、最近接領域の発達に向けて行われなければなりません（レフ・ヴィゴツキーの最近接発達領域の理論）。

グループリーダーは子どもたちがどの程度の発達段階にあるかも、とても正確に理解しています。こうした発達は、常にスムーズに進むとは限らず、時には少しずつ、また、時には大きなステップで進むことがあるということが理解されており、当然のこととして受け入れられています。

子どもたちの個別の発達の仕方を予測するには、学習スタイルが重要な役割を果たします。グループリーダーは、幅広い種類の学習アクティビティをもっていて、それらを使い分けることができます。仕事（学習）の時間には、グループリーダーは定期的に子どもたちの隣に座り、子どもたちがそれぞれ学習にどのように取り組んでいるかを見ています。それは、答えがあっているかをチェックしたり、訂正したりするのではな

く、学習の仕方そのものへ関心をもって行われるものです。ですから、学習への取り組み方や何を達成しようとしているか、ということについても、子どもたちに問いかけます。グループリーダーは子どもたちの学習のプロセスを興味深く見ています。

ただ単に1人1人の個別の子どもに対してだけではなく、グループ全体に対しても注意を払います。あるグループは、他のグループに比べて、歌を歌ったり演劇をするのが好きな「動きの多いグループ」であるかもしれません。グループリーダーは子どもたちについて多くのことを知っていますが、ファミリー・グループが全体としてどんな特性をもっているかについても、とても良く知っています。

グループ（クラス）の中で、子どもたちと一緒に、1人1人にふさわしいオーダーメイドの教育を行うことについて話し合われます。ここでも、個別の子どもたちと、またファミリー・グループ全体と、取り組み方がうまくいっているかについてリフレクションします。グループリーダーは好奇心をもってこんな問いも発します。「次にやる時に、1人1人皆さんが満足できるようにするためには、私たちは、何をどんな風にしたらいいですか？」と。

子どもについての話し合いは、このグループの子どもたちをどうしたら動機づけられるか、という観点で行われます。あまり面白くないアクティビティの場合でも、この子どもたちをどうしたら〈椅子から今にも立ち上がりそう〉な状態にもっていけるだろうか？　このグループの子どもたちにどうすればやる気を起こせ、お互いがもっと関心をもち合ったり思いやったりで

きるようになるだろうか？ というように話し合うのです。

ここでは、パーソナリティや集団のダイナミズムについての知識をもち寄って、話し合うことが大変重要です。どこにも標準的な問題などないし、出来合いの解決などは存在していません。うまいアプローチを見出すためには、そのグループがもっている独自の性質や、グループリーダーのありのままの真正な性質が重要な役割を果たすのです。

子どもは1人1人、グループリーダーと共に、自分にはどんな支援が必要であるかを話し合います。子どもが今できることを尊重し、子ども自身が自分にとって良いことは何かを自分で決められるようにしています。そこには、個別のアプローチの仕方を認めるゆとりがあるのです。また、グループのダイナミズムにも関心が向けられています。このグループならではの正しいアプローチは何だろう、と考えています。

ベスト

学校ではそれぞれの子どもに対して、次の問いについて多くの注意が向けられています。すなわち「私があなたにとって良いグループリーダーであるために、私は何をすればいいですか？」というものです。このように問うと、子どもたちは、良い学習環境について自分で考えるようになりますし、自らの発達に対してもっと責任をもって関わるようになるのです。

こうした学習環境は、そのファミリー・グループの子どもたちと一緒に話し合って初めて実現できます。それは、新学年の最初の日から、教員が意図してグループ作りに注意することを意味しています。このグループは、本当の（しっかりと繋がりのある）ファミリー・グループ、安心できる「ホームグループ」にならなければならないのです。そういうグループであれば、そこにいるメンバーは喜びも苦しみも分かち合えます。そうしたグループであれば、学習上の問題をお互いに話し合い、どうすればすべてのメンバーが最善の成果を達成できるよう、お互いに助け合うことができるかを一緒に考えることができます。

グループの中では、それぞれがもっているクオリティ（強み）を探します。たとえば、「子どものクオリティを見つけやすい遊び」をして、1人1人がどんな得意な点をもっているかを一緒に発見します。小グループに分ける時には、子どもたちも、クオリティの違いをもとに選択できますし、何か助けが必要な時には、そのグループの中にいる、何らかの点で優れた子どもの力を使うことができます。

子どもたちは、少しずつ、自分の学びに対して責任をもつようになっていきます。学校は、入学した最初の日から、イエナプランのエッセンスに対して多くの注意を払い、そうすることによって、子どもたちは、自分で主体的に動き、自分の計画をクラスの他の仲間と話し合いながら作ることに責任をもつようになります。

子どもたちは、高学年グループになると、大半のことを自分の週計画の中に組み込んでいくようになり、自らの学びに大きな責任をもてるようになります。もちろん教員も、子どもたちの学習目標や進度に対しては、個別の子どもごとについても、また、グループ全体としても、全体の様子をよく把握し続けています。

教科学習とファミリー・グループワーク（ワールドオリエンテーション）との間の関係がどうなっているかについては、子どもたちに対してできる限り明白にしていますから、それによって、動機づけがより高いものになっています。

人は、なぜそれを練習しなければならないのかを知り、学んだことを使って何ができるようになるのかを知っていると、学びがずっと容易なものになるのです。〈ポートフォリオを使った〉子どもとの話し合いでは、子どもはこれからさらに何を学ばなければならないのか、何をもっと学びたいのかという問いが、しばしば出されます。

こうすることで、グループリーダーたちは、子どもたちがさらにどんなスキルを学ばなければならないか、どんな知識を身につけなければならないかを選ぶのを助けることができます。

グループリーダーは子どもたちを注意深く観察しており、〈子ども学的・教育方法学的に〉機能的なグループプランを立てています。

子どもについての話し合いでは、子どもたちについてというよりも、はるかに多くグループリーダーたちについて話し合っています。本当を言うと、「子どもについての話し合い」というよりも「教員についての話し合い」というべきでしょう。そこでは、主として「この子にやる気を起こさせ、動機づけ、自分の発達にもっと意欲的にさせるには、グループリーダーである自分にはいったい何ができるだろうか」という問いについて話し合いが行われるのです。

それは、他のグループリーダーたちとも一緒に話し合われます。すべての子どもたちに対して、皆で一緒に責任をもっているからです。「テオがまだあなたのグループにいた時にはどんな様子だった？　あの子がサークルの中にいても話し合いに加わろうとしない時には、あなたはどうしている？」といった調子です。

子どもたちがどんな注意や支援を必要としているかについては、子どもたちがグループリーダーと一緒に話し合って決めます。子どもに対しては尊重的な態度を取り、子どもを深く信頼し、子どもたちが自分で物事を決めるためのゆとりを多く設けています。

目標に向かって考える、1人1人の子どもとグループ全体の学習状態を明確に理解するといったことを、グループリーダーはよく考慮し、明確に理解しています。

16. リーダーシップ

多くの人は、イエナプラン・スクールでは子どもたちは、自分たちでしたいことを決め、したいようにしていると考えています。一見、乱雑な状況に見える、衝撃的な子どもたちの様子が、一部の人々にはそういう悲観的な見方を生むようです。しかし、イエナプラン・スクールを内側から知っている人は、そこにとてもたくさんの枠組みがあって、学校では明確で論理的に筋の通った指導が与えられており、子どもたちは学校で、何はして良くて何はしていけないことなのかを、とてもよく知っているということをきちんと理解しています。

イエナプラン・スクールは、子どもと保護者と教員たちから成る学校で、この順序であることも尊重されています。つまり、ただ単に自由放任の雰囲気が支配しているわけではないのです。学校は、学校にいる大人たちが、彼らの指導者としての責任を真剣に受け止めている時にのみ、うまく機能するものです。子どもたちと彼らの発達とが、高いクオリティの教育を実現する上での出発点になっていなければなりません。大人たちは、子どもたちが可能な限りたくさんのことを学べるように気をつけます。学校は、子どもたちに多くの発達の可能性を与え、豊かな学びの環境が実現するように留意します。

イエナプラン・スクールにはファミリー・グループがあります。子どもたちは同じ1つのファミリー・グループで複数年間を過ごします。このグループの中で、子どもたちは安心感をもち、そこで喜びや苦しみを分かち合うのです。ファミリー・グループでは、1人ないしはそれ以上のファミリー・グループリーダーが指導をします。グループリーダーは、子どもたちがアクティブになるように注意します。子どもたちは、能動的になるように働きかけられるのです。グループリーダーは問いへの答えを与えるのではなく、問いかけ続けます。それは、子どもたちが、探究し、発見し、実験をしたくなるような、子どもたちをアクティブにさせる問いです。

グループリーダーは自分が担任をしているグループのことをよく知り、1人1人の子どもと良い関係が築けるように努力します。このようにして、グループリーダーは、グループの中で、良い決定が下されるように気をつけるのです。そのためにグループリーダーは、そのグループにとって最善のことが何であるかを決めていかなければなりません。ペーターセンが言っているように、「グループリーダーはそのグループの良き父、良き母」のようなものなのです。そして、このことは、多くの場合、子どもたちが平等に待遇され

るのではないことを、正しく意味しています。子どもたちは1人1人異なり、しばしばそれぞれにとって独自の取り組み方を必要としています。これについて子どもたちと話し合ってみると、子どもたちがこのことをよく理解していることがわかります。子どもたちも、お互いの間には違いがあり、平等とは、グループリーダーが子ども1人1人に異なる待遇をすることなのだということを理解しているのです！

グループの中では、子どもたちが自ら責任をもつことに多くの注意が払われます。グループリーダーは、子どもたちが自分に依存することがないように気をつけます。グループリーダーがグループの中にいなくても、誰もそれに気づかず、皆、ただいつもと同じように学び続けます。子どもたちは、教員のために学んでいるのではなく、それが重要で意味のある学びであるということを知っているのです。子どもたちはお互いに指導し合います。ファミリー・グループの子どもたちは、そのグループにいるすべての子どもたちの学びに皆で責任をもっています。グループリーダーは、しばしばサークルに座って秩序を保つようにし、グループの中での仕事（学習）についての計画をいつも考慮しています。

グループリーダーは特にすべての子どもたちがアクティブになるように気をつけるという役割をもっています。すべての子どもたちについて今何が行われなければならないかを、いつも問い直しています。「これは私がしなければならないことだろうか、それとも子どもたちにもできることだろうか？」と。そして、実際、子どもたちには、とてもたくさんのことができるのです！

ヤン・リヒトハルトはすでに100年も前にこう言っています。「良い学校では、校長は何もせ

ず、教員たちは少しだけ、そして、子どもたちがすべてのことをするものだ」と。

グッド

イエナプラン・スクールのグループリーダーは、親しみやすい存在です。学校では、快く楽しい雰囲気が広がっています。いつも笑いがあり、この学校の大人たちが子どもを愛していることがわかります。学校は、子どもとその保護者のためにあり、良い雰囲気の中で良い学校生活が行われるように努めています。そこにいる人たちがお互いの言葉に耳を傾け合うのは、ごく普通のことなのです。

すべての人がイエナプランのコンセプトを理解しており、学校の発展にとってそれが何を意味しているかを知っています。このコンセプトと毎日の現実との間に、良い均衡が生まれるようにしています。イエナプランのコンセプトを基盤としていることが実践面でも見て取れます。

グループリーダーは、しばしばグループや学校のことについて決定をします。それは自分の都合によってではなく、グループの子どもたちにとって、また学校にとって良いことだという観点から行われるものです。グループリーダーたちは、そのことをグループ（クラス）の中での仕事の際にも、明確に見て取れるものにしています。それは、単に個々の子どもにとっての利害というだけではなく、グループ全体にとっての利害、また学校全体にとっての利害という観点から行われるものです。私たちは学校で一緒に生きることを学んでいるのです！

グループリーダーは、蜘蛛の巣の中心にいる

親切な蜘蛛のようなもので、そのグループの中で何が起きているかをいつも把握しています。**グループリーダー**は以下のようなことをする人です。

1. 個別の子どもに対して、またグループ全体に対して褒め言葉を言う。
2. 何をするのかを言葉にして表現する。子どもたちがしなければならないことを言う（「あなたたちはなんてうるさいの、もっと静かにできないの」と言ったことではなく）
3. ポジティブな期待を言葉にして表す。きっとうまくいくよ、君たちならできる、もう少しだから頑張って。
4. ユーモア。クラスの中で、教職員チームの中で、学校で、私たちは常に笑いをもっていなければなりません。嫌なことを吹き飛ばすというよりも、心地良い雰囲気を作り出すために。

良いイエナプラン・スクールでは、父の日のプレゼントのためにすべてを準備したり、そのために必要なものを準備したり、最終的に子どもたちが作り出すべきものの模範を示したりします。こんな風にするんだよ、と。子どもたちは、たとえば、3つのプレゼントの中から選ぶことができます。1つ1つの作品には例があり、それをどういう手順でやるかもわかります。グループリーダーは、このような選択肢を決めて提示するのです。

グループリーダーは、グループ全体に対して、また1人1人の子どもに対して、何らかの決定をします。これは、子どもたちの様子を観察し、考

慮して（またもちろんイエナプランのビジョンも配慮に入れて）、決めます。グループリーダーは、プロンプター（黒子）の役割をするのです。

ベター

グループリーダーは何かをやったりやらせたりすることの中に、子どもたちをたくさん巻きこんでいきます。そして、たくさんのことを子どもたちに任せ、自分では、どちらかというと〈ポケットに手を突っ込んだ〉ような格好でそこにいます。もちろん、必要なものは用意し、子どもたちが必要な助けを求める時にはそこにいます。イニシアチブは子どもたちにずっと多く任され、グループリーダーはそれを見守っています。

グループの子どもたちは、そこで起きていることに対して大きな役割をもっていますが、グループリーダーが最終的な決断をする立場にあり、主に、グループの子どもたちのために色々な可能性が生み出されることに心を尽くします。

より良いイエナプラン・スクールでは、グループリーダーはグループの子どもたちに、彼らが父の日に何をしたいと思っているかを、まず聞いてみます。グループの子どもたちが何をするかを決めるのです。子どもたちは自らアクティブになるように促され、最終的に何をするかはグループの子どもたちが話し合って決めます。皆で一緒に同じプレゼントを作るのか、それとも1人1人が違うものを作るのか、と。たくさんの自由があると同時に、たくさんの責任ももたされます。

グループリーダーは、たとえば、クラス会議で

話し合ったことや、ある子どもとのポートフォリオ会議の内容などを基にしながら、ファミリー・グループのために、また、子どもたちのために決断を下します。

グループリーダーは、クラスの子どもたちと共にいる、仲間の〈ボス〉であり、また、ステージの上でのディレクターなのです。

ベスト

ファミリー・グループは、比較的自律的なグループとして機能しています。グループの子どもたちは、自分たちで計画し、自分たちで決定を下しますが、それは、グループリーダーとも話し合い、許可を得てのことです。グループの1人1人のメンバーがすること、他の子にしてもらうこと、また、グループリーダーがしたり、してもらったりすることについても話し合われます。グループにいるすべてのメンバーがリフレクションするのは当然のことです。子どもたちが主としてリーダーシップをもつので、グループにグループリーダーがいることを忘れてしまっていることすらあります。

グループリーダーは、全体の様子について大変よく目を凝らして見つつも、実際には「人の目にほとんど映らない状態で」そこにいる、ディレクターとして機能しているのです。ちょうど演劇でディレクターは舞台の端にはいますが、舞台の上にはいないのと同じです。子どもたちは、たくさんのゆとりを与えられ、一定の時間の間は、グループ全体に起きていることに対して自分で責任をもつこともあります。

こうしたグループは、たとえば父の日を祝う時に何をするかも決めます。もしかすると、1人1人が何かをして、皆で一緒に1つのプレゼントを作るのが良いアイデアだ、ということになるかもしれません。お父さんたちは皆、すべての子どもたちが皆で関わって作り上げた1つの同じ作品をもらうことになります。

それは、きれいに包装された、歌や詩や素敵なポスターではないかもしれません。子どもたちは、すべてのお父さんたちに対して1つの実演を一緒にするのです。グループの子どもたちは、何かオリジナルなものを考えるように働きかけられます。もしかすると、グループの子どもたちは、本当にオリジナルなもの、ユニークでオリジナルな、父の日ビールを作ってしまうかもしれません！

グループの子どもが、物事について決定し、グループリーダーは、それが正しいことであるかどうかをチェックして、最終的な責任を負う。つまり、グループリーダーは〈人の目に見えない〉舞台の袖にいるディレクターなのです。

17. 情報コミュニケーションテクノロジーとソーシャルメディア

情報コミュニケーションテクノロジー（ICT）の利用は、近年、急速に増加しました。まるで特急列車が走る速さのように、大半の学校がデジタルボードを備えつけ、今まで以上に子どもたちが、コンピューターやノートパソコンやタブレットを使うようになっています。また、デジタル教材もたくさんできています。イエナプラン・スクールは、世界の真ん中にいることを望むものですから、学校がこうした機器がもつ可能性を利用するのは、論理的にも当然です。

しかし、デジタル機器の利点を最大限に利用するために、良い使い方を考える必要はありますし、またそれだけではなく、起きそうな問題をできるだけ回避することも大切です。学校にとって、最もふさわしいハードウェアやソフトウェアを選択するのは簡単なことではありません。そのためには、批判的な態度で接することが大事です。何よりも大切な問いは、いつもそうですが、ICT技術を取り入れることによって、あなたは子どもたちに何をさせたいのかということです。また、子どもたちがコンピューター中毒にならないようにするにはどうしたら良いか、中毒になった場合、どうすればそこから救い出してやれるかも、考えておかなければなりません。子ども学的な学校は、ICTについても、批判的に

よく考え抜かれた良い方針をもたなければなりません。

市民運動団体の中にも、学校に対するネガティブな影響を案じて、反対するものもあります。たとえば、無線ネットワークの使用が引き起こす放射線による影響などです。また、子どもたちは家ですでに多くの時間をコンピューターに使っているのだから、学校ではコンピューターを使うべきではないという人たちもいます。しかしながら、コンピューターは、現実に、私たちの社会の一部を成しているのですから、学校でもそれを使うのは当然のことです。

ICTがもつ可能性についてのまとめ

学習内容の練習

多くの教育メソッド[註12]は、ワークブックの他に子どもたちが学習内容を練習できるソフトウェアを提供しています。たいてい、こうしたソフトウェアは、子どもたちの間違いをすぐに正してくれるだけでなく、グループリーダーはボタンを1つ押すだけで、今そのグループの子どもたちがどの程度のことができるのかを見ることがで

きます。子どもたちは、学習内容をゲーム感覚で練習できるので、ワークブックなどよりも動機づけが高くなります。課題をうまくやることによって、デジタルの遊びの世界で、もっと面白くなっていくのです。より高いレベルのことができるようになると、さらに先に挑戦するようにと仕掛けてきます。またゲームでは、段階が進むにつれ、新しい状況で新しいことに挑戦する形でスキルをトレーニングすることもできます。たとえば、社会的なスキルなどは、コンピューターを使えば、ある状況が引き起こす帰結を実際に経験することなく練習することができます。ちょうど、まだ泳ぐことができない子が、水の外で溺れる心配なく泳ぎの動きを練習するようなものです。

情報検索

子どもたちはありとあらゆる問いをもっています。色々な検索エンジンを使えば、情報を見つけることができます。検索エンジンの上手な使い方を知るためには、子どもたちは検索の問いをうまく作らなければなりません。また、検索にあたって良い問いを出せば、何万個もの検索結果ではなく、必要な情報に早く到達できます。そうした情報を見つけたならば、この情報に対して批判的に判断する力も養わなければなりません。なぜなら、情報は皆が皆信頼できるものでは決してありませんし、探している問いに対して本当の答えを与えるものだとは限らないからです。

時事への関心を保つ

1日のうちの色々な時に、グループリーダーはグループの子どもたちに、身の回りで起きていること、世界で起きていることについて情報提供します。イエナプラン・スクールでは、時事を使って学びます。世界がクラスの中に入ってくるのです！ デジタル化された世界を〈ここでも批判的に〉見ることが、意味のある教育的な活動の始まりになることもあります。

プレゼンテーション

コンピューターはプレゼンテーションを作ったり、それを映し出したりするためには素晴らしい可能性を提供してくれます。パワーポイントやプレジ（Prezi＝オンラインのプレゼンソフト）のほか、子どもたちは、（アニメーション）動画、写真、絵などを皆に見せることを学べます。

コミュニケーション

コンピューターは素晴らしいコミュニケーションの道具です。これを使って世界中の人々とコンタクトを保つことができます。何か広く皆に問いを発して、誰かがそれに答えることもでき、それによって、自分の知識を高めたり共有したりすることができます。こうしながら、たとえば外国語でコミュニケーションすることもより良く学べるでしょう。

ブログやウェブサイトを使って、自分が人に告げたいことを、世界中の人に見せたり、聞かせたりすることができます。そして、たとえば、病気で病院にいる子や、マーストリヒトにいるおばあ

ちゃんなどが、デン・ヘルダーの学校にいる子どもたちがするプレゼンテーションをウェブカメラを使ってみることができたとしたら、きっと素晴らしいと感じるのではないでしょうか。

記録の管理

　学校は、以前に比べてはるかに多くのことに対して責任を負わねばならなくなっています。学校では、ますます棚が増え、ますますファイルが増えてきています。こうしたことはデジタル機器を使うとずっと簡単になります。もちろん、すでにデジタル化されたモニターシステムも発達しています。しかし、こうした発達は、今のところまだ未熟な段階にあります。教育モニターを使って、色々なデータを、子どもたちや保護者、管理職者、その他の関係者と交換したり、お互いに理解しやすいものにすることができます。

　子どもたちの発達は、〈信憑性の高い〉データとポートフォリオを使うことで目に見えたものになります。イエナプラン・スクールは、学校が基盤としている理念に即したモニターシステムを探さなければなりません。(註13)

　その他に、スクール用アプリケーションを作るなどして、会合の約束をしたり、情報交換をするなど、コンピューターをもっと便利に使う方法が考えられます。

グッド

　コンピューターは、特に国語や算数のスキルを練習するための補助教材として使われています。子どもたちはこのようにして、自分なりのレベルで発達に取り組むことができます。グループリーダーは子どもたちの進度を容易に確認できます。こうしたことを可能にするために、学校には、十分な数のノートパソコンやタブレットが用意されています。

　ワークブックの大半は、すでに、デジタル機材による練習に置き換えられています。コンピューターは、主に、知識伝達と情報検索のために使われています。クラスには「デジタル・スクールボード」が置かれています。そこで、テレビのプログラムを見たり、「チョークの粉が気にならないボード」として使われています。子どもたちはプレゼンテーションをすることもできます。

ベター

　デジタル機器を使用するためのスキルを学ばせるにあたって、学校では、特にそのための枠組みを作って指導するように配慮しています。子どもたちはタイプボードの使い方を学び、すべてのボタンがどんな意味をもっているのかを学びます。また、インターネットで情報検索する場合の正しい方法も学びます。このようにして、ネット上の情報をコピペするようなことはしないようにしています。ネット上の文章について話し合うことは、「理解しながらの読み、学びながらの読み」の中に位置づけられています。

　子どもたちは、プレゼンテーションを作るスキルを学びます。写真を挿入したり、編集したりすることも学びます。また、関心の高い子どもたちには、エクセル、パブリッシャー、その他のプログラムの使い方を学ぶチャンスもあります。こうしたことすべてを実現するのに十分なコンピューターが学校にはあります。

ベスト

デジタル機材は、多面的に使っています。ただ単に練習のためだけではなく、新しいことを生み出すためにも使われます。子どもたちは、何か新しいものをデザインするためにもコンピューターのスキルを学ぶように奨励されています。子どもたちの中には、他の子どもたちのためにゲームを作ったり、練習ソフトを作る子もいます。

コンピューターは重要なコミュニケーション・ツールとしても使われています。オランダだけではなく外国も含め、他の学校とのコンタクトのために使っています。欧州連合の補助金を使うと、学校間交流ができます。どのファミリー・グループも独自のウェブサイトやブログをもっています。これは、そのファミリー・グループのクラス新聞として機能しますし、そこで起きた色々なことを皆にアップデートしています。

グループの子どもたちは、自分自身を批判的に見直すために、デジタル画像を使っています。定期的に動画を撮影し、それを見直すのです。こうした方法を使うと、子どもたちは、自分がしたことを批判的に見直し、ちょうどサッカーの選手たちが試合を見直して話し合うのと同じように、次にやる時にはどんなことをもっとうまくやれるか、と話し合うことができます。そしてもちろん、すべての子どもにタブレットかノートパソコンが行き渡るようにしています。

コンピューターをしばしば使ってはいますが、こうしたクラスでも1次資料を使って学ぶことには、特に強い配慮をしています。ウェブ上の情報は常に限られています。ですから探究すること、誰かにインタビューに行ったり実験することが、イエナプラン・スクールでは重要なアクティビティであることには変わりありません。デジタル機器を使いこなしているグループでも、アクティビティをリズミックに交代させることは大変重要なことです！

18. 問うということ

子どもというのは、やっと話せるようになった時からもう、たくさんの問いを発し始めるものです。子どもたちは、自分の身の回りのものに好奇心をもち、物事がどういう仕組みになっているのかを知りたくてたまらないのです。子どもたちは、ひっきりなしに問いかけてきます。問いを発すること、目の前にある物事に好奇心を抱くこと、それが、子どもたちの学びを助けるのです。何がどうなっているのかを知りたくてたまらないのですから。こうした子どもたちの姿勢を、私たちはとても価値あるものだと思っています。こうした態度こそ、決して子どもたちにやめさせてはいけません。

問いかけは、アクティブな学びを導きます。反対に、答えを教えることは好奇心に蓋をしてしまうことです。子育てに関わっている人たちは、答えを出すよりも、新しい問いで応じた方がずっと良いのです。ケース・ボットはこう言っています「私たちは問いに答えるのではなく、答えを問い直すべきなのです」と。

こんな風にも言えるでしょう「どんな答えも、一旦見つかると、そこからさらに10の新しい問いが生まれます」と。世界は大変複雑にできており、人は自分が知っていることよりも、自分が知らないことの方が常にずっと多いのです。この複雑な世界に対して不思議に思い、問い続ける態度こそ、私たちは維持し続けておかねばなりません。不思議に思い続けることこそが、私たちに学び続け、発見し続けさせてくれるのです。

多くの学校では「授業技術上の問い」が最も大切なものとなっています。教員たちは、自分たちがすでに知っている答えが導かれるような問いを子どもたちに問いかけています。彼らは、子どもたちも自分と同じ答えを出せるかどうかだけをチェックしようとしています。教員は主に問いかける人で、子どもたちは、正しい答えを出すことができれば褒めてもらえるという関係です。

イエナプラン・スクールでは、子どもたちの問いかけるという態度が何にも増して優先されています。お互いに問いかけ合う、お互いに対して好奇心をもち合う、現実に目に見えているものに問いかける態度です。可能な限り、私たちが生きているこの世界に対する好奇心を、教育の出発点とします。もしも誰かが問いを立て、その答えを本当に知りたかったら、検索し、研究し、学びます。サークルの中でも、こうした問いかけるという姿勢が大変重要な役割を果たしていま

す。ある場合には、新聞記事が色々な問いを呼び起こすでしょうし、別の場合には、子どもたちのうちの誰かが経験したことや発表したことが色々な問いを引き出すでしょう。

　グループリーダーらも、こうした**問いかけの姿勢**をもっています。グループリーダーたちは、子どもたちが問題をどう解決するかを興味深く見ていますし、こんな風に問いかけます。

■ どうしたらその答えを見つけることができますか？
■ どうすればこの仕組みが分かりますか？
■ 皆がこれを理解するためにはどうすればいいですか？
■ これについて学ぶには、どんな方法を考えたらいいですか？
■ 私たち皆が幸せなグループであるためには、私たちはどんなことに気をつけていれば良いですか？

　グループリーダーたちも問いかけ続けます。子どもたちの問いは、必ずしもいつも学習のためのアクティビティに繋げられるとは限りません。最初に出された問いの後ろに隠れている本当の問いは何なのだろう、と問い続けていくことがしばしば必要です。

　人は、お互いに問いかけ合うだけではなく、自分の身の回りの世界についても問いかけることができます。オランダで最初に刊行されたイエナプランの定期刊行誌『ペドモルフォーゼ』の中の有名な記事の1つに、ヨス・エルスヘーストの「ライオン蟻に聞いてごらん」というタイトルの記事があります[註14]。もし私たちが、動物について知りたいことがあったら、その動物そのものに聞いてみることができる、つまり、観察したり、探究したり、実験したりすることで答えを見つけることができる、というものです。

　そして、何か答えを見つけるたびに、また再び新しい問いが生まれてくるものなのです。答えをたくさん見つければ見つけるほど、またもっと多くの新しい問いが生まれてきます。

子どもたちをアクティブにさせる問いとは次のような性質のものです。

■ その問いには1つ以上の答えが可能である
■ 子どもたちを分析や思考に向かわせる
■ 子どもたちが自己イメージを育てる道を開く
■ 子どもたちに自分の経験を見直す機会を与える
■ 子どもたちが自分の知識を活発に使えるチャンスを与える
■ 子どもたちに安心感を与える
■ 子どもたちに自分なりの責任意識をもたせる
■ 子どもたち自身が問いかける問いも含め、さらに新しい問いを導く

　こうした問いを問いかけることは易しいことではありません。子どもたちがとても多くのことを自分でやったり知ったりできる、また、できるようになりたい、やりたい、知りたいという気持ちでいる、ということを受け入れることは、大人たちにとって難しいものです。教員というものは、しばしば無意識のうちに、「賢さは自分だけのもの」にしておきたいと考えるものだからです。

子どもたちをアクティブにする問いかけの仕方は、学んで身につけるものです。アクティブにする問いかけから始まるサークル対話は、それを、とても興味深いものにしてくれます。

準備・実施・評価のための幾つかのヒント

■ 何かがどんな仕組みであるかについて、あなたがすでに何もかも知っているという確信的な態度を取らないこと。たとえば、子どもたちに助けを求めてみる。文章を「言い切ってしまわない」言葉づかいをし、言葉を選びながら、ためらいがちに使うこと。こうすると人に不安そうな印象を与えられる。しかし、これはあまり頻繁に使わないこと。ほんの少し不確実な感じの印象を与えると、後は自然に進んでいく。

■ 何かの問いかけをした後には、躊躇することなく十分な静寂を与えること。こうするとよく考えるための機会を与えられる。また、子どもたちがもっている経験を問うたり、さらに問いを重ねたりすることによって、子ども同士の議論を刺激できる。重要なのは、クリエイティブな思考のための雰囲気がそこに生まれること。

■ 子どもたちの答えに対して、非常に興味深いという態度で反応することが次の問いをさらに生み出す、ということを考えておく。教員であるあなたが、あるアイデアに対してネガティブに反応すると、子どもは次の時には、あなたを誘い込もうとはしなくなる。だから決して「いいえ、そんなことありえない」などとは言わないこと。もしも、何らかの考えが適当ではないと感じたら、次のように問いかけて、

もう一度それについて考えるように刺激してみる。「そうしたら、あなたはどうしますか？何か例を挙げられますか？」などと。または、他の子どもたちをその思考に加わらせてみる。あるアイデアが、まず最初の段階で使えないものに見える時、他の子どものアイデアを取り入れて幾つかの修正を加えることで、とてもよく使えるアイデアになることがある。

■ 教員であるあなたは、ちょっと演じてみてもいい。しかし、その後では、子どもたちのことを本当に真剣に受け止めること。特に子どもたちの感情や経験を大切にしてそれについて聞いてみる。自分自身を頼りない存在に見せてはならないが、自分の感情を見せることはむしろ強さを見せることでもある。

グッド

子どもたちは、サークルに、自分の頭の中にある問いを抱えてやってきます。サークルでは、こうした問いについて話し合われ、場合によっては、自分の学びのための問いとしてそれに取り組む機会が子どもたちに与えられます。子どもたちは、それが本当に「答えのわかっている問い」なのかどうか、答えを求めに行きます。中には、探究してみなければ答えがわからないという問いもあります。その時は、こうした探究をどう進めるかについての計画が話し合われます。ある場合には、探究はグループで行い、植物や動物をじっと注意深く観察し、絵やグラフや報告書を作るなどします。またある場合には、アンケート調査、交通調査、インタビューなども行います。

子どもたちは自分が見つけてきたことについて報告します。グループリーダーは、子どもたちが、プレゼンテーションに成功するように注意して助けます。子どもたちが、プレゼンテーションの準備をどのように進めているかについては、時々途中で確認され調整されます。

〈学びのための問い〉に対する答えは、主に1次資料を使って探します。私たちは、主に動物や、人や、物事そのものの中に答えを探し、コンピューターや本の中ではあまり答え探しをしません。私たちは、主にホンモノの世界について自分たちの問いを出し、インターネットで見つけた情報をコピーしてペーストするだけで済ませるようなことはほとんどしません。

ベター

子どもたちの問いは、サークルの中で話し合われます。お互いに問いを出し合うことを通して、自分たちの問いをできるだけ良い形で表現するように努めます。その答えを探し出す方法についてもそうで、子どもたちの中には、答えをすでに知っている子もいれば、答えの探し方について何らかのアイデアをもっている子もいるものです。

子どもたちはとてもよく一緒に学んでおり、自分たちの問いを出したからといってすぐにそれに取り組むわけではありません。まず、問いやテーマについてワードスピン(註15)やマインドマップを作り、問いを目に見えるように図で表します。グループリーダーと一緒に、またはサークルの中で、このマインドマップやワードスピンがもう一度話し合われ、足りないところを補っ

ていきます。その後、探究とプレゼンテーションの計画を練ります。

1つ1つのプレゼンテーションは、「誰かまだ何か質問がありますか?」という問いで終わります。そこでよく、色々な問いが出され、それがまた、新しい探究を導くのです。

また、ファミリー・グループの中での共同生活についての問いも、評価サークルの中でよく出てきます。必ず週に1回はそのような評価サークルが開かれ、子どもたちの問いやグループリーダーの問いが出されます。子どもたちは、自分で答えを出すように促されます。グループリーダーは子どもたちに、問いかけの姿勢を使って、答え探しに取り組ませます。

ベスト

ファミリー・グループは共同のテーマに取り組みます。グループリーダーはそれへの関心が生まれるように配慮します。グループのことをよく知っていればいるほど、教員は、子どもたちに関心をもたせたり、動機づけを行ったりするのがうまくできます。すべての子どもたちが「椅子の端に前かがみに座る」ようにするのがグループリーダーの課題です。もしも子どもたちが何かに関心をもてば、問いも生まれます。これらの問いはとても色々なもので、時には、あまりそのテーマとは関係がないように見えることもあります。問いの多様性に対しては、枠組みを作ってそれらを整理しなければなりません。

学習プロセスの第一段階は、マインドマップを作ることです。1人1人の子どもがマインドマップを作り、グループリーダーもそれを作りま

す。グループリーダーのマインドマップは、主に学校が目指している学習目標をベースに作られます。すなわち、国が決めている中核目標と学校が独自に決めている目標です。

このマインドマップを皆で集め、グループ全体としてのグループ・マインドマップを作ります。こうすることで、ファミリー・グループがこれからどこに向かって取り組むのかがはっきりします。また、どの子どもたちが同じ関心からの問いをもっているかも分かり、一緒に取り組むことができます。計画ができたら、グループの子どもたちは仕事に取り掛かります。

サークルを作ってリフレクションのための対話をする時には、常に、どれくらい進んだかについて話し合われます。グループのマインドマップはサークルの中央に置かれ、追加の書き込みをしたり、もっと拡大したり、時には変更したりします。こうすると、グループの子どもたちは、自分たちがどんな問いに対して取り組んでいるのかをひと目で見ることができます。

こうして、グループ全体で1つの同じテーマに取り組みながら、それぞれのサブグループはその共通テーマのうちの1つの部分についてのエキスパートになるのです。

そうすると、プレゼンテーションに耳を傾けるのが興味深いこととなります。すべてのものがすべてのものと関わりをもち、異なるサブテーマ間の繋がりがどうなっているのか、それをグループ・マインドマップが示します。

ファミリー・グループでは毎週クラス会議が開かれます。その中で必ず行われるのが〈質問〉です。この質問は1週間の間に書いて出しておくことができ、教室の中の、誰もが見えるところに貼り出しておきます。議長は、秘書と共にクラス会議を準備します。こうして、質問者は説明を聞いたり、それについて「話し合いの時間」がもたれたりします。(註16)

子どもたちの問いは学校で大切に取り扱われます。こうした問いは、常に教育の出発点となります。

19. 意味を与える

イエナプラン・スクールは、世界や生命に対してポジティブな見方をし、子どもたちのポジティブな態度を養います。学校は、今以上に良い社会を作るための練習の場と見なされています。子どもたちは、イエナプラン・スクールで、共同でそのための責任をもつようになるのです。

子どもたちは、サークル対話を通して、ストーリーや詩を通して、また音楽を通して、世界、すなわち私たちが生きている世界について学んでいます。子どもたちだけではなく、その他すべての人々が共有している場について自分の中に取り込んでいこうとしているのです。

色々な異なる宗教の話が伝えられます。かつてより良い世界のために働いて模範となった人や、今もそうしている重要な人々についての話をします。そして、私たち自身が、何らかの状況に置かれたら、自分たちは何をするだろうか、そして、私たち自身のファミリー・グループには何ができるだろうかと考えてみます。どのようにしてお互いに助け合えるだろうか、お互いにどのように関わりあったら良いのだろうか、どの人もあるがままの自分でいられるだろうか、と。

お互いのことをよく知り合うために、1人1人のユニークさが尊重されるような練習や遊びが行われます。そして、当然、子どもたちの未来像が話し合われ、彼らが将来何になりたいのか、未来の生活はどんなものになっているだろうかと話し合います。時には、校外からゲストを招いてその人の人生や仕事について話をしてもらいます。たとえば、海外で開発協力の仕事をしている人やお医者さんなどです。

サークルでは、生命に関する問いについて哲学的な学びをします。私はどこから来たのだろうか、私は生まれる前にはどこにいたのだろうか、死んだ後はどこに行くのだろうか、と。それは何か正しい答えを探すことを目指しているのではなく、お互いが話し合いに加わること、何かを深く考えることを目指しています。

また、ありとあらゆる他のことについても哲学をします。それは一種の脳のトレーニングです。子どもたちは素晴らしい問いを発しますし、すべての答えが良いものなのです！　どの人も自分が考えていることを発言して構わないのです！

毎週、ファミリー・グループには、真に静かにする時間が設けられています。静寂に耳を傾けます。ある時には祈ったり瞑想したりします。そ

れはとても素晴らしい時間です。学校の中に静寂の場があることは素晴らしいことです。子どもたちはそこに行って落ち着きを取り戻します。静寂の場では話をしてはいけません。そこでは詩の本を読んだり、ろうそくに火をつけて静かにしています。

子どもたちの中には決してそこに行かない子もいますし、ちょっとそこに行くととても気持ちが良いと感じる子もいるでしょう。そういう子たちは、そこに行くと頭がとても休まる、と言います。

催しではいつも決まったことをします。催しを始める時は、いつも同じサインで始めます。たとえば、ベルを鳴らすとか、ろうそくに火を灯すとか、歌を歌うなどです。また、催しの終わり方もいつも同じにします。

工作やワールドオリエンテーションで作られた作品は注意深く見られ、それに対する質問が出され、また、褒め言葉が与えられます。グループリーダーは、子どもたちに、それらの作品の何が特別なのかを示すようにします。こうして、その作品がもっているより深い意味に注意が払われるのです。それは、自分自身の本当のもの、何か自分にしかできないユニークなものを作ろうという気持ちを引き出す助けとなります。

時には、未来について考えてみます。それは、ファミリー・グループの中でも行われますが、子どもたちと保護者との話し合いの中でも行われます。グループリーダーたちは、子どもや保護者が将来をどのように見ているか、将来どんな学校に進学したいと思っているか、将来何になりたいと思っているかについて聞きます。何か

の報告や通知表を作る時には、子どもたちも、自分の進度について自分自身どう考えているか、将来をどのように見ているかについて自分で書かなければなりません。

また教職員チームの中でも、チームのメンバーが今何に取り組んでいるか、その意味について考えるようにします。そこで中心になる問いは「私たちは、今していることを、なぜ今のやり方でしているのか」というものです。イエナプラン・スクールは、自分たちがしていること、人にやらせていることの意味について、常に深く考え続け、気をつけていたいと考えている学校だからです。

グッド

希望をもつこと、視野を広げていることは重要なことです。決して子どもたちがネガティブにダメだと見捨てられるようなことがあってはなりません。グループリーダーは、子どもたちが常にポジティブな観点を得られるように気をつけています。現実的であると同時にポジティブであるためにです。子どもたちは、未来を信じることによって発達できるようになります。

イエナプラン・スクールは、アクティビティがもっている意味に多くの関心を払います。子どもたちは、リフレクションサークルの中で、何が起きたかについて振り返ります。何らかの出来事が引き起こした帰結について話し合い、もしも別のアプローチをしていたらどうなっていただろうかと考え直します。

もしも何か間違ったことが起きたら、私たちは、**次のような問いを使って子どもたちを助けます。**

■ 問題の核心は何ですか？　何について話したいのですか？　何が起きたのですか？
■ あなたは、なぜそれが起きたと思いますか？
■ 今、どのように感じていますか？
■ あなたにとって最善のことは何だと思いますか？
■ あなたは、今からどうしようと思っていますか？

子どもたちは、サークルで、生命についてお互いに話し合います。また、時々、哲学サークルをやります。

グループリーダーは、自分が子どもたちを深く信頼しているということを示し、たくさんのポジティブな期待を言葉にして表します。そしてグループ（クラス）の子どもたちと一緒に、次のようなマジッククエスチョンに対する答えを考えてみます。「もし、明日という日が、皆にとって最高の日だとしたら、それは、どんな日だと思いますか？」

ります。こんな風にしていくと、自分のもっている願望をどうすれば叶えられるのかについてのアイデアを、誰か他の人がもっているのに気づくことがよくあるのです。ここでは、子どもたちがもっている広いネットワークが役立ちます。何か特別のクオリティをもった人、両親、おじさん、おばさん、近所の人、いとこ、スポーツクラブのトレーナーなどです。自分が何をしたいと思っているかを人に伝えると、たくさんのヒントを他の人が教えてくれるものです。それがあれば、あなたは、ただ計画し、実行に移すだけです。もちろん、いつもうまくいくばかりとは限りません。でも、辛抱強く頑張れば、たくさんのことを達成できます。そして、周りにはいつも、ヒントや褒め言葉をくれるファミリー・グループがいます。

ファミリー・グループでは、他の人たちがもっている理想やその人たちがそれについて伝えるストーリーなどについても話し合います。アイデアや理想をもっている人たちが皆、自分なりのやり方で意味のある人生に取り組み、意味のある社会を築いてきたのです。子どもたちはそれに対して興味をもっていますし、それを模範とすることができます。

ベター

グループ（クラス）では、願望、つまり子どもたちの個々の願望や、グループの願望、学校全体の願望に対してたくさんの関心が払われています。願望を言葉で言い表すことは、時には難しいかもしれないので、子どもたちに絵を描かせてみても良いでしょう。夢を描き、何かを想像し、その後それについて共に語り合う時間があ

ベスト

願望について話したり、それをどうやって実現するかを話し合ったりするのは興味深いものです。願望を自分で実現することは、たやすいことではありませんが、本気で取り組めば、実現は不可能ではありません！

そして、それは実際に起きることです！　学校を本当にポジティブな場にするためにアク

ションが起こされます。クラス会議を通して、子どもたちは、学校の生徒議会に代表を送ります。そこで、願望が話し合われ、学校は何に取り組むべきかをお互いに約束し合います。それは、自分たちの学校の向上のためだけではなく、自分の村や町についても行われます。また時には、世界の他の地域の人々を助けるためにアクションが起こされます。クラス会議では「私たちの願望」について必ず話し合います。こうした話し合いが真剣に行われ、しばしば何らかのアクションに繋がります。

訳者註 ——————————

1 12月6日の聖ニコラスの誕生日は、オランダでは子どもたちにとっていちばん人気のある嬉しい祭りの日で、〈親や校長や近所の大人がなりすました〉聖ニコラスからプレゼントを受け取る。

2 http://www.storylineonline.net

3 オランダやドイツの中等学校は、ペーターセンの時代だけではなく、今でも、日本とは異なり、卒業後の進路に合わせて進学コースが分岐している。

4 CITOテストとは、テスト作成専門機関であるCITOという会社が作っている全国標準テストのこと。

5 前の註でも説明した通り、オランダやドイツなどヨーロッパの国々の中等教育は進路別にコースが分かれていることが多い(ただし、途中経過を見てコースを変更するチャンスはある)。そのため、オランダでは、小学校終了時に、担任教員が、どのコースに進むのが最も適しているか

をアドバイスする。

6 オランダのイエナプラン・スクールの中には、このように、習熟度別にグループを再編成して読み書き算などの基本スキルを教えている学校がある。その場合、通常は、同じ学年グループ(中学年グループや高学年グループ)の複数のグループが同時にその時間を設け、グループリーダーたちが、それぞれのレベルグループを受けもつという形で行われる。つまり、中学年グループのAクラス、Bクラス、Cクラスが一緒になり、こうした基本スキルの時間だけ、3クラスの生徒が一緒に習熟度別に分かれ、Aクラスのグループリーダーは1年生の課題、Bクラスのグループリーダーは2年生の課題、Cクラスのグループリーダーは3年生の課題を教える、という風に担当する学年を受けもつ(その際、特にできる子や遅れている子が、自分の学年とは異なる学年グループに入って学ぶことがあるということである)。

7 イエナプランがオランダに紹介された1970年代は、全国的にも学校改革が叫ばれていた時期で、多くの若い教員や保護者が学校設立運動に参加した。実際オランダでは「教育の自由」の原則があるため、最低数(200〜300人)の子どもがその学校に通うことを証明できれば、市から校舎をもらって学校を設立することができる。ただ、そうしたブームの時期はすでに終わっており、現在では、ほとんどの地域に、イエナプランを始め、その他の「個別の子どもの発達」を尊重するオルタナティブ系の学校が設立されてお

り、新たに200〜300人の子どもの署名を集めて新設の学校を作ることは難しくなってきている。

8 　以前は、200人程度の規模の小さい学校を設立できたが、今日では、資金一括支給制度の導入などのため、学校経営に力を注ぐことが必要となり、そのために、複数の学校がグループとして経営を協働する方向となり、大きな組織に属する傾向が増えてきている。その場合、どうしても、教育理念の異なる他の学校と協働せざるをえず、それが個々の学校、特に、オルタナティブ系の学校の理念を維持する上で障害になることがある。その際に重要なのは、保護者がそうした学校の存続を支えるために協力し、学校と共に維持の努力に参加することである。

9 　「ワイドスクール」とは、複数の小学校の他に、学童保育や就学前保育、場合によっては、障害児教育施設、保健局の子ども相談所などを同じ建物の中に包括し、施設・設備・運営で協力する体制を取るもの。この10年余りの間にオランダでは、都市部や過疎地などで広がっている。

10 　オランダには「教育の自由」があり、学校の自由裁量権が大きいので、公的資金で賄われているにも関わらず、非常に多様な学校があり、保護者は多様な選択肢の中から学校を選ぶ権利をもっている。

11 　オランダの特別支援教育は、学習困難児だけではなく、秀才児をも対象とすべきことが国の方針になっている。

12 　学科ごとに独自の教育方法をもとに、教

科書・練習課題・授業案などを1組に揃えたもの。

13 　オランダの学校は、子どもたちの発達を信憑性の高い客観的な方法で記録することが国から義務づけられている。多くは、CITOという、学力テスト作成の専門機関が作っているモニターシステムを使うが、イエナプランを始め、全人的な発達を重視する学校は、「学力」だけが人間の発達ではないという観点から、独自の方法で子どもたちの発達をモニターするように努力している。そうしたモニターシステムは、市販のものもあれば、ここの例のようにポートフォリオを作る場合もある。

14 　この記事の日本語訳は、リヒテルズ直子著『今こそ日本の学校に！イエナプラン実践ガイドブック』（教育開発研究所）P137に、付録3として全文掲載されている。

15 　ワードスピンとは、関係のある言葉と言葉を線でつなぎ合わせて、全体が蜘蛛の巣のようになるように表したもの。マインドマップの原型とも言える。

16 　通常、クラスには、クラスボックスという箱が置かれており、それには、3種類のメモを貼りつける場所と、ファミリー・グループが貯めたお金を入れておく、鍵付きの引き出しとが付いている。3種類のメモとは、①誰かに対する褒め言葉、②（グループリーダーを含む）グループの誰かに対する質問、③ファミリーグループの中で感じている不満を苦情ではなく「願望」に置き換えて書くものである。

家庭でできるヒント

　保護者の中には、イエナプラン・スクールについて聞いたことがあり、それが自分たちの子育ての理念に適合しているという理由で子どもをイエナプラン・スクールに通わせている人たちがいます。また他の保護者は、たまたま家の近くにこの学校があったからとか、良さそうな学校だったからというだけの理由で子どもを入学させています。どんな保護者でも皆、当然、私たちは心から歓迎します。

　イエナプラン・スクールは、在学しているすべての子どもたちの発達について、保護者と共に取り組むことをとても重要であると考えます。保護者のアクティブな役割はとても尊重されます。イエナプラン・スクールは学校がどのような取り組みをしているか、なぜそうしているのかについて保護者に情報を提供することに多くの注意を払います。多くの保護者にとって、イエナプラン・スクールは、自分が学校に行っていた頃に慣れ親しんでいたものとはとても異なる学校であるはずです。

　子どもたちは、イエナプラン・スクールで、単に、読み書き算以上のもっと多くのことを学びます。それらは当然、重要なスキルですが、将来、人生で成功していくために必要な大切なことはまだ他にたくさんあります。イエナプラン・スクールは、保護者及びその子どもたちと共に、未来のアウトラインを描き、子どもたちが良い選択をしていけるように助けます。

　ですから保護者は、学校で私たちと一緒に話し合うことができるのです。何か専門技術的なことについてではありません。それは、グループリーダーたちが訓練を受けて知っていなければならないことです。そうではなく、色々な子ども学的な事柄について話し合うのです。そして、単に一緒に話をするというだけではなく一緒に取り組んでもらいます。

　イエナプラン・スクールは、色々なアクティビティがたくさんある学校です。こうしたアクティビティは皆、教育専門家だけがやることではありません。そのためには保護者の協力が必要ですし、そうでなければ実現できないことです。

　子どもたち、保護者、教員たちが皆一緒になって、イエナプランのために、素晴らしい〈生と学びの共同体〉を作るために取り組んでいきます。子どもと保護者とグループリーダーとは、皆、お互いに欠くことのできない存在なのです。

　子どもの学びは、学校に通い始める瞬間に始まるものではありません。子どもの学びは、母親のお腹にいる時にすでに始まっています。子どもに関して起きることのすべては、その子の

発達に影響を及ぼします。

　保護者は、子どもたちが学校の外でも、学校の中以上にとてもとてもたくさんのことを学んでいるということを理解しなければなりません。保護者が子どもたちと一緒に取り組むことや、子育ての方法は、その子どもの将来に大きな影響を与えます。

　学習とは、脳細胞の間の結合を作っていくことです。使わない結合は使えなくなっていきます。人の人生の最初の12年間の間に、こうした結合の80％は消滅します。つまり子どもたちは、膨大な量の学習可能性をもっているのです。私たちがこうした結合を使うチャンスを子どもたちに与えなかったら、脳細胞間の結合はさらにもっと消滅していきます。

　子どもたちが「学ぶ機械」のような存在であるという事実を、うまく使おうではありませんか。完全であることを望む必要はありませんが、子どもたちに対して保護者ができることはたくさんあります。

　次頁の「家庭でできるヒント」はチェックリストの意味で作られたものではなく、アイデア・リストとして受け止めてもらえると良いと思います。子どもたちが重要な経験をするチャンスを失わせたくないのです。保護者と学校は、子どもの幅広い発達のために、また、子どもたちが自分の未来に向けて良い選択をしていけるように、共に協力し合っていかなければならないのです。

　私たちの子どもたちは、まだ人生のやっと途上についたばかりです。子どもたちが〈自分の未来の設計士〉になるように助けようではありませんか。初めのうちは、子どもは自分の親をとても必要としますが、次第に私たちは子どもたち

を、少しずつ放してやらなければなりません。〈ガラス張りの檻〉の中にいたのでは、子どもたちは自分の力を発揮することができません。

　もちろん、放任することには常にリスクが伴いますが、子どもたちにそういうリスクのための準備をしてやらなければなりません。私たちはリスクについても、どうすれば良いかを子どもたちに学ばせてやらなければならないのです。そのためには、たくさんの経験が必要です。

　子どもたちに世界ではどんなものが売られているのかを教えてやれば、子どもたちは将来のために自分で選択をすることを学ぶチャンスをもちます。私たちは将来がどういう姿のものになるか、今はまだ知ることができません。でも、子どもたちが、自らの世界の中に心地よい場を見い出すのを助けるのは、学校や保護者の責任なのです！

家庭でできるヒント

子どもたちが自立できるように助ける

1 子どもたちが小さい時から自分でできることは自分でやらせましょう（靴紐を結ぶ、おもちゃを片付ける）

2 複雑なことは一緒にやりましょう。そして時々途中でこう聞きましょう「○○ちゃんならどうする?」

3 子どもにいろいろなことをやらせてみましょう。できないからといってすぐに親がやってしまうのではなく、時々ヒントを与えて、自分でやるのを助けてあげましょう。

4 簡単にうまくできない仕事があるのは当然のこと。さあ、諦めないで、頑張って!

5 子どもたちに学ぶ時間を与えましょう。忍耐強く!ある程度できればオーケー、何でもかんでも完全である必要はありません。

6 間違いは起きても当然、それも学びのうちです。

7 子どもたちも自分で学ばなければなりません。

読み書き算も重要

1 子どもたちにたくさん読み聞かせをし、絵を見せ、それについて自分で何かを言わせたり、歌を歌ったり、〈しりとりなどの〉言葉遊びをしたりしましょう。

2 良い模範は良い結果を生みます。親であるあなたが本を読み、新聞を読めば、子どもたちもそうします。あなたは模範なのです!

3 毎日、気が散るものがあまりない場所で、共に過ごす時間をもつようにしましょう。たとえば、毎晩一緒に夕食を共にすると、そこで、1人1人がその日に経験したことを話すことができます。

4 順序について、比べてみせましょう。大きいものから小さいものへ、太いものから細いものへ、多いものから少ないものへ、左から右へ、など。

5 周りを見回して何か数に関係のあるものを見つけましょう。そして、時々数えてみましょう。

6 子どもたちと一緒にたくさんの遊びをしましょう。一緒に遊ぶのはイエナプランにつきものです。

7　子どもたちに絵を描いたり、文字を書いたり、工作をしたり、ものを組み立てたりするチャンスをたくさん与えましょう！

広い世界へ

1　子どもたちと一緒に自転車や電車やバスで戸外に行きましょう。子どもたちを店や市場や聖ニコラスの（お祭りの）パレードや公園やアイスクリームを買いに行くなど一緒に連れ出しましょう。

2　博物館に行きましょう。

3　スポーツの試合を見に行きましょう。

4　ストリートフェスティバル、音楽祭、劇場などに行き、ブラスバンドが街に来たら見に行きましょう。

5　子どもと一緒に凧を作って飛ばしてみましょう。

6　海に行き、砂のお城を作り、カニを捕まえましょう。

7　野原に出て行き、溝を飛び越え、牛の間を歩いてみましょう。（でも糞を踏まないように！）

他にももっとできること

1　小屋を作って木登りしましょう。

2　動物の世話をしましょう。

3　森に入って野生の動植物を見つけましょう。

4　小さな生き物を見つけ、若鳥の様子を見ましょう。

5　お花を摘みましょう。（禁止されていないところで）

6　夜道を歩いてみましょう。

7　迷子になってみましょう…。

著者からのメッセージ

　私たちにとって、イエナプランのコンセプトは、もう何年間にもわたって、日々の生活に生きがいを与える跳躍台の役割を果たしてきました。私たちは過去のある時点で、ペーター・ペーターセンが抱いていた理想と巡り会い、その魅力に取り憑かれ、以来ずっと、少しでも多くの子どもたちが学びに満ちた素晴らしい学生時代を送ることができるようにとの思いで、日々の仕事に携わってきました。具体的には、初めはクラスのグループリーダーとして、そして校長として、それから教員養成大学の講師として。また、この15年間は、アドバイザー、研修講師、開発者として、ほぼ毎日、イエナプランのコンセプトによって勇気づけられた人々と共に仕事をしています。私たちの願いは、こうした人びとが、子どもたちを相手にした日々の仕事の中で、このコンセプトをうまく実践の中に取り入れていけるように支援することです。

　実は、コンセプトを実践に取り入れようとする時、「解釈可能な目標モデル」とか「容認的なグランドモデル」といったイエナプランでよく語られる理論から始めようとすると、難解で取っつきにくく見えるものです。

　本書の制作過程で、私たちはいろいろな人と会話を交わしましたが、そこで常に求められたのは、ぜひ実践に役立つ本を作って欲しいということでした。理論については、すでに多くの本が書かれていますが、毎日の実践に取り入れるのは困難です。特に、現代は、政府、監督局、学校理事会、学校管理者、保護者など、多くの人が学校に対して、あれもこれもと求めてくる時代ですから。

　イエナプラン・スクールの基盤は、初等教育法や個別適応教育といった政策者の要望にも極めてしっかりと応えるものです。それでも、多くの関係者からありとあらゆる要望や苦情があがる中で、イエナプラン・スクールの教員たちが、イエナプランのコンセプトに命の火を灯し続けることは、決して容易なことではありません。

　私たちはこの課題を受け止め、「どうすれば良いのか」という問いに答えるべく、本書をまとめようと努力してきました。しかし、実践例を私たちが記述すれば、イエナプランの実践者たちからは、すぐさま「そうは言って

も、他のやり方だってあるだろう」という反論を受けることは目に見えています。もちろん、やり方は他にもいろいろとあるはずです。しかし私たちが望んだのは、様々な可能性があるということへの理解と洞察を呼び起こすことでした。

　私たちは、本書が多くの会話や意見交換を導き出すきっかけになることを心から望んでいます。どうすればイエナプランを実現できるのかについて、これからもずっと意見交換を続けていきたいと思っています。今という時代の教育に形と内容を与えるために、常に、たゆむことなく、まだ他に良い方法があるのではないかと探求し続けていかなければならないのです。子どもたちが将来、幸福な社会で満足のいく人生を送ることができるように、その準備に取り組む理想的な学校を求めて、決して立ち止まることなく働き続けていかなければなりません。この仕事に終わりはありません。

　本書を通して、誰もまだ見ぬ未来に向けて、子どもたちをしっかりと育てることを教育の課題にしたいと読者の皆様が思ってくださるならば、これ以上の喜びはありません。子どもたちが、いつの日か自分の学生時代を振り返る時、1人の素晴らしい人間となるために必要なことをたくさん学んだ場だったと思えるような学校を、みんなで生み出そうではありませんか。子どもたちが他者と手を携えて共に素晴らしい共生社会を築けるよう、そのために必要なことは何なのかと考え、子どもたちが学べるよう手助けしようではありませんか。

　本書がイエナプラン・スクールを、何よりも「他者と協力して生きることの喜びを子どもたちに伝える場」にしていく上での一助となれば、心から幸いに思います。

2014年11月

フレーク・フェルトハウズ

ヒュバート・ウィンタース

日本語版出版にあたって

　イエナプランは、前世紀の初めに、ドイツのイエナ大学の実験校として
ペーター・ペーターセンによって創始されました。しかし、このイエナプラ
ンが、1960年代にオランダに紹介され、そこで、さらに独自の発達をして
いったことはあまり知られていません。オランダでは、初めにフレネ教育を
信奉していた教育者達がイエナプランに触れ、学校の実践に取り込んでい
きました。その後、次々に学校が設立され、現在では200校あまりのイエナ
プラン・スクールがオランダにはあります。ドイツで発芽したイエナプラン
は、「教育の自由」をもつオランダで豊かな土壌を得、教員たちが実践経験
と研究を重ねることができたおかげで、オランダ・イエナプランとも言える
大きな樹木へと成長していきました。この間の経緯については拙書『オラ
ンダの個別教育はなぜ成功したのか イエナプラン教育に学ぶ』（平凡社）
をご参照ください。

　本書の著者らは、いずれも、イエナプランがドイツから紹介されて間もな
く、第1世代のイエナプランナーから指導を受けながら、教員や校長として
の長い実践経験を積んでいます。また、15年前より、イエナプラン・アドバ
イス＆スクーリング（JAS）という会社を設立し、イエナプラン・スクールの
新任教員や現職教員に対して、イエナプランの専門家として研修やアドバ
イスを提供してきました。オランダで飛躍的に発展したイエナプランの実
践経験をもとに、著者らは、現在、イエナプラン発祥の地ドイツでも研修事
業を行っています。

　フェルトハウズ氏とウィンタース氏とは、私も10年来、共に仕事をしてき
た旧知の間柄ですが、性格も物の見方も異なる二人は、常に互いの長所を
尊重し、自分の仕事をオープンに示し合い、率直に忌憚なく意見を述べ
合って、より優れた成果を生むべく真摯に取り組んでおり、深い信頼に根
ざしたイエナプランナーらしい協働の姿には、いつも多くを学ばされます。
本書もまた、そうした協働の素晴らしい成果であることは言うまでもあり
ません。

　オランダで2014年に発行された本書は、オランダでイエナプランを学ぶ

若い学生の必読書であると共に、オランダ・イエナプラン協会に参加している学校の教員たちにとっても必携書として愛読されています。

今回、翻訳版としては初めて、日本語版が出版されることとなりました。オランダの教員向け教科書という性格のため、オランダの教育制度を基盤として書かれている箇所が散見されますが、日本人読者にとってわかりにくいと思われるところには訳者註を施していますので、参照しながらお読みください。

出版にあたり、日本イエナプラン教育協会の理事らが、忙しい日々のスケジュールの合間を縫って拙訳の校正にあたってくれました。ほんの木代表の高橋利直さんには、まず2017年に本書を電子書籍として出版していただき、さらに3年後の今回、多くの読者の要望に応えて紙本としての再出版に取り組んでいただきました。また、再出版にあたりクラウドファンディング等を通してご協力くださったすべての皆さまに心より御礼申し上げます。本書が、日本におけるイエナプランのさらなる普及と発展の一助となることを願いつつ、この場を借りて深くお礼申し上げます。

2020年8月吉日

日本語版訳者　リヒテルズ 直子

（一般社団法人日本イエナプラン教育協会　特別顧問）

学校は何をするところ?
オランダ・イエナプラン協会会長からのメッセージ

　「学校は何をするところ?」という問いに対して、誰もがこう答えるに違いありません。勉強するところに決まっている、と。その際、すぐに思いつくのは、算数や国語などの基礎的な学力のことです。イエナプラン・スクールではこうした基礎学力は、ワールドオリエンテーションの枠組みの中に置かれています。ワールドオリエンテーションでは、〈共に生きる〉ということが、その根幹として取り扱われています。

　では、〈共に生きる〉ということもまた学んで身につけるものなのでしょうか?　オランダ・イエナプラン協会は、そうであると考えています。

　イエナプラン・スクールは、教育の中で〈養育〉を中心的な位置に置いており、子ども学的な学校であることを特に目指しています。そのため、一人ひとりユニークな存在である子どもが、自らのユニークな才能を伸ばすことを出発点としています。イエナプラン・スクールは、子どもたちのありとあらゆる才能を伸ばしたいと考えているのです。

　イエナプラン・スクールでは、どの子どもも、自分自身の中の最善のものを引き出すように導かれますが、それは、その子自身のためだけに行われるのではありません。子どもたちは、イエナプラン・スクールで共に働くことによって、後に社会において、平和で民主的な社会を共同で築いていくことができるようになるために学んでいるのです。他者と共に働くことは、一人で働くよりもずっと大きなことを達成することにつながります。そこで生み出される全体の力は、一人ひとりの力の総和以上のものになるのです。

　それを達成できるように、子どもたちは、お互いにコミュニケーションをとったり、一緒に何かに取り組んだり、計画をしたり、生み出したり、リフレクションをしたり、プレゼンテーションをしたり、互いに責任を持ち合ったりすることを学ぶ必要があるのです。それが、共に働くことであり、〈共に生きること〉を練習することなのです。このようにすれば学校は堅固なものとなり、さらには国そのものがしっかりとしたものになっていくでしょう。

　本書の著者たちは、イエナプランの理念を最初に敷いたペーター・ペー

ターセン（1884－1952）の思想に習い、3年制の異年齢学級を強く推進しています。著者らは、本書において、イエナプランの起源と発達について書いていますが、同時に、学校が、今日、また、未来において、様々に異なる発展段階をたどる方法についても記述しています。本書の強みはそこにあるのです。そのため、多くの刺激的かつ実践的なアイデアや事例が示されており、その意味で、ケース・ボットの「21世紀に向かうイエナプラン」（1997）に続く素晴らしい著作であると言えます。この新著は、現在すでに存在しているイエナプラン・スクールが自らの実践を見直すための枠組みを提供すると共に、これから始まる新しいイエナプラン・スクールに対しても、学校の発展向上のための堅固な基盤を与えています。

　今日、学校は、自らが置かれている個別の状況を考慮しながら、ますます独自の選択を求められるようになってきています。イエナプランの20の原則には、「学校（学びの場）では、変化や改善は終わりのないプロセスとみなされる。このプロセスは、行動と思考との間の論理的に整合性のある交換を通して進められる」と書かれています。

　イエナプラン・スクールにとって、どんな選択をするかは、決して自由に行われるものではなく、イエナプランのコア・クオリティという枠組みの中で行われるのです。その選択は、イエナプラン・スクールとして認定されるための十分な質があるか、またそれを維持できるかどうかということに関わってくるのです。その意味で、本書は、言葉では言い尽くせないほど大きな価値をもっています。

　本書を手にしている読者すべてに対して、本書がイエナプランの理念を学校に取り入れるに当たって、とりわけ、子どもたちが極めて多くのこと、中でも、〈共に生きる〉ことを学べる、洗練された子ども学的学校を成功裏に築くための指針として読まれることを心から望んでいます。

ピーター・ファンデイク（オランダ・イエナプラン協会　会長）

boeken die voor inspiratie hebben gezorgd
読者の関心を引くと思われる書籍（参考文献）

Gung Ho *Ken Blanchard, Sheldon Bowles*

Het team als stamgroep *Blommaert, Van Dijk, Halin, Van der Laar, Nelissen, Sol, Vriend, Winters*

Jenaplanonderwijs op weg naar de 21e eeuw *Kees Both*

Leve de meester *Rouke Broersma*

Een eigenwijs portret *Rouke Broersma, Jimke Nicolai, Freek Velthausz*

De zeven eigenschappen van effectief onderwijs *Stephen Covey*

Der Jenaplan heute *Eichelberger en Wilhelm*

Das Weltwissen der Siebenjährigen *Donata Elschenbroich*

Naar een professionele cultuur in onderwijsorganisaties *Alex van Emst*

Coöperatief leren in het basisonderwijs *Förrer, Kenter en Veenman*

Taalonderwijs; een kwestie van ontkavelen *Van Gelderen en Van Schooten*

Levend Leren *Hans Jansen*

Beeldcoaching, zet in beweging *Hans Jansen, Christine Brons, Frans Faber*

Meervoudige Intelligentie, het complete MI boek *Spencer Kagan & Miguel Kagan*

Biografie Peter Petersen *Barbara Kluge*

De creatiespiraal *Marinus Knoope*

Jeugdherinneringen *Jan Ligthart*

Intensieve Menshouderij *Jaap Peters & Judith Pauw*

Führungslehre des Unterrichts *Peter Petersen*

Het Kleine jenaplan *Peter Petersen*

Scholen voor het leven *Bert Roebben*

Lerende scholen *Peter Senge*（「学習する学校」リヒテルズ直子訳　英治出版）

Groepswerk in het onderwijs *Gene Stanford*

Wij zijn ons brein *Dick Swaab*

Het raadsel intelligentie *Ewald Vervaet*

Verhalend ontwerpen *Erik Vos, Peter Dekkers, Ellen Reehorst*

Breinkennis *Kees Vreugdenhil*

De geheimen van de groep *Piet Weisfelt*

Dagboek van Hans Wolff *Hans Wolff*

Samengesteld en uitgegeven door JAS:（JAS（イエナプラン・アドバイス＆スクーリング社）刊の参考文献）
- routeboekje groepszorg
- knopenboekje（日本語版は「イエナプラン教育のためのポイントガイド──国境を越えて広がる学びのために」NPO法人エデュケーショナルフューチャーセンター刊）
- De Fiets van Jansen
- Jenaplan Kernkwaliteitenspel
- Meervoudige Intelligentiewaaier
- JASschijf, model voor kwaliteitsverbetering van jenaplanscholen
- Opleidingsmap voor het jenaplandiploma

De Freinetbibliotheek *www.freinet.nl:*
1. Tony de Wees
2. Célestin Freinet, een pedagoog voor onze tijd
3. Petersen en Freinet, jenaplan en moderne school
4. De Moderne School
5. Minet
6. Geraakt!
7. Proefondervindelijk verkennen
8. Levenstechnieken verwerven
9. De Vrije Tekst
10. Pedagogiek van het werk

De Reeks *www.freinet.nl:*
1. Leren kwalificeren
2. Wie correspondeert die leert
3. Levend lezen, dat's de kunst
4. Kennis en werkstukken maken met internet
5. Ondernemende kinderen tellen mee
6. Geef ze de ruimte
7. Dat's andere taal
7A. DATplus
8. De Freinetwerker
9. Dat geeft de burger moed
10. Dat telt
11. Mooi werk
12. Nynke, een blik in onze groep
13. Werken met vrije teksten

Echter Cahiers (JAS en Buro Levend Leren):
1. Haiku, van kijken komt schrijven
2. Denken in doelen
3. Corresponderen per weblog
4. De kleuterrotonde
5. Levend Lezen, het werkt!

出版社あとがき

　リヒテルズ直子さんの書籍を出版する中で、イエナプランと出会いました。"一人ひとりを尊重しながら自立と共生を学ぶ教育＝イエナプラン"のビジョンは素晴らしく、画一的な日本の教育がより多様化する可能性を感じました。「点数主義、いじめ・不登校の多発、先生は多忙で疲弊し、生徒一人ひとりと向き合うのが困難」。これらの問題解決の糸口として、イエナプランを日本の学校にもっと広めたい！とオランダで発行された原書の日本語訳"電子版"を2017年に発行しました。

　すると"電子版"利用者から「教育現場でもっと活用できる"紙本"が欲しい！」と多くの声が寄せられました。

　本来ならば、ほんの木自力で出版をしたかったのですが、電子版を出したのが精一杯で、"紙本"作りの資金を本の事前購入という形で広く皆様から集める『出版プロジェクト』をクラウドファンディングで立ち上げました。このクラウドファンディングに共感頂き、たくさんの皆様のご支援を頂けましたおかげで、2色刷の"紙本"を出版することができました。本当にありがとうございました。

　"電子版"のタイトルは『イエナプラン教育 共に生きることを学ぶ学校』となっていますが、本書では『イエナプラン 共に生きることを学ぶ学校』とし、教育という言葉を取り除きました。本文中でも「イエナプラン教育」を「イエナプラン」と改めています。

　これは、2017年にはイエナプランという言葉がまだ日本の教育に定着していなかったため、敢えて教育という言葉を加えてイエナプラン教育としたためです。その後の普及を通してすでに多くの方々の理解を得たと考え、本書では原書どおりイエナプランという言葉を使用しました。

　本書が、イエナプランのさらなる発展に寄与することを願ってやみません。

2020年8月
株式会社ほんの木 代表　高橋 利直

クラウドファンディングでより特別なご支援をしていただいた皆様 ————————

　本書、『イエナプラン 共に生きることを学ぶ学校』を"紙本"で出版するにあたって、クラウドファンディングにて、のべ341名の方々からご支援をいただきました。また、ここに掲載いたしました皆様は、より特別なご支援をいただいた方々です。厚くお礼申し上げます。（ご希望のお名前にて記載。敬称略50音順）

青山 新吾、一般社団法人あだち子ども支援ネット、あふりかじゃんぐる、阿部 法子、彩子、新井、アンビ【教員YouTuber】、イエナプラン教育協会多摩支部、石川 禅、伊藤 彩、岩月 聡志、岩渕 恭子、宇野 克郎、英語教室Little creek、エデュケーションエーキューブさっちん、大内 杏太、太田 昭夫、ONO Satomi、岡部 明江、奥村 天志、オゴウ タクミ、小野 健太郎、小野寺 百合子、合同会社カーサ・デ・バンビーニ代表 大谷育美、甲斐﨑 博史、加賀山 茂、柿本 将太、華月つばさ保育園、Kazuhiro Maeda、片山 立、加藤 圭、要 景太、加茂 光孝、川崎 俊介、川崎 知子、川原 麻美、岸宗 邦明、北川 航次、北林 和樹、Kinoko 、久保 礼子、久保田 倫代、桑原 早紀、桑原 昌之、keeko yanagida、COCORO LAB 岩田篤典、小室 靖子、NPO法人 ころあい自然楽校(小学部)、近藤 健二、阪井 彰一、櫻井 良種、佐藤 修太郎、佐藤 麻里子、佐橋 早苗、佐原 光、有限会社サン・グロウ 濱門 康三郎、塩田 侑佳、鹿野 麻希、島 謙太朗、志村 一郎、自由学園男子部中・高等科 山本太郎、神保 匡孝、SUGIHARA SATOSHI、杉原 寿仁王、鈴木 早苗、鈴木 清丞、スマイリングカラーパレットの会、須股 恵美子、髙橋 笙子、髙橋 愛満、瀧澤 輝佳、宅明 健太、たちかわぺーす、田中 龍治、谷川 陽祐、つくばの日野和美、津屋崎ブランチ、土岐 幸司、Toshihiko Hatakeyama、Tomoe Igawa(Japanese school of Rotterdam)、一般社団法人どんぐりと山ねこ舎 田中歩、永井 良平、中川 綾、中川 敬文、中川 智文、長澤 和賀子、永田 祥二、永田 弘子、中野 みなみ、永吉 美さと、縄田 早苗、西高根モンテッソーリ子どものいえ、西多摩PACE、野中 美幸、橋本 靖子、服部 秀子、濱 大輔、林 麻衣子、原田 友美、平山 直樹、不破 澄子、BODE 薫、北欧幼児教育プログラム研究開発 FinoLykke(フィーノリッケ)、ほめ達ママ 中田徳子、牧野 恵、松江未来学園 野中浩一、松野 由美子、松林 紗世、松本 淳、matecha2020、みーみ、Mika Kawai、三上 朋恵、Miya、株式会社ミライメイク 鹿嶌将博、村上 美智子、村上 由紀、村田 耕一、村武 まゆみ、茂木 輝之、学校法人茂来学園 株式会社グローバルキッズ 中正雄一、矢代 貴司、安 修平、安井 隆、安元 暁子、山口 覚、山下 智幹、山下 洋子、山田 順子、山地 芽衣、山本 裕史、優輝学習スクール、Yuki Uchimura、湯本 浩之、吉川 貴子、吉村 亜希、合同会社ライフイズ 影近卓大、綿津 靖子、渡邉 未央

原版著者

フレーク・フェルトハウズ

1959年オランダ・ハーンデレン生まれ。ドゥティンヘム市のフルン・ファン・プリンステラー教員養成大学、国立フローニンゲン大学で教育学と一般教育を学ぶ。イエナプラン小学校で教員と校長を経験後、教員養成大学の講師を務める。現在は、JAS（イエナプラン・アドバイス＆スクーリング社　http://www.jenaplan.nu/over-jenaplan/jenaplanuil）で学校サポーター、コーチ、現職教員向け研修講師、イエナプラン専門教育学者。

ヒュバート・ウィンタース

1952年オランダ・ロビト生まれ。アルンヘム市のインスラ・デイ教員養成大学に学ぶ。イエナプラン小学校で教員と校長を経験。校長資格研修も受ける。現在は、JAS（イエナプラン・アドバイス＆スクーリング社）で学校サポーター、コーチ、現職教員向け研修講師、イエナプラン専門教育学者。

日本語版訳者

©高木あつ子

リヒテルズ 直子（Naoko Richters）

九州大学大学院修士課程（比較教育学）及び博士課程（社会学）単位取得修了。1981年〜1996年アジア、アフリカ、ラテンアメリカ諸国に歴住後、1996年よりオランダに在住。オランダの教育及び社会について自主研究し、成果を著作・論考で発表。2011年3月、JAS（イエナプラン・アドバイス＆スクーリング社）よりイエナプランの普及に貢献した人に贈られるエイル賞を受賞。「一般社団法人日本イエナプラン教育協会」特別顧問。日本で講演やワークショップ、シンポジウムを行うほか、オランダでは、日本人向けのイエナプラン研修や視察を企画・コーディネートしている。著書に、『手のひらの五円玉』『祖国よ、安心と幸せの国となれ』（共にほんの木）、『オランダの個別教育はなぜ成功したのか イエナプラン教育に学ぶ』（平凡社）、『今こそ日本の学校に！イエナプラン実践ガイドブック』（教育開発研究所）。訳書に、『学習する学校』（英治出版）。DVDに、『教育先進国リポート オランダ入門編』『明日の学校に向かって〜オランダ・イエナプラン教育に学ぶ』（共にグローバル教育情報センター）。共著に、『親子が幸せになる 子どもの学び大革命』『いま「開国」の時、ニッポンの教育』（共にほんの木）、『公教育をイチから考えよう』（苫野一徳氏と共著　日本評論社）など多数。子どもたちの「考える力」を引き出す『てつがくおしゃべりカード』『てつがく絵カード』（共にほんの木）日本語版訳者。

イエナプラン
共に生きることを学ぶ学校

著／フレーク・フェルトハウズ、ヒュバート・ウィンタース
訳／リヒテルズ 直子 © Naoko Richters

2020年10月21日　第1刷発行

発行人　高橋 利直
発行所　株式会社ほんの木
　　　　〒101-0047　東京都千代田区内神田1-12-13 第一内神田ビル2階
　　　　TEL 03-3291-3011　FAX 03-3291-3030
　　　　http://www.honnoki.co.jp　E-mail　info@honnoki.co.jp

編　集　岡田 承子、永田 聡子
編集協力　松井 京子
協　力　一般社団法人日本イエナプラン教育協会
ブックデザイン　後藤 裕彦（ビーハウス）
組　版　株式会社RUHIA
印　刷　中央精版印刷株式会社

ISBN 978-4-7752-0126-8　Printed in Japan

原版発行：オランダ・イエナプラン協会（Nederlanse Jenaplan Vereniging NJPV）（オランダ・ズトフェン市）
原版本文・編集・図版・写真：フレーク・フェルトハウズ（Freek Velthausz）、ヒュバート・ウィンタース（Hubert Winters）
原版装丁：トム・サンデイク（オランダ・レオワルデン市）
原版レイアウト：DTPアトリエ・ジュリアン・フクストラ・ケルマンス（DTP-Atelier Julien Hoekstra-Kermans, Leeuwarden）（オランダ・レオワルデン市）

写真は以下の学校で撮影しました。
Sint Willibrordus（Ouder Pekela）／Sint Paulus（Leeuwarden）／Oldenije（Leeuwarden）／De Vuurvogel（Assen / Marcel Hofstee）／De kleine Planeet（Deventer）／'t Sterrenpad（Nuis）／'t Bontenest（Maarssen）／Prins Maurits（Rijswijk）／Duizendpoot（Stramproy）／Heijenoordschool（Arnhem）／De Brug（Utrecht）／Peter Petersenschool（Haren）／Jenaplanschool（Gotha（D））

子どもたちの、「考える力」と「対話力」を伸ばす

学校でも
ご家庭でも

てつがくカード

てつがく対話のテーマは人の生き方、物事、わからないことや不思議なことなど、さまざまです。答えに正解、不正解はありません。大切なのは問いに対して1人ひとりがじっくり考え、それを言葉にすることです。いろいろな考えがうかんでくることでしょう。また、お子さまの考え方や気持ちを理解でき、とても楽しい対話ができます。

日本語版プロモート及び訳　リヒテルズ直子

訪問中のオランダの小学校で偶然出くわした「てつがく授業」。先生はカードの問いに沿って、子どもたちの言葉を確認していくだけです。そうしているうちに、大人にも思いつかない本質をついた言葉が子どもたちの口から次々に現れてくる様子に、思わず涙がこみ上げるほど感動しました。

てつがくおしゃべりカード

原作 ファビアン・ファンデルハム、日本語版訳 リヒテルズ直子
定価1,800円（税別）　てつがくおしゃべりカード50枚、説明カード6枚

カードには、かわいいイラストと問いが1つずつ書かれています。問いに対する答えがさらに深まるようにカードの裏の言葉を使って会話を進めます。対象年齢6歳以上。（子どもたちだけでも使えます）

てつがく絵カード

原作 ファビアン・ファンデルハム、日本語版訳 リヒテルズ直子
定価2,500円（税別）　てつがく絵カード50枚、説明書

少し小さな子どもたちと哲学するためのカードです。表には子どもたちの身近にある物や人のイラスト。裏には1つのテーマと考えを深める問いが書かれています。対象年齢4歳以上。（大人と一緒に）

手のひらの五円玉
リヒテルズ直子 著
定価1,300円（税別）　四六判並製　176ページ

学びとは何か？　なぜイエナプランに惹かれたのか？　日本と世界で暮らし、著者の心に大きなものを残してくれた人々との出会い。その経験を通し、今、子育てをしているあなたに、そして教育に携わるすべての人に贈るエール。最新書下ろしエッセイ。

祖国よ、安心と幸せの国となれ
リヒテルズ直子 著
定価1,400円（税別）　四六判並製　216ページ

かつての保守的なオランダがどのようにして公正な社会に変わっていったのか。オランダ社会の経済、雇用、福祉などを紹介しながら市民社会の持つ、民主主義、幸せの原理を描く。日本を創り変えたいと願うすべての人に贈る1冊。

親子が幸せになる　子どもの学び大革命
保坂展人　リヒテルズ直子 著
定価1,200円（税別）　四六判並製　208ページ

これからの時代を生き抜いていく子どもたちにとって「学び」とは何か。この本のキーワードは「幸せ」です。子どもや親、先生も幸せになる教育や学校の姿を2人の著者が対話形式で模索します。教育とは、1人ひとりの子どもに夢と希望を育むもの。

いま「開国」の時、ニッポンの教育
尾木直樹　リヒテルズ直子 共著
定価1,600円（税別）　四六判並製　272ページ

注目の論客2人が、「子どもたちの幸福感世界一」の国、オランダの事例から日本の教育への具体的提言を発信。子どもたちが幸せだと感じられない日本と、世界一幸福感を感じているオランダ。その違いはいったいなぜ？

88万人のコミュニティデザイン
保坂展人 著
定価1,500円（税別）　四六判並製　272ページ

ジャーナリストから、政治家へ。過去の経験や、迷い葛藤してきた青年期の回想も入れながら世田谷区長として実現してきた事柄を報告。やり方によって社会は変わる！　希望はあながち夢じゃない。

いじめのない学校といじめっ子にしない子育て
尾木直樹 著
定価1,500円（税別）　A5判並製　136ページ

「助けて」って言っていいんだよ。いじめ脱出、1人で悩まないで。親と先生と私たちに何ができるか？　尾木ママがいじめに対して緊急提言。また、先生や親、子どもたちからのいじめや教育問題の悩みに尾木ママが答えます。

笑顔の保育を求めて
小松君恵 著
定価1,200円（税別）四六判並製　232ページ

「仕事と子育ての両立」を一度はあきらめた苦い経験。4人の息子を育てながら主婦仲間と起業し、子育て支援や保育、多様な働き方が可能な組織づくりに挑戦。学童保育や児童館、子育て支援施設やベビーシッター事業も展開。2018年2月、埼玉県「第7回渋沢栄一ビジネス大賞」を受賞。

子どもの命を守る社会をつくる

社会運動438号　市民セクター政策機構編
定価1,000円（税別）　A5判並製　152ページ

子どもの貧困への社会的取り組みが広がっているが、一向に改善されない。親の貧困が解決しない限り子どもへの貧困の連鎖を断ち切ることはできない。子どもと大人、とりわけ母親が幸せに生活できる社会のあり方を考える。

学校がゆがめる子どもの心

社会運動434号　市民セクター政策機構編
定価1,000円（税別）　A5判並製　182ページ

もの言わぬ教員が増えてしまった理由。道徳教育の歴史と教科化の危うさ。道徳教育には何が書かれているのか。教科書づくりの舞台裏。道徳、教科書、学校の問題点を検証し、これから私たちにできることを考える。

みんな幸せってどんな世界　共存学のすすめ

古沢広祐（國學院大学経済学部教授）著
定価1,400円（税別）　四六判並製　192ページ

貧困の克服、環境改善、食と農、高齢者や女性、若者が生き生きと安心して暮らせる社会の実現…。誰一人とり残さない地球市民の新しい基準「SDGs」（持続可能な開発目標）理解の入門書としてもおすすめ。

■ほんの木の書籍のご注文について

小社の通信販売にて書籍をご購入の場合、定価1000円（税別）以上で送料無料です。お支払いは、郵送（レターパック）でのお届けは郵便局の後払い、宅配でのお届け（冊数が多いとき等）は代引きでお願い致します。詳細（代金確認等）は、ほんの木までお問い合わせください。

■ほんの木「販売部」　〒101-0047 東京都千代田区内神田1-12-13 第一内神田ビル2階
電話 03-3291-3011　FAX 03-3291-3030メール　メール info@honnoki.co.jp
ホームページ http://www.honnoki.jp
郵便振替　00120-4-251523／加入者名　ほんの木